Die Entwicklung der Person und ihre Störung

Herausgeber: Stefan Schmidtchen,
Gert–Walter Speierer und Hans Linster
Layout: Fernando Aguado Menoyo
Druck Greven & Bechtold GmbH
Copyright: GwG–Verlag, Köln, 1995
ISBN 3–926842–16–4

Stefan Schmidtchen, Gert–Walter Speierer und Hans Linster (Hrsg.)

Die Entwicklung der Person und ihre Störung

Band 2

Theorien und Ergebnisse zur Grundlegung
einer klientenzentrierten Krankheitslehre

Mit Beiträgen von:
Jobst Finke
Panagiotis Panagiotopoulos
Werner Ketterer
Gerlinde Vogel
Wolfgang M. Pfeiffer
Rainer Sachse
Stefan Schmidtchen
Gert–Walter Speierer
Dieter Tscheulin

GwG–Verlag Köln

Inhaltsverzeichnis

Vorwort des Vorstandes der GwG 5

Einleitung der Herausgeber 9

Panagiotis Panagiotopoulos,
Werner Ketterer & Gerlinde Vogel
Auswertung und kritische Würdigung der Literatur
zum Krankheitsbegriff im klientenzentrierten Konzept 15

Jobst Finke
Die Angstneurose 29

Wolfgang M. Pfeiffer
Überlegungen zu einer Störungslehre
aus interaktioneller Perspektive 41

Rainer Sachse
Psychosomatische Störungen als
Beeinträchtigung der Selbstregulation 83

Gert-Walter Speierer
Psychopathologie nach dem Differentiellen
Inkongruenzmodell der klientenzentrierten
Psychotherapie 117

Dieter Tscheulin
Grundlagen und Modellvorstellungen für eine
personenzentrierte Störungslehre 139

Stefan Schmidtchen
Klientenzentrierte Ätiologie und Diagnostik von
psychischen Erkrankungen im Kindesalter 181

Vorwort des Vorstandes der GwG

Das vorliegende Buch ist der zweite Band, welcher die Vorträge der ersten Fachtagung „Die Entwicklung der Person und ihre Störung" – teilweise in überarbeiteter Fassung – enthält. Die Tagung wurde im April 1993 durchgeführt und stieß auf große positive Resonanz. Die zweibändige Dokumentation soll zur weiteren Verbreitung und Diskussion dieser Beiträge verhelfen und die begonnene Arbeit fortführen.

Damit stellen wir auch die Publikation der Vorträge in den Dienst der Zielsetzung der Tagung. Diese Beiträge stellen bekanntlich nur einen Teil der Arbeit dar, die Psychotherapeuten und Psychotherapeutinnen des klienten– bzw. personzentrierten Konzeptes zur Zeit in Angriff genommen haben: durch die weitere Ausarbeitung des Psychotherapiekonzeptes – insbesondere der Störungs– und Krankheitslehre – und durch die Dokumentation und Evaluation klienten– und personzentrierter psychotherapeutischer Praxis zur besseren Verankerung der Gesprächspsychotherapie und der Personzentrierten Psychotherapie mit Kindern und Jugendlichen im bestehenden System der Krankenversorgung beizutragen.

Mit der Veranstaltung dieser Tagung ging die GwG einen anderen als den sonst üblichen Weg. Ziel der Tagung und damit auch Anliegen der Publikation der Tagungsbeiträge war, in eigener Sache anzutreten und die Arbeit an der Ausdifferenzierung der Krankheitslehre als Aktualisierung der ursprünglichen Grundannahmen des personzentrierten Konzepts in ihrer Auseinandersetzung mit den Anforderungen der Praxis im gesellschaftlichen Kontext zu verstehen und zu praktizieren.

Die GwG hat als Fachverband bekanntlich bereits in ihrer Satzung die Ausdifferenzierung, Verbreitung, Erforschung und Fundierung des Klientenzentrierten Konzeptes und der Gesprächspsychotherapie als selbstgestellte Aufgaben formuliert und handelt seit Jahren im Sinne dieser Satzungsziele. In den letzten Jahren kommen jedoch auch von außen vermehrt Anforderungen und Auflagen, die verstärkte Aktivitäten verlangen. Die rasante Entwicklung der letzten Jahre im Bereich Psychotherapie – angestoßen und beschleunigt durch das

Vorwort des Vorstandes

Psychotherapeutengesetz – stellt auch für die Klienten– bzw. Personzentrierte Psychotherapie und für die GwG eine große Herausforderung dar.

Wenn die Gesprächspsychotherapie (und auch die Personzentrierte Psychotherapie mit Kindern und Jugendlichen) als gleichberechtigtes und gleichwertiges Mitglied in den Kreis der anerkannten Verfahren – und dazu werden in erster Linie die sog. Richtlinienverfahren gezählt – aufgenommen werden will, muß sie ihr Störungs– und Krankheitskonzept auch entsprechend dem vorherrschenden ätiologischen Krankheits– und Psychotherapiemodell ausformulieren. Dann kann auf dieser Grundlage eine ätiologisch fundierte differentielle Diagnostik und psychotherapeutische Behandlung praktiziert werden. Die GwG muß also dafür sorgen, daß auch in der Störungs– und Krankheitslehre des personzentrierten Konzeptes der „Räuber" ausfindig gemacht und identifiziert werden kann. Denn es gilt, den „Räuber" für den „Raub" verantwortlich zu machen, welcher in dunkler Nachtstunde an einem einsamen Ort passierte, und nicht die „Randbedingungen" – so die Kommentatoren der Psychotherapie–Richtlinien FABER und HAARSTRICK, die das Gleichnis von FREUD aufgreifen, „um das Neue und Wesentliche der ätiologischen Betrachtungsweise in der Psychotherapie zu beleuchten" (FABER, F.R. & R. HAARSTRICK (1991): Kommentar Psychotherapie–Richtlinien. Nekkarsulm, 23f).

Wohlwollende und „ambivalent positive" Kritiker rechnen dem personzentrierten Ansatz bzw. der Gesprächspsychotherapie durchaus Verdienste an, insbesondere die Pionierleistungen in der Psychotherapieforschung und die guten Wirkungsnachweise – so bekanntlich nachzulesen im 1991 vorgelegten Forschungsgutachten zu Fragen eines Psychotherapeutengesetzes, oder noch deutlicher dann bei einem der Autoren des Forschungsgutachtens – KLAUS GRAWE – in seiner Positionsarbeit „Psychotherapieforschung zu Beginn der neunziger Jahre" (Psychologische Rundschau 1992, 43, 132–162). Viele dieser Kritiker fordern uns auf, entschiedener als bisher diese ätiologische Ausformulierung vorzunehmen und die geforderten Nachweise vorzulegen. Sollen wir uns, sollen sich Klienten– und Personzentrierte Psychotherapie dieser Herausforderung stellen? Ist es möglich,

Gleichwertiges vorzulegen, ohne sich soweit anzugleichen, daß der eigenständige Ansatz und Beitrag nicht mehr erkennbar wird oder die Identität aufgegeben werden muß und womöglich verloren geht?

Diese Herausforderung wurde bereits vom letzten Vorstand als wichtige und notwendige Aufgabe verstanden und engagiert aufgegriffen. Sie hat gerade in diesem Jahr vor allem durch die Arbeit am Psychotherapeutengesetz an Aktualität und Bedeutung gewonnen und stellt sich als eine der wichtigsten Aufgaben für die klientenzentrierte Psychotherapie und für den Verband dar.

Der Vorstand hat 1991 JOCHEN ECKERT beauftragt, mit einem Kreis von Experten der Forschungskommission und des Wissenschaftlichen Beirates eine Fachtagung vorzubereiten, die zur Lösung der gestellten Aufgabe beitragen sollte. Auf den beiden Expertentreffen, die zur Vorbereitung der Tagung organisiert wurden, konnten wertvolle und unverzichtbare Beiträge für die Tagung erarbeitet werden. Der Vorstand möchte sich daher nicht nur bei der Planungsgruppe und den Helfern der Bundesgeschäftsstelle für die gute Organisation der Tagung bedanken, sondern auch bei den Experten und Expertinnen – vor allem bei EVA-MARIA BIERMANN-RATJEN und HANS SWILDENS für ihr immenses Arbeitspensum und das gelungene Ergebnis ihrer Arbeit und bei WOLFGANG M. PFEIFFER – persönlich und stellvertretend für den Kreis der Experten.

Die Veranstaltung dieser Tagung und die Publikation der Beiträge sind zwar nur ein Teil der geforderten Arbeit, aber ein immens wichtiger. Denn durch die gemeinsame Arbeit und Diskussion fördern und stärken wir auch unsere personzentrierte Identität. Dies war auch die Erfahrung dieser Tagung. Dem Kreis der „verpflichteten" Experten schlossen sich weitere an: PsychotherapeutInnen und AusbilderInnen, die sich im Rahmen der Reflexion ihrer psychotherapeutischen Praxis oder ihrer Forschungstätigkeit seit Jahren ebenfalls mit der Ausarbeitung und Weiterentwicklung der Störungs- und Krankheitslehre befassen. Sie alle wollen wir durch die Publikation der Beiträge zur Fortsetzung der gemeinsamen Arbeit und Diskussion aufrufen.

Wir wünschen beiden Büchern kritische und engagierte Leser, die gleichwohl bereit sind, unsere anerkennende und wertschätzende

Vorwort des Vorstandes

Haltung, die wir den Autoren und Autorinnen gegenüber einnehmen, zu teilen. Auf dieser Grundlage gelingt ein wirklich kritisches Verständnis, so daß wir den Beitrag der jeweiligen Arbeit im Hinblick auf die gestellte Aufgabe besser erkennen und im vielleicht anschließenden Dialog ausschöpfen und weiterentwickeln können.

Für den Vorstand

Dr. Hans Wolfgang Linster
1. Vorsitzender der GwG

Einleitung der Herausgeber

Die Autoren des vorliegenden zweiten Bandes befassen sich – wie die Autoren des ersten Bandes auch – mit der Ausarbeitung einer ätiologisch orientierten Krankheitslehre der Gesprächspsychotherapie. Beide Bände enthalten Beiträge, die auf der Fachtagung der GwG im April 1993 als Vorträge gehalten wurden; einzelne Autoren haben diese überarbeitet oder neu gefaßt. Der erste Band umfaßt die Beiträge des ersten Tages, der zweite Band die des zweiten Tages. Die Reihenfolge der Beiträge entspricht weitgehend der der Tagung.

In diesem Band haben wir auch jene Beiträge aufgenommen, die nicht auf der Fachtagung, sondern auf den beiden die Tagung vorbereitenden Expertentreffen vorgestellt und diskutiert wurden. Es handelt sich um die Sichtung und Auswertung der Literatur, welche PANAGIOTOPOULOS, KETTERER & VOGEL durchführten, sowie um die Arbeit von WOLFGANG M. PFEIFFER.

Der zweite Band enthält daher unterschiedlich angelegte, ausgearbeitete und fundierte Beiträge. Teils handelt es sich um empirisch-wissenschaftlich gewonnene Theorien bzw. um Entwürfe zu solchen ätiologischen Theorien, teils um theoretische Beiträge, in welchen die langjährige psychotherapeutische Erfahrung und Auseinandersetzung der Autoren mit den theoretischen Positionen des Personzentrierten Konzeptes die Grundlage bilden. Einzelne Autoren verwenden theoretische Ansätze, die nicht dem Bereich des klientenzentrierten Konzeptes oder seiner Weiterentwicklung entstammen und übernehmen Theorien aus der Psychologie. Andere wählen einen eigenständigen Weg der Theoriebildung und entwickeln eine neue Begrifflichkeit, um den Gegenstand ihrer Arbeit differenzierter und genauer zu beschreiben.

PANAGIOTIS PANAGIOTOPOULOS, WERNER KETTERER und GERLINDE VOGEL nehmen eine Auswertung und kritische Würdigung der Literatur zum Krankheitsbegriff im klientenzentrierten Konzept vor. Die Autoren haben bei ihrer Sichtung gefunden, daß sich die Literatur vor allem zwei Grundpositionen zuordnen läßt: erstens dem Versuch, den Krankheitsbegriff der klientenzentrierten Psychotherapie zu explizieren bzw. im Sinne der klientenzentrierten Krankheitslehre weiterzuentwickeln und zweitens dem Versuch, für die klientenzentrierte Psychotherapie eine Krankheitslehre unter Rückgriff auf andere Modelle der Psychotherapie zu erarbeiten.

Bei den Autoren der ersten Grundposition läßt sich zeigen, daß der Krankheitsbegriff im Zusammenhang mit der Inkongruenz bestimmt oder daß eine entwicklungspsychologische Perspektive für sinnvoll erachtet wird. Sie bezieht sich auf die Analyse der Entwicklung des Selbstkonzeptes und auf die von psychischen Störungen. Von den Autoren der zweiten Grundposition wird vorgeschlagen, Gesichtspunkte aus der Psychopathologie für die klientenzentrierte Krankheitslehre zu nutzen und/oder Verbindungen zur Existentiellen Psychotherapie herzustellen.

Die Autoren werfen die Frage auf, ob das in einzelnen Arbeiten bemängelte Fehlen einer systematisch und ätiologisch ausformulierten Krankheitslehre tatsächlich nur einen Mangel darstellt oder aber als Chance verstanden werden kann. Sie plädieren dafür, bei der Weiterentwicklung einer Krankheitslehre die gegenwärtigen Positionen zu diesem Thema kritisch zu würdigen. In ihrer Zusammenfassung warnen sie vor einer zu einseitigen Verwendung des Inkongruenzbegriffes bzw. davor, vom Konflikt als der (einzigen) grundlegenden psychopathologischen Größe für psychisches Leiden auszugehen.

RAINER SACHSE entwickelt ein „Funktionsmodell" psychosomatischer Störungen, in welchem er die klassische klientenzentrierte Inkongruenzannahme mit Hilfe aktueller und empirisch gut bestätigter psychologischer Modelle erweitert und präzisiert. Dabei handelt es sich um folgende allgemeinpsychologische Konzepte: Objektive Selbstaufmerksamkeit, Reflexionsvermeidung, Kognitive Repräsentation von Motiven, Selbstwerterhöhung durch Selbstbekräftigungsverhalten, Streßbewältigung und Streßregulation, Außen–Orientierung und Selbstverpflichtung. Mit der Verwendung dieser Konzepte gelingt es SACHSE, die Funktionsweisen von psychosomatischen Störungen transparent zu machen und Therapieziele für die gesprächspsychotherapeutische Arbeit abzuleiten. Es wird deutlich, welche Auswirkungen bestimmte Arten von Inkongruenz auf die Fähigkeit zur Selbstregulation von Personen mit psychosomatischen Störungen haben.

Dieter Tscheulin bezieht sich in seinem Beitrag ebenfalls auf das Inkongruenzkonzept. Er empfiehlt dessen Erweiterung mit Hilfe des Ansatzes der Strukturierten Analyse sozialer Beziehungsverhältnisse (SASB), der von Benjamin entwickelt wurde. Inkongruenz soll danach nicht nur intrapersonell gesehen werden, sondern auch als Widersprüchlichkeit, die sich im gesamten beobachtbaren Sozialverhalten zeigt und das Beziehungsverhalten einbeziehen, welches man zu sich selbst und zu anderen entwickelt. Dabei wird das interpersonelle Verhalten unter zwei weiteren Gesichtspunkten betrachtet: transitiv (beim anderen etwas bewirken wollend) und intransitiv (sich selbst zeigend oder mitteilend). Im intrapsychischen Verhalten hingegen wird analysiert, wie die Person mit sich selbst umgeht; dabei kommt den Introjektionen von Verhaltensweisen wichtiger Bezugspersonen ein hoher Erklärungswert zu.

Tscheulin zeigt anhand eines Beispieles, wie eine Diagnostik der sozialen Beziehungen mit Hilfe des Ansatzes von Benjamin aussehen kann. Er leitet aus den Analyseergebnissen Ziele für eine Differentielle Gesprächspsychotherapie ab. Für deren optimalen Ausbau empfiehlt er auch aufgrund eigener empirischer Untersuchungsergebnisse, die „Gesetzmäßigkeit" der Therapeut–Klient–Komplementarität zu berücksichtigen und die therapeutische Hilfe „reziprok-komplementär" zu gestalten.

Gert–Walter Speierer stellt eine bereits in vielen Punkten elaborierte und empirisch fundierte Störungslehre der klientenzentrierten Psychotherapie vor, die in seinem Differentiellen Inkongruenzmodell (DIM) enthalten ist. Er differenziert den Inkongruenzbegriff aus und ergänzt die sozialkommunikativen Inkongruenzursachen um dispositionelle und lebensereignisbedingte Inkongruenzquellen. Damit stellt er eine Verknüpfung der Gesprächspsychotherapie zu den Konzepten der in der Medizin diskutierten Ursachen psychischer Störungen her. In seinem Modell wird zwischen dynamischen und strukturellen Anteilen des Selbst unterschieden. Inkongruenztoleranz, Inkongruenzanfälligkeit und Inkongruenzbewältigungsstrategien differenzieren den dynamischen Bereich weiter aus. Die organismischen, sozialkommunikativ- und lebensereignisbedingten Anteile ordnet er dem strukturellen Bereich zu.

Auf dieser Grundlage schlägt SPEIERER eine Einteilung vor, welche die Erklärung seelischer Störungen ohne Inkongruenzbeteiligung, seelische Störungen mit kompensierter Inkongruenz und solche mit dekompensiertem Inkongruenzerleben ermöglicht. Diese differentielle Betrachtung der Inkongruenzursachen, des Selbst und der Inkongruenzfolgesymptome führt zu einer eigenständigen differentiellen Diagnostik in der Gesprächspsychotherapie, der „Inkongruenzanalyse". Davon ausgehend wird eine differentielle Indikationsstellung und Therapieplanung auch jenseits der Basisvariablen möglich. Im Mittelpunkt der therapeutischen Arbeit steht im Differentiellen Inkongruenzmodell die Inkongruenzbearbeitung mit den Therapiezielen: Inkongruenzverringerung, Inkongruenzauflösung, Inkongruenzbewältigung und Vergrößerung der Inkongruenztoleranz.

JOBST FINKE stellt in seiner Arbeit Überlegungen zu einer klientenzentrierten Krankheitslehre am Beispiel der Angstneurose vor. Er weist darauf hin, daß Angst als Antwort auf eine unterschwellige Wahrnehmung einer Diskrepanz zwischen Erfahrung und Selbstkonzept angesehen werden kann und ein Abwehrverhalten des Organismus gegen eine Bedrohung des Selbstkonzeptes beinhaltet. FINKE diskutiert anschließend die Ursachen der Diskrepanz bzw. Inkongruenz und findet sie vorwiegend in einer pathogenen Beziehung der Eltern zu ihren Kinder. Diese krankmachende Beziehung besteht nach FINKE in: a) mangelnder Aktzeptierung des Kindes bzw. starker Distanzierung der Eltern vom Kind; b) mangelnder Empathie für das Kind bzw. in deren Vereinnahmung und c) mangelnder Kongruenz bzw. Ambivalenz der Bezugspersonen.

Diese gestörten Beziehungsangebote können zu schwerwiegenden Störungen in der Selbstkonzeptentwicklung des Kindes führen und die Entstehung von pathogener Inkongruenz zwischen der organismischen Erfahrung und dem noch wenig ausdifferenzierten Selbstkonzept bzw. dem möglicherweise bereits vulnerablen Selbstkonzept begründen. An einem Beispiel demonstriert FINKE Entstehung und Verlauf dieses Prozesses sehr eindrücklich.

STEFAN SCHMIDTCHEN nimmt aus kindertherapeutischer Sicht zur Klientenzentrierten Ätiologie und Diagnostik psychischer Erkrankungen im Kindesalter Stellung. Er betont die Bedeutung einer entwicklungspsychologischen und interaktionellen (vorwiegend familienorientierten) Sichtweise. Er sieht es als Aufgabe in Familie und Gesellschaft an, Kindern Entwicklungsziele zu stellen, mit deren Hilfe sie ihre Persönlichkeit bzw. ihr Selbst entwickeln können. Auf diesem Weg müssen sie durch die Eltern oder anderen Bezugspersonen mit Hilfe von Empathie, Wertschätzung, Kongruenz und weiteren interaktionellen Fördermaßnahmen unterstützt werden. Störungen der psychischen Entwicklung lassen sich nach SCHMIDTCHEN mit Hilfe des Inkongruenzkonzeptes von Rogers als Störungen der Selbstentwicklung erklären.

Zur Verdeutlichung seiner Überlegungen stellt SCHMIDTCHEN in Anlehnung an Maslow und Forscher der modernen Entwicklungspsychologie einen Katalog von idealtypischen Schemata einer gesunden Selbstentwicklung vor, die zur Operationalisierung von organismischen Entwicklungsprozessen des Selbsterlebens und des Selbstkonzeptes dienen können. Mit ihrer Hilfe ist es möglich, die Aktualisierungstendenz näher zu erforschen und Hinweise über die Inkongruenzentstehung zu erhalten. Ein Fallbeispiel veranschaulicht, wie nach dem Schema–Konzept eine Störungsdiagnostik und –erklärung sowie die Erarbeitung der Therapieziele erfolgen kann.

WOLFGANG M. PFEIFFER akzentuiert in seinem Beitrag zur klientenzentrierten Störungslehre die Bedeutung einer interaktionellen Perspektive. Er möchte eine zu einseitige, nur an den inneren Erfahrungen des Individuums orientierte Sicht zugunsten einer zwischenmenschlichen und gesellschaftlichen Sicht erweitern. Bei diesem Vorgehen betont der Autor, wie mehr oder weniger alle Autoren dieses Bandes, die pathogene Bedeutung mangelnder Empathie, Akzeptanz und Kongruenz. Weitere Überlegungen beziehen sich auf das Inkongruenzkonzept.

Einleitung der Herausgeber

PFEIFFER weist darauf hin, daß bereits Rogers vier Aspekte von Inkongruenz nennt: a) Diskrepanzen zwischen dem Selbstideal und dem wahrgenommenen Selbst, b) Diskrepanzen zwischen „Experience" und Selbstkonzept, c) Diskrepanzen zwischen „Experience" und „Awareness" und schließlich d) Diskrepanzen zwischen der „aktualisierenden Tendenz" und Strebungen und Wertungen, die aus der Gesellschaft übernommen worden sind. PFEIFFER empfiehlt, das Inkongruenzkonzept so einzuengen, daß es sich nur auf seine krankmachende Wirkung bezieht. Andererseits weist er auf eine Ergänzungsbedürftigkeit des Inkongruenzkonzeptes hin. Hierfür macht er Vorschläge, die vor allem interpersonelle und interkulturelle Gesichtspunkte berücksichtigen.

Wir als Herausgeber hoffen, daß die Leser der beiden Bände einen guten Einblick in die derzeit von vielen Autoren engagiert betriebene Arbeit an einer klientenzentrierten Krankheitslehre erhalten, die zwar ein gemeinsames Ziel im Auge hat, jedoch von durchaus unterschiedlichen Standpunkten ausgeht und unterschiedliche Wege geht. Wir wünschen uns eine kritische Lektüre und eine rege Diskussion, die auch die Autoren erreichen und Anstöße für die weitere Arbeit vermitteln soll. Wir wünschen uns, daß die bei den Autoren der beiden Bände vorhandene Offenheit für die Einbeziehung diagnostischer Fragestellungen, psychopathologischer Betrachtungsweisen und theoretischer Ansätze, die außerhalb der klientenzentrierten Theorie und Praxis entwickelt wurden, die Leser anspricht und sie ermuntert, sich mit gleicher Unbefangenheit und gleichwohl kritischem Blick mit der Arbeit der Autoren auseinanderzusetzen.

Hamburg, Regensburg und Freiburg, im Sommer 1994

Stefan Schmidtchen,
Gert–Walter Speierer und
Hans Wolfgang Linster

Auswertung und kritische Würdigung der Literatur zum Krankheitsbegriff im klientenzentrierten Konzept

**Panagiotis Panagiotopoulos,
Werner Ketterer & Gerlinde Vogel**

Evaluation and discussion of literature
concerning the understanding of illness in
the client-centered theory

Summary

This paper presents the procedure and main results of an evaluation of literature concerning the understanding of illness in client-centered theory. The different positions with respect to the term of disorder are summarized and classified following basic orientations. Two basic approaches could be pointed out. The first entails extracting a specific illness theory from the client-centered sources, and the second is being developed into an illness theory utilizing various sources, including other psychotherapeutic theories. The role of the term incongruence is specified and debated. Finally, the relationship between person, desorder and client-centered therapy is discussed.

Zusammenfassung

In diesem Beitrag werden das Vorgehen und die wichtigsten inhaltlichen Ergebnisse einer Literaturauswertung zum Krankheitsverständnis im klientenzentrierten Konzept vorgestellt. Die verschiedenen Positionen und Tendenzen zum Störungsbegriff im klientenzentrierten Ansatz werden überblicksartig dargestellt und nach grundlegenden Orientierungen differenziert. Dabei wurden zwei unterschiedliche Grundhaltungen erkennbar: Zum einen wird der Krankheitsbegriff *der* klientenzentrierten Psychotherapie expliziert und andererseits wird versucht *für* die klientenzentrierte Psychotherapie eine Krankheitslehre zu entwickeln. Ferner wird der Stellenwert des Inkongruenzbegriffs in der klientenzentrierten Krankheitslehre herausgearbeitet. Zum Abschluß wird der gegenwärtige Stand der Diskussion und die Beziehung Störung, Person und Therapietheorie diskutiert.

1. Vorbemerkungen

Zur Vorbereitung der Fachtagung „Störungslehre" hat uns die Forschungskommission der GwG im Januar '91 den Auftrag erteilt, die klientenzentrierte Literatur zum Krankheitsbegriff zu sichten und dahingehend auszuwerten, daß der Stand der Diskussion über den Krankheitsbegriff im klientenzentrierten Ansatz überblicksartig erkennbar wird.

Die Literaturauswertung wurde im Mai '91 abgeschlossen und die Ergebnisse unserer Arbeit wurden bereits in einer Sitzung der Forschungskommission im Juni '91 vorgestellt und diskutiert. Im Projektabschlußbericht (im September 1991 der GwG vorgelegt) sind die Ergebnisse der Literaturauswertung ausführlich dargestellt.

In diesem Beitrag beschreiben wir das Vorgehen bei der Literatursichtung und –auswertung und zeigen dann einige inhaltlich relevanten Ergebnisse der Literaturauswertung auf. Zum Abschluß stellen wir kritische Fragen, die sich aus unserem Verständnis der Position von ROGERS zu diesem Thema ergeben haben. Wir beziehen uns dabei auf seine systematischen Ausführungen in der „Theorie der Persönlichkeit und des Verhaltens" (1992, S. 417 – 458) und der „Persönlichkeitstheorie" (1959, dt. Übersetzung 1987, S. 48 – 58).

Zum Projekt
Das Projekt umfaßte zwei Aufgaben:
* Zum ersten hatten wir klientenzentrierte Literatur zu diesem Thema zu sichten und zu gliedern, sowie allgemeine Literatur zum Krankheitsbegriff zu erfassen, die zur Verdeutlichung der klientenzentrierten Position herangezogen werden kann.
* Zum zweiten bestand die Aufgabe darin, jene Arbeiten auszuwählen und systematisch auszuwerten, anhand derer der Stand der Diskussion exemplarisch und überblicksartig aufgezeigt wird.

2. Literatursichtung

Wir haben deutsch– und englischsprachige Literatur in Publikationsorganen der GwG, Bibliographien zur klientenzentrierten Psychotherapie (z.B. LIETAER, 1988, 1991; SCHMID, 1989) und in der Datenbank der Zentralstelle Psychologischer Information und Dokumentation (ZPID) gesichtet und eine Literaturliste erstellt. Veröffentlichungen von ROGERS haben wir in unserer Literaturliste nicht aufgenommen, da ausführliche Bibliographien bereits vorhanden sind und wir davon ausgingen, daß die Position von ROGERS als bekannt vorausgesetzt werden kann.

In die Literaturliste wurden Arbeiten aufgenommen, die entweder den Krankheitsbegriff klientenzentriert bestimmen oder von einem vorhandenen Krankheitsbegriff ausgehen und ihn mit klientenzentrierten Inhalten füllen. Ferner haben wir Veröffentlichungen aufgenommen, die die Anwendung und die theoretische Entwicklung des Ansatzes in Zusammenhang mit verschiedenen psychischen Störungen thematisieren. Zwar waren wir bemüht, die Literatur zu diesem Thema – die bis Mai '91 veröffentlicht wurde – möglichst umfassend zu erfassen, erheben jedoch nicht den Anspruch auf Vollständigkeit. Zusätzlich wurden einige Arbeiten einbezogen, die sich allgemein mit dem Thema „Krankheit" bzw. „Störung" unter psychotherapeutischen und psychopathologischen Gesichtspunkten befassen.

Die nach den genannten Gesichtspunkten zusammengestellte Literaturliste haben wir nach Themenbereichen untergliedert:

1. Klientenzentriertes Verständnis psychischer Störungen und des Krankheitsbegriffs (N=79)
2. Klientenzentrierte Betrachtung neurotischer Störungen (N=20)
3. Klientenzentrierte Betrachtung psychosomatischer Störungen (N = 26)
4. Klientenzentrierte Betrachtung psychiatrischer Störungen (N=55)
5. Klientenzentrierte Betrachtung weiterer Störungsbilder (N=20)
6. Allgemeine Literatur zum Krankheitsbegriff in der Psychotherapie und Psychopathologie (N = 82)

3. Inhaltliche Auswertung der Literatur

Die inhaltliche Auswertung der Literatur erfolgte in zwei Schritten. Im ersten Schritt haben wir aus der gesichteten Literatur Arbeiten ausgewählt, die wesentliche Aspekte zur Bestimmung des klientenzentrierten Krankheitsbegriffes aufgreifen bzw. inhaltlich vertreten und zur Entwicklung einer klientenzentrierten Krankheitslehre beitragen.

Diese Literatur wurde nach folgenden Gesichtspunkten systematisch untersucht und ausgewertet:

- Ausgangsüberlegungen, Gegenstand, Aufgaben und Ziele.
- Welche Fragestellungen in Bezug auf den Untersuchungsgegenstand werden aufgegriffen?
- Wie wird in der Arbeit vorgegangen und welche inhaltlichen Zusammenhänge werden aufgegriffen?
- Ergebnisse und Perspektiven.

Im zweiten Schritt haben wir Tendenzen und Schwerpunkte dieser Arbeiten herausgearbeitet und überblicksartig dargestellt. Hierbei ging es uns nicht um eine inhaltliche Vertiefung der vertretenen

Standpunkte im Sinne einer Literaturarbeit, sondern um eine Charakterisierung und eine kritische Würdigung des Diskussionsstandes.

4. Ergebnisse der Auswertung

Wir haben die Arbeiten, die sich direkt oder indirekt um ein oder das klientenzentrierte Krankheitsverständnis bemühen als erstes dahingehend untersucht, welche Bedeutung den klientenzentrierten Grundpositionen beigemessen wird. Nach unserer Einschätzung können hierbei zwei unterschiedliche Haltungen unterschieden werden.

Es handelt sich zum einen um Versuche, die den Krankheitsbegriff *der* klientenzentrierten Psychotherapie explizieren bzw. im Sinne der klientenzentrierten Krankheitslehre weiterentwickeln. D.h. es wird von der klientenzentrierten Theorie ausgegangen und eine Krankheitslehre der klientenzentrierten Psychotherapie herausgearbeitet.

Andererseits gibt es Versuche, *für* die klientenzentrierte Psychotherapie eine Krankheitslehre zu entwickeln, bzw. sie mit einer Krankheitslehre zu versorgen. Dabei wird mehr oder weniger auf andere Modelle (z.B. Psychoanalyse, Verhaltenstherapie und existentialphänomenologische Richtung) zurückgegriffen.

Es hat sich gezeigt, daß die Autoren, die eine Explikation und Ausformulierung des klientenzentrierten Krankheitsverständnis vornehmen (z.B. BIERMANN–RATJEN, 1991; FINKE, 1991; SEIERER, 1988, 1990), den klientenzentrierten Krankheitsbegriff in Zusammenhang mit der Inkongruenz bestimmen. Die Inkongruenz wird zur Grundlage des klientenzentrierten Krankheitsbegriffes gemacht und in ihren Komponenten näher betrachtet. Nach BIERMANN–RATJEN (1991) bedeutet Inkongruenz ein Konflikt zwischen gesamtorganismischem Erleben und Selbstkonzept; die Krankheitslehre der Gesprächspsychotherapie stellt dementsprechend eine Konflikttheorie dar. Auch FINKE (1991) betrachtet die Inkongruenz als psychopathologisch bedeutsamen Faktor und leitet aus der Betrachtung der einzelnen Komponenten des inkongruenten Zustandes (z.B. organismische Erfahrung, Selbstkonzept, Selbstideal) eine Differenzierung von Inkongruenzkonstellationen ab, die er als idealtypische Grundgestalten des neurotischen Krankseins versteht. Eine störungsspezifische Differenzierung nimmt auch SPEIERER (1988) vor. Er unterscheidet verschiedene Inkongruenzformen (individuell–dispositionelle Inkongruenz, sozial–kommunikative Inkongruenz und lebensereignisbedingte Inkongruenz) und zieht daraus Schlußfolgerungen für eine spezielle Neurosenlehre. Gleichzeitig gelangt er zu einer Abgrenzung zwischen Neurosen, Charakterneurosen und Psychosen. Diese Weiterentwicklungen im Sinne einer störungsspezifischen Differenzierung der Inkongruenz unter ätiologischen Gesichtspunkten stellen jedoch eher eine Ausnahme dar.

In einigen Beiträgen (z. B. BIERMANN–RATJEN, 1985; BIERMANN–RATJEN & ECKERT, 1982; ECKERT, 1985; FINKE, 1990; HÖGER, 1990) wird die Bestimmung eines klientenzentrierten Krankheitsverständnisses mit einer *entwicklungspsychologischen Betrachtung* in Verbindung gebracht. In diesem Zusammenhang wird nicht nur die Entwicklung des Selbstkonzepts, sondern auch die Frage nach der Entstehung psychischer Störungen gestellt und thematisiert. Von diesen Autoren wird die Meinung vertreten, daß der klientenzentrierte Ansatz eine breit angelegte Entwicklungspsychologie bräuchte, die auch den psychopathologischen Aspekt enthält.

SPEIERER (1990) stellt ferner die Frage, ob das Individuum in jedem Falle die Voraussetzungen für eine „gesunde" Entwicklung mitbringt, oder ob konstitutionelle Faktoren für eine gestörte Entwicklung mitverantwortlich sind. Der Autor unterscheidet diesbezüglich zwischen den verschiedenen Bestimmungsgrößen bzw. Bedingungen der Entwicklung und leitet daraus Konsequenzen für ein differentielles bzw. störungsspezifisches psychotherapeutisches Handeln ab. Diese Fragestellung verlangt jedoch eine kritische Auseinandersetzung mit den anthropologischen Annahmen des klientenzentrierten Ansatzes.

In den Veröffentlichungen, die eine Krankheitslehre für die klientenzentrierte Psychotherapie entwickeln, werden vor allem folgende Standpunkte vertreten:

- Auch für das klientenzentrierte Handeln sei es unabdingbar, von einer Krankheitslehre auszugehen, da dadurch direkt die Gestal-

tung und die Qualität des therapeutischen Handelns betroffen ist.
• Bei einer psychopathologischen Betrachtung bzw. störungs–spezifischen Orientierung des klientenzentrierten therapeutischen Handelns muß keine eigene Krankheitslehre entwickelt werden, sondern es wird „wie selbstverständlich" auf kompatible psychopathologische Konzeptionen aus anderen therapeutischen Richtungen zurückgegriffen.

Man geht hier davon aus, daß der klientenzentrierte Ansatz durch die Einbeziehung anderer theoretischer Modellvorstellungen, besonders unter psychopathologischen Gesichtspunkten, differenziert und vertieft werden könne. Explizit vertreten wird dieser Standpunkt in den Arbeiten von SWILDENS (1989, 1990). Er bemerkt, daß eine für den klientenzentrierten Ansatz passende Krankheitslehre bereits existiert bzw. dafür zusammengestellt werden kann. Sie muß nur für die klientenzentrierten Psychotherapeuten richtig übersetzt werden. Für SWILDENS steht fest, daß es sich bei dem klientenzentrierten Psychotherapieansatz und der existentiellen Psychotherapie um sich gegenseitig ergänzende Denk– und Handlungskonzepte handelt. In der ausdifferenzierten Metatheorie der existentiellen Psychotherapie könnte die klientenzentrierte Psychotherapie eine Ergänzung für die fehlende Psychopathologie finden, wodurch das klientenzentrierte Instrumentarium differenzierter eingesetzt werden könnte. Auch andere Autoren (z.B. BINDER, 1990; FRANKE, 1981; ECKERT, 1985) finden in bestimmten psychopathologischen Ansätzen eine natürliche und sinnvolle Ergänzung für die klientenzentrierte Psychotherapie.

Bei manchen Autoren findet eine Auseinandersetzung mit der Krankheitslehre in Zusammenhang mit den Fragen der Anwendbarkeitsgrenzen des Ansatzes statt. ECKERT (1985) beispielsweise setzt sich mit der Frage auseinander, in welchen Zusammenhängen bzw. bei welchen Störungen eine Modifikation des klientenzentrierten Behandlungsansatzes sinnvoll und erforderlich ist. Der Autor hält eine störungsspezifische Orientierung und Konzeption des therapeutischen Vorgehens im Bereich der Neurosen für unnötig. Bei Psychosen, Persönlichkeitsstörungen und psychosomatischen Störungen dagegen hält er eine Modifikation der gesprächspsychotherapeutischen

Behandlung für notwendig. ECKERT ist der Ansicht, daß gerade bei Störungen außerhalb der klassischen Neurosen der klientenzentrierte Ansatz in der bestehenden Form zum Verständnis und zur Behandlung nicht ausreicht. Er plädiert für eine Weiterentwicklung der klientenzentrierten Theorie zur Entwicklung der Persönlichkeit, wobei nach seiner Ansicht hierzu auch auf psychoanalytische Entwicklungstheorien zurückgegriffen werden könnte.

In den Beiträgen, die sich mit der Anwendbarkeit des Ansatzes bei *spezifischen Störungen* auseinandersetzen, wird das psychopathologische Moment nur am Rande berücksichtigt, obwohl hierbei der einzelnen Störung eine zentrale Bedeutung zukommt. Über den Bezug auf klientenzentrierte Begriffe wird eine Verbindung zur klientenzentrierten Theorie hergestellt, aber dies bleibt unsystematisch und führt selten zu einer weiterführenden theoretischen Auseinandersetzung. In der Literatur zu psychosomatischen Störungen (z.B. FRANKE, 1981; HÖLZLE, 1986) wird unter anderem die Meinung vertreten, daß die klientenzentrierte psychopathologische Betrachtung mit anderen Theorien in Verbindung gesetzt werden sollte. FRANKE (1980) zeigt am Beispiel der Anorexia nervosa, daß die allgemeinen Annahmen von ROGERS über den Entstehungsprozeß einer Störung mit den Beobachtungsergebnissen und Forschungsergebnissen übereinstimmen. Dennoch bemerkt die Autorin, daß in der klientenzentrierten Theorie die Frage der Ätiologie psychischer Störungen nicht thematisiert wird. Dafür übersetzt sie auf der theoretischen Ebene gängige Modelle (z.B. Familientherapie) zur Ätiologie in die Sprache des klientenzentrierten Ansatzes.

5. Kritische Würdigung

Die Literaturauswertung läßt erkennen, daß es viele Arbeiten gibt, die sich mit der Problematik des Krankheitsbegriffs im klientenzentrierten Ansatz bzw. mit dem klientenzentrierten Standpunkt zu den verschiedenen Störungen auseinandersetzen. Obwohl die Auseinandersetzung in unterschiedlicher Weise und Zielsetzung erfolgt, trifft die weitverbreitete Auffassung, der klientenzentrierte Ansatz ignoriere die psychische Störung als solche und die Bedeutung der Störung für die Behandlung, nicht zu.

Die divergierenden Ansätze in der Literatur zum klientenzentrierten Krankheitsbegriff bzw. zur Krankheitslehre geben uns Anlaß, über diese Problematik kritisch nachzudenken. Aus der Literatur gewinnt man den Eindruck, daß eine stärkere Berücksichtigung der Situation des Klienten unter psychopathologischen Gesichtspunkten (Psychopathologie hier als Teilaspekt einer klientenzentrierten Persönlichkeitstheorie und Entwicklungspsychologie verstanden) im klientenzentrierten Ansatz grundsätzlich als sinnvoll und wünschenswert erachtet wird; aber eine Orientierung des therapeutischen Handelns an spezifischen Störungen wird für fragwürdig gehalten.

Das Fehlen einer systematisch und ätiologisch ausformulierten Krankheitslehre wird wie selbstverständlich als gravierender Mangel der klientenzentrierten Psychotherapie verstanden (MEYER et al. 1991). Abgesehen davon, daß diese Feststellung über den klientenzentrierten Ansatz so pauschal nicht stimmt bzw. nicht nur für den klientenzentrierten Ansatz zutrifft, stellt sich aus klientenzentrierter Sicht die prinzipielle Frage, ob es sich tatsächlich um einen Mangel handelt oder um eine Chance für den klientenzentrierten Ansatz im Besonderen und die Psychotherapie im Allgemeinen, um die eigene Position zum Krankheitsverständnis – auch im Unterschied zum medizinischen Konzept – näher zu bestimmen.

Unabhängig von Sinn und Zweck, den die Weiterentwicklung einer Krankheitslehre des klientenzentrierten Ansatzes für die klientenzentrierte Behandlung mit sich brächte, sollten die gegenwärtigen Positionen zu diesem Thema kritisch gewürdigt und in der weiteren Diskussion genauer beachtet werden.

Aus unserer Beschäftigung mit den ausgewählten Arbeiten haben wir den Eindruck gewonnen, daß in den meisten Beiträgen der Bezug zum klientenzentrierten Ansatz in Anlehnung an einzelne bzw. oft nur an einen Begriff (z.B. Inkongruenz) erfolgt. Ein solches Vorgehen dient unseres Erachtens nicht zur Aufhebung des bestehenden Eindrucks, daß es der klientenzentrierten Psychotherapie an einer Krankheitslehre mangelt. Es hat sich z. B. gezeigt, daß es für viele Autoren (z.B. BIERMANN–RATJEN, 1989, 1991; FINKE, 1990, 1991; SPEIERER,

1988, 1989, 1990) selbstverständlich ist, eine klientenzentrierte Krankheitslehre vor allem in Anlehnung an den Inkongruenzbegriff zu definieren bzw. zu entwickeln. Wird dabei die Inkongruenz nur als Konflikt ausgelegt und dementsprechend auch der Versuch unternommen, die klientenzentrierte Krankheitslehre auf der Grundlage einer „neuen" Konflikttheorie entstehen und bestehen zu lassen, müssen Autoren, die einen solchen Standpunkt vertreten, jedoch damit rechnen, daß sie bei einer kritischen Würdigung ihrer Beiträge auch mit folgenden Fragen konfrontiert werden:

- Kann die Inkongruenz ohne Einschränkung als Konflikt gedeutet werden?
- Bleiben durch die Zentrierung auf die Inkongruenz wesentliche Inhalte der klientenzentrierten Theorie bzw. relevante Zusammenhänge dieser Theorie für die Krankheitslehre unberücksichtigt?
- Grundsätzlicher gefragt: Ist es im klientenzentrierten Ansatz überhaupt sinnvoll, von einem Konflikt als grundlegende psychopathologische Größe auszugehen bzw. geht psychisches Leiden zwangsläufig auf ein intrapsychisches Streitmoment zurück?

Vor allem die Arbeiten von ROGERS (z.B. 1987, 1992) legen auch andere Auslegungen nahe. Möglicherweise gewinnt man daraus auch Anstöße für ein alternatives Verständnis von Psychopathologie.

Das Verhältnis zwischen Störung und Person als eigentlicher Bezugspunkt der klientenzentrierten Behandlung und wesentlicher Zusammenhang für die Bestimmung des Psychotherapiegegenstandes muß auch im klientenzentrierten Ansatz aus dem gegebenen Anlaß erneut – auch zum Nutzen des therapeutischen Handelns – differenzierter thematisiert und diskutiert werden.

6. Literatur

BIERMANN–RATJEN, E.–M. & ECKERT, J. (1982). Du sollst merken – wie willst du sonst verstehen. Plädoyer für das tiefenpsychologische Modell der Entwicklung der Person in der Gesprächspsychotherapie. In

Würdigung der Literatur zum Krankheitsbegriff im klientenzentrierten Konzept

E. BIEHL, E. JAEGGI, W.R. MINSEL, R. VAN QUEKELBERGHE & D.
TSCHEULIN (Hrsg.), *Neue Konzepte der Klinischen Psychologie und Psychotherapie* (S. 36 – 39). Tübingen/Köln: DGVT/GwG.

BIERMANN–RATJEN, E.–M. (1985). Wo bleibt die kindliche Entwicklung in der Gesprächspsychotherapie? *GwG–Info, 59,* 109–114.

BIERMANN–RATJEN, E.–M. (1989). Zur Notwendigkeit einer klientenzentrierten Entwicklungspsychologie für die Zukunft (Weiterentwicklung) der klienten–zentrierten Psychotherapie. In R. SACHSE & J. HOWE (Hrsg.), *Zur Zukunft der klientenzentrierten Psychotherapie* (S. 102 – 125). Heidelberg: Asanger–Verlag.

BIERMANN–RATJEN, E.–M. (1991). Die Krankheitslehre der Gesprächspsychotherapie und ihre Anwendung in der Gruppensupervision. In M. BEHR & U. ESSER (Hrsg.), *„Macht Therapie glücklich?"* (S. 101 – 114). Köln: GwG–Verlag.

BINDER, U. (1990). Einige Thesen zur personenzentrierten Psychotherapie von Schizophrenen. In G. MEYER–CORDING & G.–W. SPEIERER (Hrsg.), *Gesundheit und Krankheit. Theorie, Forschung und Praxis der klientenzentrierten Gesprächspsychotherapie heute* (S. 216 – 232). Köln: GwG–Verlag.

ECKERT, J. (1985). Reicht das klientenzentrierte Konzept in seiner Allgemeinheit aus oder brauchen wir auch störungsspezifische Ansätze? *GwG–Info, 59,* 115–121.

FINKE, J. (1990). Die lebensgeschichtliche Perspektive im klientenzentrierten Therapieprozeß. In G. MEYER–CORDING & G.–W. SPEIERER (Hrsg.), *Gesundheit und Krankheit. Theorie, Forschung und Praxis der klientenzentrierten Gesprächspsychotherapie heute* (S. 115–128). Köln: GwG–Verlag.

FINKE, J. (1991). Die gesprächspsychotherapeutische Krankheitslehre unter dem Aspekt der sogenannten ätiologischen Orientierung. *GwG–Zeitschrift, 82,* 25–29.

FRANKE, A. (1981). Überlegungen zur Anwendung klienten–zentrierter Psychotherapie bei Anorexia Nervosa. In R. MEERMANN (Hrsg.), *Anorexia Nervosa. Ursachen und Behandlung* (S. 150 – 157). Stuttgart: Enke.

HÖGER, D. (1990). Zur Bedeutung der Ethologie für die Psychotherapie – Aspekte der Aktualisierungstendenz und der Bindungstheorie. In

G. Meyer–Cording & G.–W. Speierer (Hrsg.), *Gesundheit und Krankheit. Theorie, Forschung und Praxis der klientenzentrierten Gesprächspsychotherapie heute* (S. 30–53). Köln: GwG–Verlag.

Hölzle, C. (1986). Bulimie – und klientenzentrierte Psychotherapie? *Zeitschrift für personenzentrierte Psychologie und Psychotherapie, 4,* 457 – 463.

Lietaer, G. (1988). *The Client–Centered/Experiential/Person–Centered Approach. 1950–1987*: Bibliographical Survey. Leuven: Acco.

Lietaer, G. (1991). *The Client–Centered/Experiential/Person–Centered Approach. 1988–1990*: Bibliographical Survey. Leuven: (unveröff. Manuskript).

Meyer, A.–E., Richter R., Grawe, K., Graf v.d. Schulenburg, J.–M. & Schulte, B. (1991). *Forschungsgutachten zu Fragen eines Psychotherapeutengesetzes.* Hamburg–Eppendorf: Universitäts–Krankenhaus.

Rogers, C.R. (1959). A theory of therapy, personality, and interpersonal relationsships, as developed in the client–centered framework. In S. Koch (Ed.), *Psychology, a study of a science (Vol. 3, pp. 184 – 256).* New York: Mac Graw Hill.

Rogers, C.R. (1987). *Eine Theorie der Psychotherapie, der Persönlichkeit und der zwischenmenschlichen Beziehungen. Köln*: GwG–Verlag (Deutsche Übersetzung der Orginalarbeit von 1959).

Rogers, C.R. (1992). *Die klientenzentrierte Gesprächspsychotherapie.* Frankfurt: Fischer.

Schmid, P.F. (1989). *Personale Begegnung. Der personenzentrierte Ansatz in Psychotherapie und Beratung, Gruppenarbeit und Seelsorge.* Würzburg: Echter.

Speierer, G.–W. (1988). Inkongruenz im Zentrum einer Krankheitslehre der Gesprächspsychotherapie. *GwG–Zeitschrift, 72,* 52–53.

Speierer, G.–W. (1989). Die Krankheitslehre der klientenzentrierten Psychotherapie. In R. Sachse & J. Howe (Hrsg.), *Zur Zukunft der klientenzentrierten Psychotherapie* (S. 37 – 53). Heidelberg: Asanger–Verlag.

Speierer, G.–W. (1990). Eine klientenzentrierte Krankheitstheorie für die Gesprächspsychotherapie. In G. Meyer–Cording & G.–W. Speierer (Hrsg.), *Gesundheit und Krankheit. Theorie, Forschung* und Praxis der klientenzentrierten Gesprächspsychotherapie heute (S. 86 – 114). Köln: GwG–Verlag.

SWILDENS, H. (1989). Über Psychopathologie und ihre Bedeutung für die klientenzentrierte Psychotherapie. In M. BEHR, F. PETERMANN, W.M. PFEIFER & C. SEEWALD (Hrsg.), *Jahrbuch für personenzentrierte Psychologie und Psychotherapie* (Bd. 1; S. 80 – 106). Salzburg: Müller.

SWILDENS, H. (1990). Über die gesprächspsychotherapeutische Behandlung der depressiven Neurosen. In G. MEYER–CORDING & G.–W. SPEIERER (Hrsg.), *Gesundheit und Krankheit. Theorie, Forschung und Praxis der klientenzentrierten Gesprächspsychotherapie heute* (S. 183 – 198). Köln: GwG–Verlag.

Anschrift der Verfasser:
Panagiotis Panagiotopoulos
Werner Ketterer
Gerlinde Vogel
Marienstr. 8
79098 Freiburg

Die Angststörung (Angstneurose)

Jobst Finke

Anxiety disorders

Summary

The presented client-centered nosology begins with ROGERS' theoretical concept of neurosis. Four factors of this nosology must be taken into consideration: first, the pattern of interaction with the patients' parents; second, the resulting incongruence due to that pattern; third, the aggravation of incongruence-tension as a consequence of life events; fourth, the symptom effected by actualized incongruence. These four factors are explained and clairified using a case of anxiety disorder broadly outlined in the paper.

Zusammenfassung

Ausgehend von dem neurosentheoretischen Entwurf ROGERS' werden die vier Schnittpunkte gesprächspsychotherapeutischer Krankheitslehre und ihre Verbindungslinien expliziert: (1) die pathogenen elterlichen Beziehungsangebote, die (2) zur Inkongruenz führen, aus der sich unter dem Einfluß (3) einer spezifischen aktuellen Belastungssituation jener aktuelle Konflikt ergibt, der (4) zum Symptom, d.h. zur Krankheit, führt. Anhand einer Fallskizze werden die besonderen Verhältnisse und die besondere Prägung dieser drei Größen bei der Angstneurose verdeutlicht.

1. Problemstellung

1.1 Die diagnostische Klassifikation

Hinsichtlich der psychiatrischen Diagnostik befinden wir uns zur Zeit an einem entscheidenden Wendepunkt. Mit der Einführung neuer Klassifikationssysteme, namentlich der ICD–10, wird das Konzept der Krankheitseinheiten, dem die ICD–9 noch verpflichtet war, aufgegeben. Dieses Konzept ging seit den bahnbrechenden Arbeiten KRAEPELINS (1889) vor über 100 Jahren davon aus, daß sich, ähnlich wie in der somatischen Medizin, etwa bei den Infektionskrankheiten, auch in der Psychiatrie Grundformen psychischen Gestörtseins herausarbeiten lassen, die jeweils durch eine einheitliche Ursache, eine charakteristische Symptomatik und eine typische Verlaufsform gekennzeichnet sind. Zwar war dieses Konzept auch schon früh in Frage gestellt worden (JASPERS, 1959, 1. Aufl. 1913), jedoch wurde erst durch die Einführung des amerikanischen Klassifikationssystems DSM–III vor etwa zehn Jahren, diese Kritik gewissermaßen offiziell. Mit der ICD–10 wird nun auch im europäischen Raum diese grundlegende Revision psychiatrischer Diagnostik vollzogen. Ging man z.B. bei der Diagnose „Angstneurose" von der Vorstellung der Zusammengehörigkeit einer bestimmten Symptomatik mit einer bestimmten Persönlichkeitsstruktur und einer bestimmten psychosozialen Ursache aus, so werden nun Symptomatik und Persönlichkeitsstörung als zunächst voneinander unabhängige Merkmale klassifiziert. Damit wird auch der Neurosebegriff insgesamt aufgegeben.

Diese Entwicklung, die wieder sehr auf eine deskriptive Phänomenologie rekurriert, kommt der gesprächspsychotherapeutischen Position in dieser Frage entgegen (TEUSCH, 1993).

Wie bei anderen Störungsformen auch finden sich bei der Angststörung Patienten mit unterschiedlichen Persönlichkeitsstrukturen. Die im Folgenden beschriebene Zuordnung von Angstsymptomatik und ängstlich–selbstunsichererer Persönlichkeit, die zur Vermeidung neigt, ergab sich durch die entsprechende Konstellation bei dem hier vorgestellten konkreten Einzelfall. Dabei soll die Annahme leitend sein, daß die Persönlichkeitsproblematik, das spezifische Lebensereignis und die Symptomatik in einem ursächlichen Zusammenhang stehen. Die Implikationen des Neurose–Begriffes werden also, zumindest als Arbeitshypothese, aufrecht erhalten, um so ein verstehendes Erfassen des Einzelfalles zu ermöglichen. Die modernen Diagnosesysteme sind ausdrücklich gegenüber ätiologischen Konzepten jeder Art offen, sie selbst machen hier keine Vorgaben. Es dürfte naheliegend sein, daß in unserem Falle die Modellvorstellungen von ROGERS die Grundlage solch ätiologischer Konzeptionen darstellen.

Bevor auf den Spezialfall einer Angstneurose, näherhin einer Agoraphobie mit Panikstörung (ICD–10; F40.01) eingegangen wird, soll zunächst das neurosentheoretische Modell allgemein, so wie ROGERS (1959/1987) es schon weitgehebnd vorgezeichnet hatte, skizziert werden.

1.2 Die Krankheitslehre (Neurosentheorie) der Gesprächspsychotherapie

„...Wenn Erfahrung offensichtlich vom Selbstkonzept abweicht, dann wird eine Abwehrreaktion gegen diese Bedrohung immer schwieriger. Angst ist dann die Antwort des Organismus auf die 'unterschwellige Wahrnehmung', eine solche Diskrepanz könnte gewahr werden und würde in der Folge eine Veränderung des Selbstkonzeptes erzwingen. Das Stadium der Bedrohung entsteht, wenn eine Erfahrung wahrgenommen oder erwartet wird, die inkongruent mit der Selbststruktur ist. [...] Abwehrverhalten ist eine Antwort des Organismus auf Bedrohung" (ROGERS, 1959/1987, S. 30).

Die wesentlichen Bezugspunkte der gesprächspsychotherapeutischen Krankheitslehre sind schon in dieser Erklärung des Phänomens Angst enthalten. Im folgenden sollen die Zusammenhänge zwischen diesen Bezugspunkten kurz erläutert werden.

1.2.1 Die neurotische Disposition

Die beiden Grundelemente der Krankheitslehre von ROGERS sind die Beziehungsstörung, namentlich die Störung der Eltern–Kind–Beziehung und die Inkongruenz. Aufgrund mangelnder Unbedingtheit der Wertschätzung, mangelnder Empathie und Kongruenz der Eltern in der Beziehung zu ihrem Kind kommt es bei letzterem zu einer Diskrepanz zentraler Persönlichkeitsbereiche.

Jobst Finke

Diese defizienten Beziehungsangebote der Eltern führen in je unterschiedlicher Weise zu einer Dissoziation der Persönlichkeit bzw. der mangelnden Fähigkeit, unterschiedliche Erfahrungen und Erlebnisbereiche zu integrieren. Es kommt vor allem zu einer Inkongruenz, also einer Unvereinbarkeit zwischen dem Selbstkonzept bzw. dem Selbstbild auf der einen und der auf Ganzheitlichkeit angelegten Erfahrung auf der anderen Seite (ROGERS, 1959/1987; SPEIERER, 1990a, 1990b; FINKE, 1992). Dies bedeutet, daß wesentliche Aspekte dieser Erfahrung von der Gewahrwerdung ausgeschlossen werden, um das Selbstkonzept aufrecht erhalten zu können. Damit wird auch die Inkongruenz selber nicht mehr bewußt erlebt. Sie wird andererseits als eine die Person kennzeichnende Störung habituell. Eine solche Person lebt also im Status einer Verschlossenheit gegen sich selbst. Ein Leidensdruck entsteht besonders, wenn diese Verschlossenheit zumindest partiell aufgehoben, d.h. die Inkongruenz nicht mehr voll verleugnet werden kann. Die Inkongruenz wird nun überführt in einen intrapersonellen Konflikt. Das Erleben dieses Konfliktes bedeutet

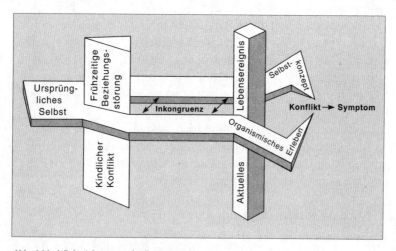

Abb. 4 Modell der inkongruenzbedingten Störung

Abb. 1.: Zusammenhang von Inkongruenz, Lebensereignis und Symptom (aus J. Finke: Empathie und Interaktion. Thieme–Verlag, 1994)

einen quälenden Zustand, denn es besteht in jedem Individuum ein starkes Bedürfnis nach Geschlossenheit des Selbstsystems und nach interner Konsistenz (EPSTEIN, 1984). Dieser quälende Zustand kann als Angst oder Depressivität erlebt werden. Das Auftreten von Symptomen zeigt also, daß unter dem Eindruck andrängender aktueller Erfahrungen Inkongruenzen nicht mehr absolut verleugnet werden können. Das Symptom kann das Leiden an dieser Inkongruenz bzw. dem aus ihr hervorgehenden Konflikt und an der damit verbundenen Erschütterung des Selbstkonzeptes ganz unmittelbar spiegeln, es kann aber auch, wie zum Beispiel bei irrationalen Ängsten, etwa der Agoraphobie, eine verzerrte Symbolisierung der eigentlichen, das Selbstkonzept bedrohenden Erfahrung darstellen (TEUSCH, 1991). Das Symptom ist also das Ergebnis des Bewältigungsversuches der Konfliktspannung.

1.2.2 Die Ursachen der neurotischen Disposition

ROGERS (1959/1987) hat deutlich beschrieben, wie die Inkongruenz zwischen Selbstkonzept und ganzheitlicher Erfahrung entsteht: das Kind erlebt bestimmte Forderungen seiner Eltern, bestimmte Ge– und Verbote als unvereinbar mit seinen eigenen Bedürfnissen. Um die Liebe, Zuwendung und Bestätigung der Eltern zu erhalten, identifiziert es sich mehr und mehr mit deren Forderungen und Wünschen. Die eigenen Bedürfnisse werden dann zunehmend als Gefahr für diese Bestätigung und Zuwendung garantierende Identifikationsleistung erlebt. Dabei ist natürlich der Einfluß von Eltern vorausgesetzt, die diese Bedürfnisse des Kindes wenig achten bzw. die die dem Kind eigenen Aktualisierungstendenzen kaum wahrnehmen, geschweige denn wertschätzen. Die Formen solcher Mißachtung können natürlich sowohl in ihrer Motivation, in ihrer Ausgestaltung wie in ihrer Auswirkung sehr unterschiedlich sein. Sie sind in jedem Fall als pathogenes Beziehungsangebot zu charakterisieren. Idealtypisch lassen sich, gewissermaßen als Negativfiguren der bekannten drei therapeutischen Grundhaltungen, folgende pathogene elterliche Beziehungsangebote unterscheiden (GRAESSNER, 1990; VOSSEN, 1992):

a) Mangelndes Akzeptieren bzw. Distanzieren der Bezugspersonen.

Das Erleben, von den Eltern nicht wirklich anerkannt und geschätzt zu sein, schafft im Kind eine tiefgreifende Verunsicherung des Selbstwerterlebens und einen Mangel an Urvertrauen, der dann seinerseits die Beziehung des Kindes zu den Eltern sehr erschwert. Es ist gut einsehbar, daß die nun im Kind einsetzende Beziehungsstörung ihrerseits wieder negative Rückwirkungen auf das weitere Zuwendungsverhalten der Eltern hat. Es ist klar, daß eine solche Form der Beziehungsstörung besonders schwerwiegend ist, auch VOSSEN (1993) hat sie als die basalste und infolgedessen folgenreichste beschrieben.

b) Mangelnde Empathie bzw. Vereinnahmung durch die Bezugspersonen. Wenn Eltern sich trotz betonter Zuwendung wenig in ihr Kind einfühlen können, es wenig in seinem Wesen, in seiner Aktualisierungstendenz zu erfassen vermögen, ist oft das Bemühen zu beobachten, das Kind nach ihren Bedürfnissen und gewissermaßen nach ihrem Bilde zu formen. Solche Eltern sind nicht selten von außen gesehen ausgesprochen zugewandt und investieren sehr viel Energie in die Erziehung ihrer Kinder. Die Kinder dienen dabei aber oft als Substitut für Lebensträume der Eltern. Im Kinde selbst entsteht häufig ein sehr gruppenkonformes Selbstideal und ein sehr fremdbestimmtes Selbstbild, das Kind sieht sich mit den Augen der Eltern. Die Identifikation mit den Eltern ist hier also besonders weit vorangetrieben. Jedes Wahrnehmen von eigenen, d.h. von der Elternnorm abweichenden, Bedürfnissen wird sehr schuldhaft erlebt und so meist mehr oder weniger nachhaltig unterdrückt. („Wahrnehmungsverweigerung": ROGERS, 1959/1987).

c) Mangelnde Kongruenz bzw. Ambivalenz der Bezugspersonen. Wenn Eltern in ihrer Bezugsaufnahme sehr widersprüchlich und schillernd sind, oft Kommunikationsformen im Stile des double–bind zeigen, dann entsteht im Kind eine starke Unsicherheit in der Selbstbewertung. Es handelt sich hier häufig um Eltern mit starken, aber weitgehend verleugneten Selbstwertzweifeln, um Menschen, die sich in ihrer Elternrolle auch sehr unsicher fühlen und die Interaktion mit dem Kind oft als Bedrohung ihres eigenen Selbstkonzeptes erleben. Im Kind entsteht hierdurch ebenfalls eine starke

Unsicherheit in der Selbstbewertung sowie eine starke Ambivalenz zwischen Autonomie- und Regressionstendenzen.

2. Fallbeschreibung

Die 32-jährige, sportlich-elegant gekleidete, äußerlich recht attraktive Patientin leidet seit sechs Jahren, seit ihrer Tätigkeit als Stewardess, unter häufigen Panikattacken: die heftigen Angstgefühle, verbunden mit Zittern, Schweißausbruch, Übelkeit und Erbrechen, treten anfallsweise teilweise mehrmals täglich auf. Diese Symptomatik hatte seit ihrem Bestehen ständig an Intensität zugenommen, ein längeres, beschwerdefreies Intervall hatte es in dieser Zeit nie gegeben. Es resultierte schließlich ein ausgeprägtes Vermeidungsverhalten, so daß die Patientin schließlich die elterliche Wohnung kaum mehr verließ und in den letzten Monaten auch einer beruflichen Tätigkeit nicht mehr nachgehen konnte.

Der erste, sogar mit einer Ohnmacht einhergehende, Angstanfall war vor sechs Jahren in einem Restaurant in Miami Beach, Florida, aufgetreten. Das Besondere dieser Situation bestand darin, daß bei dem gemeinsamen Essen mit ihrem damaligen Geliebten, dem Flugkapitän, erstmals auch dessen Ehefrau anwesend war.

Von der Mutter hatte die Patientin erfahren, daß sie immer ein kränkelndes Kind gewesen sei. Die Mutter war eine in der Familie sehr dominierende, sehr ehrgeizige, in ihrer emotionalen Zuwendung jedoch offenbar unbeständige Frau. Der Vater hatte in der Familienkonstellation eher eine randständige Position, die Mutter wußte ihn jedoch als Koalitionspartner zu beanspruchen, wenn sie die Patientin in der einen oder anderen Hinsicht zu disziplinieren versuchte. Die Patientin war früher und ist auch heute noch emotional eher auf die Mutter bezogen, wenn auch in einer natürlich ambivalenten Weise. Der Vater war und ist als Bezugsperson für die Patientin offenbar weniger wichtig. Die Patientin hat noch einen, einige Jahre älteren, beruflich recht erfolgreichen Stiefbruder aus der ersten Ehe der Mutter; die Patientin hat die Vorstellung, daß dieser Stiefbruder von der Mutter mehr geachtet und geschätzt wird als sie.

3. Fallinterpretation: Ein hypothetisches Bedingungsmodell der Angstneurose

3.1 Lebensgeschichtliche Faktoren

Die lebensgeschichtliche Entwicklung der Patientin ist geprägt von einer leistungsbetonten, ehrgeizigen und in der emotionalen Zuwendung eher unsteten Mutter, die auf die Patientin einschüchternd und verunsichernd wirkte. Diese Mutter konnte ihrem Kind gegenüber auch wenig Empathie realisieren, die Bereitschaft zum Verstehen der Bedürfnisse und inneren Nöte unserer Patientin waren eher gering. Da die Patientin aber trotzdem ein gewisses Maß an basalem Angenommensein durch die Mutter erlebte, führte dies zu einer ängstlichen Anlehnung an die als stark erlebte Mutter, wodurch aber die Ausbildung eines gesunden Selbstwerterlebens und Selbstvertrauens verhindert wurde. Die progressiven Seiten der Aktualisierungstendenz, also Autonomiebestrebungen, mußten unterdrückt werden, um die Akzeptation durch die Mutter nicht zu gefährden. Da aber die sehr auf äußerlichen Erfolg bedachte Mutter als wenig einfühlend und in ihrer Bereitschaft zum bedingungsfreien Akzeptieren als unstetig erlebt wurde, schien dieser Halt immer gefährdet. Angst vor Geborgenheitsverlust, vor Verlust der zentralen Bezugsperson wurde zum Grundthema des ganzen Lebens.

Zusammenfassend ist zu sagen: ein häufiger Grund für das Entstehen einer Angstneurose ist der Mangel an Zuverlässigkeit (nicht das vollständige Fehlen) in der Haltung des bedingungsfreien Akzeptierens und auch ein Mangel an Empathie seitens der zentralen Bezugsperson. Diese Bezugspersonen sind dabei ihrerseits oft beziehungsunsicher, nicht selten auch zumindest untergründig von selbstunsicherer Ängstlichkeit erfüllt (SWILDENS, 1991). Die Selbstunsicherheit versuchen sie manchmal, wie in unserem Fall, überkompensatorisch durch Leistung zu bewältigen, mit diesem Leistungsstreben wirken sie dann einschüchternd und verunsichernd auf das Kind. Das Erleben von Geborgenheit und Befriedigung der „social needs" (ROGERS) bleibt für das Kind immer brüchig und zwiespältig. Dies umsomehr, als es seine Autonomietendenzen unterdrücken muß, um die Geborgenheiten nicht aufs Spiel zu setzen.

Die Angststörung (Angstneurose)

3.2 Die Inkongruenzkonstellation

Durch die besagten Einflüsse in der Kindheit hatte sich bei der Patientin die Grundüberzeugung herausgebildet, immer auf den Halt und Schutz durch andere angewiesen zu sein. Das Beharren auf Autonomie konnte, auch das war eine frühe Erfahrung, diesen Halt gefährden, indem Vater und Mutter sich dann gemeinsam gegen sie stellten, um sie zu disziplinieren, was sie als Androhung des totalen Verlassenwerdens empfand. Die Sicherheit gewährende ständige Anpassungsleistung bedeutete also gleichzeitig das Unterdrücken von Autonomietendenzen. Deshalb wurden auch später Rivalitätssituationen, wie z.B. in ihrem Beruf als Stewardess, von ihr als hoch bedrohlich empfunden, denn sie war nicht gewohnt, auf ihre Möglichkeit zur Autonomie zu vertrauen. Es hatte sich so bei der Patientin eine Inkongruenz herausgebildet zwischen einem Selbstkonzept, in dem sich die Patientin als ängstlich–unsicher und schutzbedürftig wahrnahm einerseits und untergründigen Autonomiewünschen andererseits. Diesem negativen Selbstbild stand ein von der Mutter wesentlich mitgeprägtes hohes Selbstideal gegenüber.

Zusammenfassend läßt sich sagen: bezeichnend für Patienten mit einer Angstneurose ist eine „Wahrnehmunsverweigerung" (ROGERS, 1959/1987) von Autonomietendenzen. Diese werden für das Selbstkonzept deshalb als bedrohlich empfunden, weil sich der Patient als stark von anderen abhängig sieht. Es herrscht eine untergründige ständige Angst vor Geborgenheitsverlust und dem Gefühl totalen Verlassenseins vor. Die Inkongruenz besteht in der Diskrepanz zwischen einem Selbstkonzept, welches die erfahrung symbolisiert, von anderen sehr abhängig zu sein und untergründigen Wünschen bzw. Tendenzen nach Autonomie, die nicht in Handeln umgesetzt werden.

3.3 Die aktuelle Ursache der Angststörung (Angstneurose)

Das Liebesverhältnis der Patientin zu dem Flugkapitän hatte für sie zwar einerseits eine sowohl haltgebende wie auch eine das Selbstwert- und Autonomieerleben bestärkende Funktion. Da sie sich andererseits aber in ständiger Rivalität mit ihren Kolleginnen wähnte, wurden Halt und Selbstwertgefühl als ständig bedroht erlebt. Zu dieser Ambivalenz der Situation trugen aber nicht nur das brüchige

Selbstwertgefühl und die lebensgeschichtlich bedingten Verlustängste der Patientin, sondern auch die besonderen und sicherlich auch objektiv schwierigen Umstände der Partnersituation bei. Die ständige Verlusterwartung bestätigte sich für die Patientin dann bei jenem Essen, bei dem ihr durch die Gegenwart der Ehefrau ihres Liebhabers ihre Kinderängste bestätigt wurden: Vater und Mutter halten letzten Endes doch zusammen und stoßen sie schließlich in die Einsamkeit. Die plötzlich auftretenden Angstsymptome bei jenem Essen sind dann einerseits der unmittelbare Ausdruck ihrer Verlassenheitsängste, andererseits stellen sie aber auch eine Bearbeitung, ein Versuch der Bewältigung dar: die Symptome, verbunden mit Ohnmacht und Erbrechen, nötigen die umgebenden Personen, sich sofort um sie, die Patientin, zu bemühen, ihr zu helfen. Heute wird die Mutter durch die Angstsymptomatik zur ständigen Fürsorge gezwungen. Durch diese Symptome wird die Patientin gleichzeitig vom Aufforderungsdruck zur Autonomie entlastet.

4. Schlußbetrachtung

Für den Ausbruch der manifesten Angstsymptomatik sind häufig Trennungssituationen, reale wie phantasierte, verantwortlich. Oft ist es der Patient selbst, der einerseits entsprechend seinen Autonomiebedürfnissen die Trennung wünscht, diese andererseits aber auch fürchtet und so die Wahrnehmung dieses Wunsches verweigern muß. Da die in der Phantasie vorweggenommene Trennung mit der Angst vor der totalen Einsamkeit verbunden ist, kann auch der Wunsch selbst angstauslösend wirken. So werden oft Situationen gefürchtet, die das Fortgehen, das Sich–Abwenden und das Sich–autonom–Verhalten symbolisieren, so etwa eine Reise, eine größere Einkaufsunternehmung oder selbst schon das Verlassen der Wohnung. Die primär angstauslösende Situation steht also in einer spezifischen thematischen Korrespondenz zur Inkongruenzkonstellation.

Auf der Basis der allgemeinen Störungslehre der Gesprächspsychotherapie wird hier also ein störungsspezifisches Bedingungsmodell entworfen. Erste Ansätze, bestimmte Aspekte eines solchen Modells empirisch zu verifizieren liegen bereits vor (SPEIERER, 1994). Ebenso kann auf Studien verwiesen werden, die positive Therapieeffekte eines störungsspezifischen Vorgehens bei Angstkranken (Agoraphobie und Panikattacken) nachweisen (TEUSCH und BÖHME, 1991).

5. Literatur

EPSTEIN, S. (1984). Entwurf einer integrativen Persönlichkeitstheorie. In: S.–H. FILIPP (Hrsg.) *Selbstkonzept–Forschung.* (S. 15–45). Stuttgart, Klett–Cotta.

FINKE, J. (1992). Der Krankheitsbegriff in der klientenzentrierten Gesprächspsychotherapie. In: PRITZ, A. & H. PETZOLD (Hrsg.). *Der Krankheitsbegriff in den verschiedenen psychotherapeutischen Schulen.* (S. 99–125). Paderborn, Junfermann.

FINKE, J. (1994). *Empathie und Interaktion – Methodik und Praxis der Gesprächspsychotherapie.* Stuttgart – New York, Thieme.

GRAESSNER, D. (1990). *Entstehung von psychischen Störungen und psychischen Erkrankungen aus klientenzentrierter Sicht* (unveröffentl. Manuskript).

KRAEPELIN, E. (1889). *Psychiatrie.* Leipzig, A. Abel–Verlag

ROGERS, C. R. (1959). A theory of therapy, personality, and interpersonal relationsships as developed in the client–centered framework. In: S. KOCH (Ed.). *Psychology. A Study of a Science.* (Vol. 3, 184–256). New York: McGraw Hill. Deutsche Übersetzung (1987): *Eine Theorie der Psychotherapie, der Persönlichkeit und der zwischenmenschlichen Beziehungen entwickelt im Rahmen des klientenzentrierten Ansatzes.* Köln: GwG–Verlag.

SPEIERER, G. W. (1990a): Toward a spezific illness concept of client–centered therapy. In: LIETAER G. et al. (Eds.). *Client–centered and Experiental Psychotherapy in the Nineties* (S. 337–359). Leuven: University of Leuven Press.

SPEIERER, G. W. (1990b). Eine klientenzentrierte Krankheitstheorie für die Gesprächspsychotherapie. In: MEYER–CORDING, G. & G. W. SPEIERER (Hrsg.). *Gesundheit und Krankheit.* (S. 86–114). Köln: GwG–Verlag.

Speierer, G.–W. (1994). *Das Differentielle Inkongruenzmodell.* Heidelberg, Asanger.
Swildens, H. (1991). *Prozeßorientierte Gesprächspsychotherapie.* Köln: GwG–Verlag.
Teusch, L. (1991): Diagnostik in der Gesprächspsychotherapie am Beispiel der Angsterkrankungen. In: Finke, J. & L. Teusch (Hrsg.) *Gesprächspsychotherapie bei Neurosen und psychosomatischen Erkrankungen.* (S. 45–57). Heidelberg, Asanger.
Teusch, L. (1993). Diagnostik in der Gesprächspsychotherapie. In: Teusch, L. & J. Finke (Hrsg.). *Krankheitslehre in der Gesprächspsychotherapie.* (S. 115–134). Heidelberg: Asanger.
Teusch, L., Böhme, H. (1991). Was bewirkt ein stationäres Behandlungsprogramm mit gespräachspsychotherapeutischem Schwerpunkt bei Patienten mit Agoraphobie und/oder Panik? *Psychother. Psychosom. med. Psychol. 41*: 68–76.
Vossen, T. (1993): Psychische Krankheit aus Sicht einer klientenzentrierten, entwicklungspsychologischen Theorie. In: Teusch, L. & J. Finke (Hrsg.). *Die Krankheitslehre der Gesprächspsychotherapie.* (S. 41–67). Heidelberg, Asanger

Anschrift des Verfassers:
Dr. med. Jobst Finke
Rhein. Landes– und Hochschulklinik
Virchowstr. 174
45147 Essen

Überlegungen zu einer Störungslehre aus interaktioneller Perspektive

Wolfgang M. Pfeiffer

Reflections on a Theory of Mental Disorders from an Interactional Perspective

Summary

The pathogenetic model of "Incongruence between Selfconcept and Experience" needs to be completed even under the intra-individual aspect: "Selfconcept" as well as "actualizing tendency of the organism" are not uniform in themselves, but may contain pathogenous discrepancies. Above all, this model has to be broadened by aspects of social, cultural, and ecological relations, meaning less their inner representation than the concrete interactions of dayly life. The actualizing tendency of the organism is met by the processual action of the environment as motivating and organizing principle. Both spheres may be of positive or pathogenous influence to the actualization of the individual as well as to its social environment. In case of deranged relationships, client-centered therapy with the emphasis on interaction is indicated. So the focus shifts to the actual disturbances and to the therapeutic interaction with its corrective experiences.

Zusammenfassung

Das pathogenetische Modell der „Inkongruenz zwischen Selbstkonzept und Erfahrung" ist bereits in intraindividueller Hinsicht ergänzungsbedürftig: Sowohl das Selbstkonzept wie die „Aktualisierungstendenz des Organismus" sind in sich nicht einheitlich, sondern können pathogene Widersprüche enthalten. Vor allem bedarf das Modell aber der Erweiterung um die Aspekte der mitmenschlichen, der soziokulturellen und der ökologischen Beziehungen, womit weniger deren „innere Repräsentationen" gemeint sind als die konkreten Interaktionen des alltäglichen Lebens. Als motivierendes bzw. verhaltensorganisierendes Prinzip steht demnach der Aktualisierungstendenz des Organismus die Wirkung der ebenfalls in prozeßhafter Bewegung befindlichen Umwelt gegenüber. Die Interaktion zwischen beiden Bereichen kann sich für die Entfaltung des Individuums wie für seine Umgebung als förderlich oder als pathogen erweisen. In diesem Fall ist die Indikation für eine interaktionell verstandene Gesprächspsychotherapie gegeben. Damit rückt der Fokus auf die aktuellen Störungen und auf die therapeutische Interaktion mit ihren korrigierenden Erfahrungen.

1. Unterschiedliche Formen von Inkongruenz

Bei der Diskussion einer Störungslehre aus der Sicht der klientenzentrierten Psychotherapie ist der Begriff der „Inkongruenz" ins Zentrum der Aufmerksamkeit gerückt, also das Nicht–zur–Deckung–Kommen, das Nicht–Übereinstimmen unterschiedlicher psychischer Inhalte und Vorgänge. Hier soll nicht diskutiert werden, inwiefern dieser von ROGERS in die Psychopathologie eingeführte Begriff glücklich gewählt ist, insonderheit in Hinblick auf den deutschen Sprachgebrauch; statt dessen sei hier auf die kritischen Ausführungen GRAESSNERS (1995) verwiesen.

Zunächst ist festzustellen, daß längst nicht alle psychischen Störungen ursächlich auf Inkongruenz zurückzuführen sind. Das gilt etwa für Defizite, seien sie durch Anlage bedingt (z.B. Minderbegabungen) oder aber durch unzureichende Lernerfahrungen (z.B. mangelnde Sprachkenntnis in fremder Umgebung, mangelnde Bereitschaft zu eigenständigen Entschlüssen und Leistungen etc.). Immerhin ist einzuräumen, daß auch hier die Defizienz erst dann den Charakter eines

„Leidens" annimmt, wenn ein Mißverhältnis zwischen den Fähigkeiten des Betroffenen und den Anforderungen der Situation deutlich wird.

Vor allem sind aber Bedenken anzumelden, wenn der Begriff „Inkongruenz" auf eine einzige Form des Nicht–Übereinstimmens eingeengt wird. Zwar mag dies vom wissenschaftstheoretischen Prinzip größtmöglicher Sparsamkeit aus reizvoll sein, doch wird es der Vielfalt der Realität nicht gerecht. Schon in ROGERS' Schriften finden vier Formen von Inkongruenz als potentiell pathogen Erwähnung:

1. *Diskrepanz zwischen Selbstideal und wahrgenommenem Selbst* (ROGERS & DYMOND, 1954, z.B. S.416f).
2. *Diskrepanz zwischen „Experience" und Selbstkonzept* (ROGERS, 1959, S.203 f).
3. *Diskrepanz zwischen „Experience" und „Awareness"* (ROGERS, 1961, S. 50, 148, 157).
4. *Diskrepanz zwischen „aktualisierender Tendenz" (bzw. „organismischer Wertung") und aus der Gesellschaft übernommenen Strebungen und Wertungen* (ROGERS, 1959, S.203f).

Nun ist zwar einzuräumen, daß diese verschiedenen Formen intrasubjektiver Diskrepanz eng miteinander verbunden sind, z.B. kann man in ROGERS' Beschäftigung mit der Diskrepanz Selbstideal vs. wahrgenommenem Selbst den Versuch einer Operationalisierung der Inkongruenz „Experience" vs. Selbstkonzept sehen (ECKERT, persönlicher Hinweis). Doch sind die angeführten Diskrepanzen sicher nicht mit einander identisch, sondern beleuchten unterschiedliche Sachverhalte; und eben diese Vielfalt erscheint mir realitätsgerecht und zukunftweisend. So halte ich es auch für angemessen, wenn SWILDENS (1993) in der aktuellen Diskussion das Spektrum potentiell pathogener Konstellationen erweitert, indem er nun allgemein spricht von „einem Knäuel von Diskrepanzen" (SWILDENS 1993, S.114) bzw. (in persönlicher Mitteilung) von:

5. *Diskrepanzen zwischen widersprüchlichen wert– oder lustgeladenen Strebungen und Bedürfnissen.*

Aber auch die angeführten Diskrepanzen beziehen sich noch ausschließlich auf den intrasubjektiven Bereich. Sofern die Interaktion mit nahen Bezugspersonen bzw. der Gesellschaft Berücksichtigung erfährt, gilt sie lediglich derer intrapsychischen Repräsentation, die besonders im Selbstkonzept und in Gestalt übernommener Wertungen erfolgt. Eine solche auf das Individuum beschränkte Perspektive kann aber auch in Hinblick auf eine Störungslehre nur die eine Seite darstellen; sie bedarf der Ergänzung durch eine Betrachtungsweise, die sich auf die fortdauernde Interaktion mit nahen Bezugspersonen, mit der Gesellschaft und überhaupt mit der Umwelt richtet. Die vorliegenden Ausführungen gelten vor allem diesem zweiten Aspekt. Zunächst aber müssen sie sich mit den oben aufgeführten Diskrepanzen und den in diesem Zusammenhang verwendeten Begriffen auseinandersetzen.

1.1. Diskrepanz zwischen Selbstideal und wahrgenommenem Selbst

Es ist diese Diskrepanz, mit der sich ROGERS an erster Stelle und zwar in ausführlicher empirischer Untersuchung auseinandersetzte (ROGERS & DYMOND, 1954). Dabei betont ROGERS die pathogenen Auswirkungen einer Unvereinbarkeit dieser Gesichtspunkte und die therapeutische Wirkung ihrer Annäherung bzw. Aussöhnung. Doch stellt ROGERS keineswegs die vorwärtsweisende, zukunftserschließende Dynamik infrage, die der Spannung zwischen dem aktuellen Selbstbild und einem realistischen Leitbild entspringt (z.B. in Form eines Strebens nach Vervollkommnung beruflicher Fertigkeiten). In der laufenden Diskussion wurde dieser Gesichtspunkt besonders durch FINKE (1991) aufgegriffen.

1.2. Diskrepanz zwischen Selbstkonzept und „organismic Experience"

„Selbstkonzept" (auch „Selbst–Struktur"oder „Selbst") ist von ROGERS (1959, S. 200) definiert als eine „konsistente Vorstellungsgestalt", welche sowohl die wahrgenommenen Charakteristiken des Ich wie auch die wahrgenommenen Beziehungen zu anderen und zu den verschiedenen Aspekten des Lebens umfaßt, einschließlich der damit verbundenen Bewertungen. „Diese Gestalt ist der Gewahrwerdung zugänglich, wenn man ihrer auch nicht notwendig gewahr ist. Es handelt sich um eine fließende, eine wechselnde Gestalt, um einen Prozeß..."

Weiterhin hebt ROGERS die *Komplexität* eines gesunden Selbstkonzeptes hervor, sodaß es auch gegensätzliche Gefühle und Strebungen enthält. Ebenso kommt dem Selbstkonzept nach ROGERS transitorischer Charakter zu. Auf den höchsten Stufen der Prozeßskala (also nahe dem Idealtyp der „Fully Functioning Person") verliere das Selbstkonzept vollends seinen strukturgebundenen Charakter und werde zu einem „reichen und wechselnden Gewahrsein inneren Erlebens" (ROGERS, 1961, S. 147ff); es sei dann also weitgehend identisch mit dem Strom des Erlebens und befinde sich mit ihm in ständiger Veränderung. Bereits innerhalb des Begriffes „Selbstkonzept" treffen wir somit auf einen Gegensatz, der eine dynamische Spannung bedeutet: Sie besteht zwischen den Polen der Dauer und Ganzheit (Konsistenz) einerseits und anderseits der fließenden Wandlung und Komplexität. Ein mangelndes und inkonsistentes Selbstkonzept (wie es sich etwa bei „Borderline"–Patienten findet) erweist sich als nicht minder pathogen als ein Erstarren der Selbststrukturen, wofür die Zwangskranken ein extremes Beispiel bieten.

Dies gilt umso mehr, als – wie SWILDENS (persönlicher Hinweis) zu bedenken gibt – das „Selbst" nicht nur eine psychische Struktur darstellt, sondern die psychologische Bezeichnung für „menschliches Dasein als reflexives Sein" sei, das sowohl die Faktizität wie auch die Existenzialität (im Sinne von HEIDEGGER) umfasse. Auf die neuerdings zunehmend geäußerte Kritik an der ausgeprägt individualistischen Sicht des Selbstkonzeptes wird in der Folge näher einzugehen sein. Zuvor bedarf aber der Begriff *Experience* der Erörterung.

Experience umfaßt nach ROGERS (1959, S. 197) alles, was im Bewußtsein ist bzw. potentiell der Bewußtheit zugänglich wäre. Dazu gehören psychologische Vorgänge innerhalb des Organismus wie auch die sensorischen Wahrnehmungen der Umwelt. Ebenso schließt der Begriff Erinnerungen und vergangene Erfahrungen ein, „sofern diese im Augenblick aktiv sind und die Bedeutung der verschiedenen Stimuli beeinflussen". Experience bezieht sich also auf den gegenwärtigen Augenblick, nicht aber auf eine Ansammlung vergangener Erfahrungen. Sprachlich stellt uns der Begriff Experience vor die Schwierigkeit, daß ihm im Deutschen zwei Begriffe unterschiedlichen Gehaltes entsprechen, nämlich „Erleben" und „Erfahrung". Es ist auffällig, daß in der gegenwärtigen Diskussion fast ausschließlich von „Erfahrung" gesprochen wird, obwohl mit der Betonung des aktuellen und transitorischen Charakters des gemeinten Vorgangs besser der Terminus „Erleben" übereinkäme.

Eng mit Experience ist der Begriff *Wahrnehmung* verknüpft. ROGERS (1959, S. 199) greift eine Definition von E.C.KELLEY auf („Perception is that which comes into consciousness ... when stimuli impinge on the organism from the outside"), die er präzisiert, indem er die damit verbundene Bedeutungszuweisung und die Ausrichtung auf nachfolgende Handlungen hervorhebt. Im wesentlichen erscheint Wahrnehmung bei ihm aber als ein passiver Vorgang. Nun hat der Mensch gewiß die Möglichkeit, sich den Sinnesempfindungen rein pathisch hinzugeben. Doch ist das Wahrnehmen ein weitgehend aktives und selektives Geschehen. Entgegen der Auffassung, daß das Wahrgenommene erst in einem zweiten Akt (nämlich dem „Erfahren") bewertet und integriert werde, halte ich es für unzulässig, Experience von der aktiven Interaktion mit der Außenwelt zu lösen und zu einem rein innerseelischen und damit bloß individuellen Vorgang zu machen. Durch die ROGERSschen Texte läßt sich das m.E. nicht rechtfertigen; denn hier finden sich verschiedentlich Hinweise, daß sich „Experience" gerade auch auf die äußere Realität richtet. (So ROGERS, 1961, S. 174: „This greater openness to what goes on within is associated with a similar openness to experiences of external reality." Ähnlich ROGERS, 1961, S. 115 und 1980, S. 118).

Vor allem ist aber eine solche Spaltung von (äußerer) Wahrnehmung und Experience/Bewertung vom phänomenologischen Standpunkt aus unhaltbar. Die Wahrnehmung ist nämlich – als aktiver und selegierender Prozeß – von emotionaler und wertender Stellungnahme durchdrungen und gesteuert. STRASSER (1964, S. 70 f) sagt hierzu:

„Sehen ist also immer Sehen von Bedeutungen (BUYTENDIJK). Dabei darf das Sehen von Bedeutungen keineswegs als ein verborgener Willensakt, eine Introjektion oder ein Analogieschluß gedeutet und weg–interpretiert werden. Es handelt sich um wahrnehmendes Leben und um nichts anderes.... Ein und dasselbe kann...helfen und hindern, brauchbar und gefährlich sein, weil es – im wörtlichen wie im übertragenen Sinne – verschiedene 'Seiten' hat; und weil es verschiedene bedeutungsvolle Seiten hat, kann es den anderen anders erscheinen als mir. Dies ist das allgemeine und notwendige Resultat einer allgemeinen und notwendigen Erfahrung; einer Erfahrung, die keineswegs den Charakter eines einsamen Experimentes hat. Sie kommt vielmehr im Laufe des gemeinschaftlichen Tuns... mehrerer Mitdaseiender zustande. Erst in der Kommunikation mit anderen stellt sich heraus, was das Ding 'eigentlich' ist."

Beim Wahrnehmen und bei der darin enthaltenen Bewertung und Selektion geht es demnach in zwiefacher Hinsicht um einen interaktionellen Prozeß, nämlich im Austausch zwischen wahrnehmendem Subjekt und wahrzunehmendem Gegenstand sowie im Dialog mit anderen wahrnehmenden Personen. Kognitive und emotionale Einsicht sowie die entsprechenden Handlungen sind also nicht etwa Reaktion eines isolierten Organismus auf eine nur individuell erfahrene Realität, sondern sie ergeben sich aus der Auseinandersetzung zwischen dem sozial eingefügten Individuum mit einer überindividuell gültigen Realität. Das läßt sich schon an den Beispielen aufzeigen, die ROGERS für seine These anführt, daß Realität für den einzelnen grundsätzlich die private Welt seiner individuellen Wahrnehmungen sei (ROGERS, 1951, S. 484 f) und daß es folglich „so viel Realitäten wie Personen" gäbe (ROGERS, 1980, S.1 05). Doch erscheinen mir diese Beispiele nicht nur kurzschlüssig interpretiert, sondern sie sind in extremer Vereinfachung aus dem sozialen Kontext herausgelöst. Ich wähle deshalb zur Illustration zunächst ein komplexeres Beispiel aus meinem persönlichen Erleben:

> Während einer Italienreise gehe ich mit meiner Frau in einem Park in Tivoli spazieren. Unser Blick ist ständig auf den glitschigen Weg und auf die Gebüsche gerichtet, erkundend, ob es da etwas gibt, was für uns bedeutsam ist. („Fragend" sind wir der Welt zugewandt vgl. E. STRAUS, 1960.) Da erblicken wir mitten auf dem Weg eine größere Schlange, was uns für einen Augenblick erschrecken und stillstehen lässt (Bewertung: ungewöhnlich, vielleicht gefährlich;

Zweifel, welche Handlung angemessen ist), uns zugleich aber anzieht (Bewertung: interessant, schön). Ich habe noch nie eine solche Schlange gesehen, meine Frau aber erkennt sie aufgrund einer früheren Begegnung als „Kupfernatter", was mich angesichts ihrer Gestalt und Färbung überzeugt (zoologische Vorkenntnisse aus dem Studium; d.h. gesellschaftliche Formung des kognitiven Schemas). Ergänzende Wahrnehmung: Verhält sich ruhig, scheint von uns keine Notiz zu nehmen. Bewertung: zwar giftig, zeigt sich aber nicht aggressiv, also kaum gefährlich. Konsequenz für unser Verhalten: Nicht anfassen, doch gehen wir ganz nahe heran, um jede Einzelheit beobachten zu können. Die Schlange hat nunmehr unsere Annäherung wahrgenommen, sie gleitet davon. Dabei entfaltet sie die volle Eleganz ihrer Bewegung, was unsere Faszination weiter erhöht. Sie verschwindet im Gebüsch, womit die unmittelbare Interaktion zwischen uns und der Schlange beendet ist; doch ist sie weiter Thema unseres Gesprächs: Kommunikative Verarbeitung des emotional bewegenden Erlebnisses, Adaptation der kognitiven Schemata.

Das Beispiel verdeutlicht, wie die Wahrnehmung der Umwelt fortwährend von Bewertungen durchdrungen und gesteuert ist, woraus sich beiderseits Aktionen ergeben, die zu veränderten Positionen und damit auch zu neuen Wahrnehmungen führen. Zugleich wird zwischen den Wahrnehmenden ein Konsens in der Beurteilung der Situation hergestellt, woraus sich ein koordiniertes Verhalten ergibt. Gewiß trifft es zu, daß eine solche Begegnung zu individuell unterschiedlichem Erleben und Verhalten führt. So wäre bei einem Menschen mit Schlangenphobie die Reaktionsweise von vornherein eine wesentlich andere gewesen. Das bedeutet aber nicht eine völlig andere Realität. Vielmehr gilt ganz allgemein, daß wegen der Seltenheit und Giftigkeit des Tieres ein sowohl pfleglicher wie vorsichtiger Umgang geboten ist. Um situationsgerechtes Verhalten zu verwirklichen, bedarf es aber gesellschaftlich vermittelter Kenntnisse.

Wenn es sich bei vorstehendem Beispiel auch um kein ganz gewöhnliches Ereignis handelt, lassen sich die einzelnen Vorgänge doch ohne weiteres auf alltägliche Situationen übertragen, so etwa auf

ROGERS' Beispiel vom Umgang einer Person mit einer weißen Substanz, die sie im Gedeck vorfindet (ROGERS, 1951, S. 486). Eine Verwechslung von Salz und Zucker wird in diesem Fall kaum einmal erfolgen. Tatsächlich werden ergänzende Wahrnehmungen (Form des Gefäßes, Aufschrift – also gesellschaftliche Konventionen) Gewißheit über den Charakter der Substanz geben. Wenn derartige Information fehlte, könnten wir sie durch eine Kostprobe, also durch eine Interaktion mit dem Objekt der Wahrnehmung, gewinnen. Nicht zuletzt besteht auch die Möglichkeit, eine informierte Person (etwa die Dame des Hauses) zu befragen; dann werde ich die zweifelhafte Substanz auch in richtiger und zwar überindividuell gültiger Weise wahrnehmen und gebrauchen. Vollends sehe ich in dem von ROGERS (1990, S. 425) für seine These multipler Realitäten angeführten Beispiel des IGNAZ SEMMELWEIS einen besonders eindrucksvollen Beleg für die Notwendigkeit objektiver und allgemeingültiger Aussagen über die Realität: Die Einsicht in den infektiösen Charakter des Kindbettfiebers gilt unabhängig von Zeit, Kultur und Gesellschaftsform und hat zahllosen Frauen in aller Welt das Leben gerettet.

In diesem Zusammenhang bedarf noch der Begriff „Organismus" bzw. „organismisch" der Erörterung, da ihn ROGERS in den Zusammensetzungen „organismic experience" und „organismic valuing process" für eine voll gültige und verläßliche Form des Erlebens und Bewertens verwendet. Wenn dafür verschiedentlich auch Bezeichnungen wie „organic" oder „on gut–level" (etwa „aus dem Bauch") eingesetzt wurden, so ist – wie ROGERS wiederholt erklärte (so 1961, S. 118, S. 194 f) – nicht bloß ein leibhaftes Erfühlen gemeint, sondern die wertende Stellungnahme des ganzen Menschen, die also sowohl das leibhafte Fühlen („gut–level") wie auch das vernünftig–verantwortliche Urteil umfaßt. Demgegenüber scheinen mir zwei Erkenntnisse noch nicht hinreichend ins allgemeine Bewußtsein getreten zu sein:

1. Solche „organismischen" Erfahrungen sind dem Menschen nicht einfach von Natur aus gegeben, sondern sind zu einem wesentlichen Teil gesellschaftlich/kulturell vermittelt. Die irrtümliche Annahme der Naturgegebenheit wird von ROGERS nahegelegt, indem

er Beispiele aus dem Verhalten von Tieren und Säuglingen anführt (ROGERS, 1961, S. 177f). Auch der Hinweis auf die affektiven Reaktionsmuster, die zur natürlichen Ausstattung des Menschen gehören (vgl. BIERMANN–RATJEN, 1993), darf nicht auf solche Weise mißverstanden werden, denn biologisch vorgegebene Reaktionsmuster wie Angst, Ekel oder Scham erhalten ihre eigentlich menschliche Qualität erst durch lebensgeschichtliche Erfahrungen, und das heißt vor allem auch durch gesellschaftliche/kulturelle Formung. Weiterhin mag das angeführte Beispiel der Schlangenbegegnung als Beleg für die kulturelle Formung des „organismic valuing process" dienen.

2. Der „organismischen Bewertung" ist nur bedingt zu trauen. Diese Feststellung steht in Widerspruch zu ROGERS, der nicht müde wird zu betonen (so 1961, S. 191f), daß der organismische Wertungsprozeß der verläßlichste Wegweiser für Wahl und Handeln der einzelnen Person sei. Hiergegen ist anzuführen:
- Instinkthaftes Verhalten ist schon beim Tier oft weniger auf das Wohl des einzelnen Organismus gerichtet als auf die Erhaltung der Art. In deren Dienst wird das Individuum oft rücksichtslos aufgeopfert, und zwar gerade unter instinkthafter Lenkung. (Man denke an den Todeszug der Lemminge oder an den Verzehr des Männchens der Gottesanbeterin nach stattgehabter Begattung). Beim zivilisierten Menschen und besonders in der Psychotherapie geht es aber vor allem auch um das Wohl des Individuums.
- Die Instinktsicherheit des Säuglings geht mit fortschreitender geistiger Differenzierung verloren. Dieses Nicht–Festgelegt–Sein ist sogar Voraussetzung oder wenigstens Entsprechung für die Entwicklung der höheren geistigen Funktionen. Wie schon dargelegt, steht das durchaus in Einklang mit ROGERS' Begriff des Organismus, der beim Menschen ja gerade auch das geistige Potential mitumfaßt. Aber selbst mit dieser Ergänzung wird noch keine ausreichende Verläßlichkeit erreicht. Es bedarf darüber hinaus des Austausches mit dem Mitmenschen/mit der Gesellschaft. Erst eine solche Erweiterung der individuellen Erkenntnisbasis ergibt eine hinreichende Grundlage für eine verantwortliche

und überindividuell gültige Entscheidung. Ein Beispiel: Unsere biologische Ausstattung warnt uns nicht vor den Gefahren nuklearer Strahlung; auch unser intellektuelles Wissen genügt hier nicht. Vielmehr sind wir auf die sachkundigen Warnungen und Instruktionen von Fachleuten (also auf gesellschaftlich vermittelte Information) angewiesen.

- Das ganzheitlich–organismische Erleben/Bewerten kann durch pathologische Vorgänge tiefgreifend gestört sein, sodaß dem Individuum destruktive oder autodestruktive Handlungsweisen als erstrebenswert oder als notwendig erscheinen. Beispielsweise geht der Diabetes insipidus mit einem extremen Flüssigkeitsbedürfnis einher, dessen Befolgung dem Organismus unzuträglich wäre. – Ebenso ist hier das elementar–organismische Verlangen nach Drogen bei vorliegender Gewöhnung zu erwähnen.– Endlich ist auf das Verhalten mancher Geisteskranker hinzuweisen. Hier erwächst für den Mitmenschen bzw. für die Gesellschaft die Verpflichtung, für den Kranken Verantwortung zu übernehmen und ihn gegen die Auswirkungen seines pathologisch veränderten „organismischen" Erlebens und Wertens in Schutz zu nehmen.

1.3. Diskrepanz zwischen Experience und Awareness

Statt von „awareness" spricht ROGERS auch von „consciousness"; beide Begriffe bezeichnet er als synonym (ROGERS, 1959, S. 198). Diese Form von Inkongruenz überschneidet sich mit der zuvor besprochenen, also zwischen Selbstkonzept und Experience; denn gerade die Wahrnehmungsabwehr, die zum Schutz des bedrohten Selbstkonzeptes eingesetzt wird, führt zu einer Einschränkung des „Gewahrseins" und gewinnt damit pathogene Bedeutung (PANAGIOTOPOULOS, 1993). Psychisches Gestörtsein beruht also nicht zuletzt darauf, daß ein wesentlicher Teil der (potentiell bewußtseinsfähigen) psychischen Vorgänge der Gewahrwerdung und damit dem Bewußtsein entzogen sind. Dementsprechend besteht eine zentrale Aufgabe der Gesprächspsychotherapie darin, diese abgespaltenen psychischen Inhalte der Symbolisierung (z.B. durch Versprachlichung) zuzuführen und sie damit in das Bewußtsein der Person zu integrieren.

1.4. Diskrepanz zwischen aktualisierender Tendenz (bzw. dem entsprechenden „organismischen Wertungsprozeß") und aus der Gesellschaft übernommenen („introjizierten") Strebungen und Wertungen.

Dieses Konzept der Inkongruenz bringt sicher ein zentrales Anliegen des ROGERSschen Denkens zum Ausdruck; doch bietet es wohl nicht nur für mich Schwierigkeiten. Da ist zunächst die Annahme der aktualisierenden Tendenz als umfassendes Motiv (ROGERS, 1959, S. 196), woraus sich die Gefahr eines Zirkelschlusses ergibt, indem nämlich die fortschreitende Lebensbewegung (die ja das Wesen des Lebens ausmacht) durch sich selbst erklärt wird. HÖGER (1993) löst diese Schwierigkeit, indem er der aktualisierenden Tendenz den Charakter einer verursachenden Kraft nimmt und sie als „übergeordnetes Sinnprinzip" menschlicher Motivation und Verhaltensorganisation bestimmt. Mit dieser Präzisierung ist es dann wohl gerechtfertigt, von der „aktualisierenden Tendenz" in vereinfachender Redeweise wie von einer motivierenden Kraft zu sprechen. Dies gilt umso mehr, als ROGERS auch in seinen letzten Schriften (so 1980, S. 117 f) an diesem Konzept festhält, wobei er sich durchaus im klaren ist, daß es „eben um die Natur des Prozesses geht, den wir Leben nennen."

Meine eigentlichen Bedenken richten sich aber gegen etwas anderes, nämlich gegen die Konzeption des Lebensprozesses als einseitig im Inneren des Organismus begründet, während der Umwelt nur die Bedeutung von förderlichen oder hinderlichen Bedingungen für die Entfaltung des Potentials eingeräumt wird. Demgegenüber möchte ich Leben in erster Linie als einen dialektischen Prozeß betrachten, der sich *zwischen* dem Individuum und den Mitmenschen/der Welt vollzieht. Dem entspricht die Äußerung ANGYALS, die ROGERS (1959, S. 196) zustimmend zitiert: „Life is an autonomous event which takes place between the organism and the environment". Es ist also gerade die Begegnung mit dem Anderen, mit dem Fremden und nicht zuletzt deren Appell und Widerstand, was den Entwicklungsprozeß der Person vorantreibt.

Anderseits sind die häufig als pathogene Fremdkörper dargestellten Introjekte (also die aus der Gesellschaft übernommenen Strebungen und Wertungen) dem Individuum keineswegs so fremd. Schon der

Umstand, daß sie – in Analogie zur Nahrungsaufnahme – angeeignet und in die psychischen Strukturen aufgenommen wurden, läßt erkennen, daß ihnen vom Organismus Entsprechungen entgegenkommen; sonst würden sie als unvereinbar abgewehrt. Diese Strebungen und Wertungen entstammen ja der eigenen Gesellschaft und ihren Traditionen. Es bedarf schon einer recht individualistischen und traditionsfeindlichen Einstellung, um zu einer so harschen Ablehnung überlieferter und gesellschaftsbezogener Ordnungen zu gelangen – eine in der westlichen Welt und gerade in der Psychotherapie verbreitete Tendenz.

Solche Überlegungen machen deutlich, daß es abwegig ist, aktualisierende Tendenz und übernommene Wertungen als unvereinbare Positionen einander gegenüberzustellen. Denn beides beruht auf Wechselwirkungen zwischen dem Individuum und seiner Umwelt und ist nur künstlich von einander zu trennen. Das wesentliche Merkmal der „organismischen Bewertung" scheint mir vielmehr darin zu bestehen, daß der Mensch als ganzer (nicht nur rational und nicht nur „aus dem Bauch") hinter dieser Bewertung und Entscheidung steht; und das bedeutet auch: als in kultureller Tradition und als in mitmenschlichen/ gesellschaftlichen Beziehungen eingefügtes Wesen. Dieser ganzheitlichen Wertung stehen Wertungen entgegen, die nicht in die Person integriert sind, sondern oberflächlich übernommen wurden, etwa wegen sozialer Erwünschtheit oder modischer Trends. Die Unterscheidung erweist sich freilich im konkreten Fall als schwierig und ist sicher nicht Aufgabe des Therapeuten. Wir haben beide Seiten des Widerspruches deutlich zu machen und verstehend zu akzeptieren. Auf diese Vielfalt der Diskrepanzen und auf die Schwierigkeit ihrer Zuordnung bezieht sich der nachstehende Abschnitt.

1.5. Konflikt zwischen widersprüchlichen Strebungen und Bedürfnissen

Beipiele für solche potentiell pathogenen Diskrepanzen, die sich nicht ohne Mühe in das Schema: organismische (ganzheitliche) Wertung vs. übernommene Urteile einordnen lassen, finden sich auch bei ROGERS, z.B. sind sie in dem Mustergespräch mit Gloria deutlich (ROGERS, 1977, S. 166 f.):

- Die Klientin verlangt nach der Liebe und Anerkennung des Vaters und bemüht sich zugleich, ihn durch ihre Lebensführung (Bedienung im Nachtlokal) zu schockieren.
- Sie strebt nach Autonomie und hat zugleich das Bedürfnis, sich an eine väterliche Autorität anzulehnen.

Wir erkennen hier klassische Ambivalenz–Konflikte, wie sie etwa dem RANKschen Neurosen–Modell entsprechen, also dem Konflikt zwischen der Progressionstendenz in die Individualität und der Sehnsucht nach der mütterlichen Geborgenheit. Beide Tendenzen tragen durchaus „organismischen" Charakter. Dabei dürfen wir uns nicht der Einsicht verschließen, wie sehr gerade die Forderung nach Autonomie und Selbstverwirklichung Ausdruck unseres individualistischen Kulturideals ist, während andere Gesellschaften (etwa traditionsorientierte agrarische Familienverbände) den Akzent zum anderen Pol verschieben würden.

Weiter noch führt ein Fallbeispiel, das FINKE & SÜSS (1991) mitgeteilt und analysiert haben. Es handelt sich um eine 28–jährige Frau, die als Kind türkischer Arbeitmigranten in Deutschland aufgewachsen ist. Sie steht zwischen dem traditionellen ländlich–türkischen Leitbild der abhängigen und fügsamen Hausfrau, wie es durch die Mutter verkörpert wird, und anderseits einem modernen, leistungs– und erfolgsbetonten Ideal, das sowohl am Vater wie an der deutschen Umgebung orientiert ist. Die Patientin erfährt das als Spaltung ihrer Identität (sie verspürte „zwei Seelen in ihrer Brust"), aus der sie für einige Zeit den Ausweg in eine „provisorische Identität" als körperlich Kranke fand und damit in Psychotherapie gelangte. Schon auf motivationaler Ebene („aktualisierende Tendenz" und „organismische Erfahrung") ist hier eine Diskrepanz festzustellen; sie besteht zwischen dem Streben nach Eigenständigkeit, Karriere und Weltläufigkeit (Reiseleiterin!) und dem Bedürfnis nach Geborgenheit in der Familie und in der tradierten Wertordnung. Ihr entspricht die Diskrepanz im Selbstideal, wonach sie einerseits „gute Türkin" sein möchte, also in der Herkunftsgruppe integriert und anerkannt, anderseits aber danach verlangt, autonom über sich selbst zu bestimmen und ihre Individualität zu verwirklichen.

Solche Diskrepanzen sind nicht notwendig pathogen. Sie kommen überein mit der „Komplexität", die ROGERS als Merkmal erfüllten menschlichen Lebens gekennzeichnet hat. Der charakteristische Weg klientenzentrierter Psychotherapie liegt darin, dem Patienten zur Bewußtwerdung und Annahme dieser Komplexität zu verhelfen, also zu ihrer Abbildung im Selbstkonzept. („Ich möchte in meiner Familie und in der türkischen Gesellschaft weiterhin geborgen und anerkannt sein. Zugleich aber will ich auch als Frau mein Leben selbstverantwortlich und beruflich erfolgreich gestalten.") Dann kann gerade eine solche Diskrepanz sich als vorwärtstreibende und schöpferische Kraft erweisen. Allerdings habe ich Zweifel, wie weit das Bewußtwerden und Symbolisieren solcher Diskrepanzen bereits Gesundung bewirkt. Es geht hier um das Annehmen und Durchleben der eigenen Existenz in ihrer Widersprüchlichkeit; und zwar hier unter den besonders schwierigen Bedingungen abrupten Kulturwandels. Das kann auch bei voller Bewußtheit Leiden bedeuten und führt nicht selten zum Scheitern.

2. Die Begrenzungsbedürftigkeit des Inkongruenz–Konzeptes

Die Vielzahl und die Häufigkeit diskrepanter Konstellationen lassen erkennen, daß es sich bei Inkongruenz um einen allgemeinen Wesenszug des Menschen handelt, wenigstens sofern dieser einem paradiesischen Einssein mit sich selbst und mit der Welt entwachsen ist. Die aus Inkongruenz hervorgehende Spannung stellt sich sogar als eine wichtige Quelle der auf Veränderung zielenden Dynamik dar.

Somit erweist sich der Begriff „Inkongruenz" zur kausalen Erklärung psychischer Störungen als zu weit; es bedarf einer näheren Bestimmung, wann Inkongruenz pathologisch bzw. pathogen ist. Diese nähere Bestimmung kann einmal – wie GRAESSNER (1995) hervorhebt – in einer tatsächlichen Unvereinbarkeit der diskrepanten Positionen begründet sein. Weiterhin kann sie auf einer unzureichenden „Inkongruenz–Toleranz" beruhen (SPEIERER, 1992) bzw. auf einer unzureichenden Fähigkeit, „Komplexität" zu ertragen (ROGERS, 1961 S. 172). Darüber hinaus erscheinen mir folgende Merkmale als bedeutsam:

2.1. Die Inkongruenz wird als Leiden erfahren, was etwa die Gestalt von Angst, Depressivität oder von körperlichen Beschwerden annehmen kann. Wie ROGERS feststellte, ist solches subjektives Leiden die Voraussetzung dafür, daß sich eine Person den Belastungen einer Psychotherapie unterzieht. Leiden stellt damit einen wesentliche Anstoß dar, den aktuellen Zustand zu transzendieren.

2.2. Der Mensch befindet sich in einem **Zustand der Stagnation**, sodaß sich die psychischen Strukturen (z.B. das Selbstkonzept, die Erlebens- und Verhaltensmuster) nicht den wechselnden Lebenssituationen anzupassen vermögen („Strukturgebundenheit"). Für ROGERS besteht eines der zentralen Merkmale psychischer Gesundheit darin, daß sich der Mensch einem Prozeß des Werdens und Sich-Wandelns überläßt. Stagnation wird damit für eine Störungslehre der Gesprächspsychotherapie zu einem der wichtigsten Kennzeichen psychischen Krankseins und zu einer Ursache weiterer Inkongruenz. Demgegenüber erscheint als Voraussetzung für einen therapeutischen Erfolg, daß wenigstens in Andeutung die Bereitschaft besteht, sich auf einen Wandlungsprozeß einzulassen, wozu – wie gesagt – nicht zuletzt die Leidenserfahrung den Anstoß gibt.

2.3. Die Störung ist **der willentlichen Steuerung** in erheblichem Umfang **entzogen**. Dieser Punkt stellt nicht nur ein zentrales Kriterium der Krankheitsdefinition der Psychotherapie-Richtlinien dar (FABER & HAARSTRICK, 1991, S. 21). Vielmehr liegt in der Freiheit von Wahl und Entscheidung eines der hauptsächlichen Merkmale, die ROGERS für das Leitbild psychischer Gesundheit (die „fully functioning person") ansetzt. So ist ihr Fehlen bzw. ihre weitgehende Einschränkung eines der Charakteristiken für das Krankheitskonzept der Gesprächspsychotherapie. Die Therapie ist also gerade auf die Erweiterung des Spielraums der Selbstbestimmung gerichtet und findet ihr Ende, wenn ein hinreichender Freiraum hergestellt ist.

2.4. Die **Offenheit für die Wahrnehmung** des Erlebens, der Strebungen und des Verhaltens der eigenen Person ist **eingeschränkt**, ebenso aber die Offenheit für die Wahrnehmung des Erlebens, der

Bedürfnisse und des Verhaltens der Bezugspersonen sowie überhaupt für die Wahrnehmung der Vorgänge in der Gesellschaft und in der Umwelt. Freilich greift die ROGERSsche Formulierung (1961, S. 187f) zu weit, wenn er „völlige Offenheit" anstrebt: dies wäre ein pathologischer Zustand, der gänzliche Hilflosigkeit bewirken könnte, wie das beim Hereinbrechen einer schizophrenen Psychose der Fall ist (WEXLER, 1974). Vom gesunden Menschen ist vielmehr zu erwarten, daß er sich in einem rhythmischen Wechsel zwischen Öffnung und Schließung bewegt und daß er in freier Selbstbestimmung diesen Wechsel zu steuern vermag (DE HAAS, 1983). Hier kommt also das Merkmal der „willentlichen Steuerung" erneut zur Geltung. Therapie aber hat nicht nur die Bereitschaft zur Öffnung zu fördern, sondern gerade auch die Fähigkeit zur Schließung und Abgrenzung.

2.5. Die **Fähigkeit/Bereitschaft zu** persönlich bedeutsamen **Beziehungen** zu anderen Menschen/zur Umwelt ist gestört, was sich nicht zuletzt in einem Mangel an emotionaler Resonanz und an Bereitschaft zu sorgender Hinwendung („caring") äußert. Freilich gilt es auch hier wieder, in verantwortlicher Selbstbestimmung das rechte Maß zwischen Annäherung und Distanz zu finden. Weiterhin besteht an diesem Punkt eine enge Verflechtung mit dem soeben berührten Thema der Öffnung. Denn dort geht es ja gerade auch um die Auseinandersetzung mit der Außenwelt. Hierauf soll im folgenden näher eingegangen werden.

3. **Die Ergänzungsbedürftigkeit des Inkongruenz–Konzeptes.**

Ist das Inkongruenz–Konzept für eine kausale Erklärung krankhafter Vorgänge einerseits zu weit, so erweist es sich anderseits als zu eng. Nachstehend sollen eine Reihe nötiger Erweiterungen aufgezeigt werden:

- Wie eingangs erwähnt, führen Defizite, die an sich schon pathologischen Charakter tragen können (z.B. Anlagefehler, frühe Milieuschäden, Folgen von körperlicher Krankheit und Alterung) oft erst

sekundär zur Inkongruenz. Das geschieht, wenn sich eine Diskrepanz zu den Anforderungen ergibt, welche die Umwelt bzw. die Person an das eigene Funktionieren stellt. Dieser Gesichtspunkt läßt sich durch den von SWILDENS (1993) eingeführten Begriff der „sekundären Inkongruenz" erfassen.
- Inkongruenz zwischen Selbstkonzept und organismischem Erleben setzt das Vorhandensein eines konsistenten Selbstkonzeptes voraus („Identität"). Störungen, die auf Instabilität oder gar Fehlen von Selbststrukturen beruhen, wie das etwa bei haltlosen Persönlichkeiten zutrifft, können nicht durch eine solche Inkongruenz erklärt werden.
- Persönlichkeiten vom Typ der Soziopathie lassen gleichfalls keinen Widerspruch zwischen ihrem Selbstbild und ihrem Erleben erkennen, wenigstens soweit sich dieses auf die eigene Person bezieht (DE HAAS, 1991). Daher pflegt ihr destruktives Verhalten bei ihnen weder Bedauern noch Scham hervorzurufen; auch kommt es in belastenden Situationen zu geringerer Spannung, als bei durchschnittlichen Personen zu erwarten wäre. Wer hier leidet und nach Veränderung verlangt, das sind zunächst die Kontaktpersonen. Die Diskrepanz besteht also in diesem Fall zwischen dem Erleben/Verhalten des Gestörten und den Bedürfnissen/Erwartungen seiner Umgebung.

Aus der Ablehnung und den Sanktionen, die von der Umwelt ausgehen, kann sich dann auch bei dem Gestörten ein Veränderungswunsch ergeben; der wird sich freilich zunächst auf die Umwelt und allenfalls sekundär auf die eigene Person beziehen. Hier scheint erneut die Erfahrung einer eigenen Inkongruenz unverzichtbare Voraussetzung für eine therapeutische Veränderung zu sein.
- Endlich kann sich das Fehlen von (erlebter) Inkongruenz als pathogen erweisen. Dies zeigt sich, wenn ein negatives Selbstbild mit einem entsprechend negativen ganzheitlichen Erlebnisstil übereinstimmt. TERJUNG (1987) beschreibt, wie es bei Obdachlosen aufgrund einer solchen Konstellation zu immer weitergehender Inaktivität und zu selbstzerstörerischem Verhalten kommt. Beispielsweise werden günstige Gelegenheiten gemieden und Erfolge

nicht zur Kenntnis genommen, da ein solcher Einbruch in den negativen Erlebnisstil das vorhandene Selbstkonzept gefährdet und damit Angst verursacht. Die Diskrepanz liegt in diesem Fall also nicht zwischen Erleben und Selbstkonzept des Klienten (hier besteht durchaus „Kongruenz"). Vielmehr findet sie sich in einem durch den Therapeuten wahrgenommenen Mißverhältnis zwischen den Lebensverhältnissen bzw. dem Verhalten des Betroffenen und anderseits dessen Potential. Um die erforderliche Dynamik für einen Veränderungsprozeß verfügbar zu machen, hält Terjung es deshalb für notwendig, daß der Therapeut aktiv den Teufelskreis durchbricht und durch unleugbare positive Erfahrungen beim Klienten das Bewußtsein einer Inkongruenz herbeiführt.

Was aber vor allem nach einer Erweiterung verlangt, das ist die einseitig internale und damit auf das Individuum zentrierte Orientierung des vorliegenden Inkongruenz–Konzeptes. Zwar finden sich bei ROGERS Ansatzpunkte für eine interpersonale Betrachtung. So betont er, daß das Selbstkonzept auch die Beziehung zu anderen Personen einschließt (ROGERS, 1959, S. 200). Zudem taucht bei ihm – unter dem Einfluß von BUBER – die Einsicht auf, daß in der Therapie „the experience is between the client and me" (ROGERS, 1961 S. 202). Entsprechendes hätte er sicher auch für das alltägliche Leben eingeräumt, was schon an der großen Bedeutung zu erkennen ist, die ROGERS der Beziehung „person to person" nicht nur für die Therapie, sondern auch für die alltäglichen Kontakte beimißt. Im allgemeinen scheint mir ROGERS aber eher an die innere Repräsentation des Anderen und der Beziehung zum Anderen zu denken. Und das gilt sicher in noch höherem Maße für deutsche Vertreter des Inkongruenz–Konzeptes. Dies entspricht – wie ich in mehreren Veröffentlichungen zu zeigen versuchte (PFEIFFER, 1989, 1991) – einer kultur–, schicht– und zeitgebundenen Betrachtungsweise. Demgegenüber ist zu fordern, daß das inner–organismische Inkongruenz–Konzept in Hinblick auf Krankheitsentstehung und Therapie gleichgewichtig durch ein Modell der interpersonalen und gesellschaftlichen Beziehungsstörung erweitert wird, wobei es um den Anderen als reale Person und um die reale Interaktion (zwischen mir und dem Anderen, zwischen mir und der Welt) geht; eine Betrachtungsweise, die für interaktionell orientierte Therapeuten (etwa VAN KESSEL & VAN DER LINDEN, 1993), ganz besonders aber für Vertreter der Sozialarbeit (so STRAUMANN, 1987) von jeher im Vordergrund stand. Eine solche Erweiterung hat an mehreren Punkten anzusetzen:

3.1. Individuum–überschreitende Selbstkonzepte

Wie im vorstehenden Abschnitt ausgeführt, versteht ROGERS unter Selbstkonzept (bzw. Selbst) das Bild, das der Mensch von sich selbst besitzt, es handelt sich um das „reflektierte Selbst", das sowohl die Vorstellungen vom eigenen Wesen wie auch die damit verbundenen Vorstellungen von anderen Personen und von der umgebenden Welt umfaßt. Dieses Konzept aber endet gewissermaßen an den Grenzen des Körpers; die Sicherung und Respektierung dieser Grenzen wird sogar als Vorbedingung für psychische Gesundheit und harmonisches soziales Zusammenleben betrachtet.

Hier haben wir es wieder mit einer ausgeprägt kultur– und zeitgebundenen Auffassung zu tun, die besonders für eine bestimmte Schicht der nordamerikanischen Bevölkerung kennzeichnend ist („WASP" = White, Anglo–Saxon, Protestant). Schon bei amerikanischen Psychologen wie MARSELLA (1985) und SAMPSON (1988) traf sie auf Kritik. F. HSU (1985) – amerikanischer Anthropologe chinesischer Herkunft – wendet sich gegen die westliche Vorstellung, daß das menschliche Individuum Zentrum seiner je eigenen Welt sei. Dem stellt er das konfuzianische Konzept des jen (etwa: Mensch, Menschlichkeit) gegenüber, das dem Einzelnen seinen Ort im Netz der zwischenmenschlichen Beziehungen zuweist, von denen aus das Einzelsein erst Sinn und Bedeutung erhält. Auch europäische Gesprächspsychotherapeuten, die mit einer Klientel anderer kultureller Orientierung Erfahrung gewonnen haben, können sich mit einer individualistisch verengten Sichtweise nicht zufrieden geben, so HOLDSTOCK (1993): Südafrika; HOCHKIRCHEN (1991): kanadische Indianer; PFEIFFER (1977, 1994): Indonesien; PORTERA (1994): Süditalien. Übereinstimmend kommen sie zu der Auffassung, daß hier – so weit es sich nicht um „westlich" orientierte Intellektuelle handelt – das Selbstkonzept bzw. die eigene Identität weiterreicht: Es umfaßt

Überlegungen zu einer Störungslehre aus interaktioneller Pespektive

zugleich die nächsten Bezugspersonen, evtl. auch eine ausgedehntere Gruppe (die Ortschaft, die Sippe) und vielleicht sogar die umgebende Natur. Und das gilt nicht etwa nur für die inneren Repräsentationen, sondern auch für die realen äußeren Gegebenheiten. Dabei sind die Grenzen zwischen der einzelnen Person und den Anderen fließend. Freilich können sie um einen erweiterten Kreis (etwa zwischen Zugehörigen und Fremden) umso starrer gezogen und rücksichtslos verteidigt werden. Einige Beispiele mögen eine solche Erweiterung des Selbstkonzeptes andeuten. Ich wähle dazu Klienten, die nicht aus westeuropäischen Verhältnissen stammen. Damit soll keineswegs gesagt sein, daß es sich bei unserer einheimischen Bevölkerung grundsätzlich anders verhielte; doch tritt das Gemeinte meist weniger deutlich hervor.

- Eine Chinesin mittleren Alters hatte nach langen Jahren der Kinderlosigkeit einen Sohn geboren, der sich – wohl aufgrund einer perinatalen Hirnschädigung – als geistig behindert erwies. Die Mutter verweigerte sich aber dieser Einsicht, sondern bestand darauf, daß das Kind lediglich „schwächlich" sei. Sie zog deshalb von Arzt zu Arzt, um „Kräftigungsmittel" zu erhalten. Mit ihrem Selbstkonzept, das auch das Kind umschloß, war die Einsicht in die Behinderung unvereinbar. In diesem Zusammenhang wäre weiterhin die Verleugnung unheilbarer Erkrankung oder auch des Todes von Angehörigen zu nennen.
- Ehrenrühriges Verhalten eines Angehörigen bringt Schande und Unglück über die ganze Familie, insbesondere aber über den Vater, dem die Wahrung der Familienehre obliegt. Diese Ehre ist nun keineswegs etwas rein Psychisches. Vielmehr trifft ihre Verletzung auf vitale Weise. Überlieferungen aus Nias zeigen, wie der Adlige zur Erhaltung seines Heils auf die Ehrenerweisungen seiner Umgebung angewiesen ist und wie er bei Verlust dieses Ansehens in Schwäche und Hilflosigkeit verfällt (PFEIFFER, 1977); entsprechende Berichte aus dem alt–nordischen Bereich finden sich bei GRÖNBECH (1954 Bd.I, S. 74f). Eine ähnliche Durchlässigkeit der Selbst–Grenzen zeigt sich gegenüber den Ereignissen in der heimischen Ortschaft. Auf Bali kann ein unglückliches Ereignis (z.B. ein

Todesfall oder eine Zwillingsgeburt) das ganze Dorf in einen Zustand der Unreinheit („sebel") versetzen, was auch bei Leuten, die gar nicht betroffen erscheinen, die vorgenommenen Aktivitäten blockiert. Extreme Ausmaße nahm die Steuerung der Gemeinschaft (und damit auch des Individuums) durch äußere Ereignisse auf den Mentawai–Inseln an, wo wegen der durch die unterschiedlichsten Zwischenfälle auslösbaren Ruhe- und Tabu–Perioden („punen") längere Planungen überhaupt unmöglich wurden (DUYVENDAK, 1955).

Man könnte hier von einem „kollektiven Selbstbild" sprechen, das also einer ganzen Gruppe gemeinsam ist. Damit meine ich nicht nur „verinnerlichte" Leitbilder, etwa entsprechend dem „Über-Ich" der Psychoanalyse, sondern einen Codex, der von der Gruppe gelebt wird und der damit auch das Erleben und Verhalten des Einzelnen reguliert – eine Erscheinung, die bei „außengelenkten" und „traditionsgelenkten" Persönlichkeiten (RIESMAN, 1958) besonders augenfällig ist. Hierbei können sich Konflikte mit einem individuellen Selbstkonzept ergeben. Beispielsweise kann einem gutmütigen, aller Gewalt abgeneigten Jüngling beim Militär ein aggressives Leitbild mit der Bereitschaft zum Töten aufgedrängt werden. Noch komplizierter stellt sich die Angelegenheit dar, wenn ein Mensch durch Zugehörigkeit zu unterschiedlichen Gruppen dem Einfluß widersprüchlicher Wertsysteme und Verhaltensmuster ausgesetzt ist. Dies ist in unserer pluralistischen Gesellschaft nahezu die Regel, wird aber bei unseren Kindern besonders augenfällig. Man vergegenwärtige sich, wie unterschiedlich sich ein neunjähriger Junge verhält, wenn er sich in der Horde seiner Altersgenossen befindet oder wenn er mit seiner Familie zur Kirche geht. Von noch ausgeprägteren und andauernderen Gegensätzen sind die Kinder von Migranten betroffen, wofür hier erneut ein alltägliches Beispiel angeführt sei:

14–jähriges Mädchen aus türkischer Migrantenfamilie. Zu Hause ist sie gefügige Tochter, die sich sittsam kleidet (Kopftuch) und Kontakten mit männlichen Altersgenossen aus dem Wege geht. Auf dem Schulweg legt sie aber das Kopftuch ab und verwandelt sich in eine Göre, die kaum von ihren deutschen Kameradinnen zu unterscheiden ist. Sie ist gegensätzlichen Gruppen zugehörig und hat entsprechend unterschiedliche Leitbilder entwickelt. Man könnte von einer Spaltung der Identität sprechen.

3.2. Multiple Selbstkonzepte

Solche Widersprüche bedeuten aber für den Betroffenen nicht notwendig einen ernsten Konflikt. Die Annahme, daß eine Person situationsübergreifend stabile Erlebens– und Verhaltensmuster aufweise, ist wohl zu sehr von unserem Leitbild einer konsistenten Persönlichkeit mit „innengelenkten" Verhaltensmustern bestimmt. Eher stellt sich der Ablauf folgendermaßen dar: Je nachdem, welches der überindividuellen Systeme gerade die Situation bestimmt, wird eine entsprechende Selbst–Gestalt aktiviert, sodaß der einzelne Mensch in verschiedenen Situationen sich auf unterschiedliche Weise selbst erfährt und auch unterschiedlich in Erscheinung tritt. Die Unterschiede des Verhaltens, aber auch des damit verbundenen Selbstbildes können von Situation zu Situation so ausgeprägt sein, daß man glauben möchte, man habe verschiedene Personen vor sich. In extremen Fällen spricht man von einer „multiplen Persönlichkeit", wofür STEVENSONS Mr.Jekyll und Mr.Hyde das literarische Beispiel bieten.

In unserer Gesellschaft sind ausgeprägte Persönlichkeitsspaltungen selten und meist als pathologisch zu betrachten; sie finden sich am ehesten im hysterischen Formenkreis, aber auch bei Dranghandlungen. Als normalpsychologische Erscheinung und sogar als gesellschaftliche Verpflichtung bilden sie den zentralen Inhalt der Besessenheitsriten. Beispielsweise kann ein Medium im Trancezustand die Identität einer hervorragenden Gestalt aus vergangener Zeit annehmen und damit sein Selbst–Erleben und sein manifestes Verhalten auswechseln, was ungewöhnliche Fähigkeiten verleiht und es zum Wahrsager oder zum wundertätigen Heiler werden läßt (vgl. PFEIFFER, 1994, S. 144f). Im Umbanda–Kult muß ein Medium sogar lernen, eine ganze Serie von Trance–Identitäten zu übernehmen, z.B. die des hilfreichen „alten Schwarzen", des betont männlichen Caboclo, des nichtsnutzigen Kindes sowie des zwielichtigen, teufelsgestaltigen

Eshu (FIGGE, 1973). Im allgemeinen sind es spezifische Situationsreize (etwa ein bestimmter Rhythmus), die zur Aktivierung der entsprechenden Trance–Identität führen. Häufig wird der Wechsel der Identität durch einen Wechsel der Kleidung und des Namens angezeigt. Daß trotzdem die Kontinuität der Persönlichkeit gewahrt bleibt, wird durch den rituellen und gesellschaftlichen Zusammenhang gesichert.

Auch unserer Kultur sind Riten des Identitätswechsels nicht fremd, wie etwa beim Eintritt in einen Mönchsorden sichtbar wird. In weniger ausgeprägter Form ist Vielfalt und situationsgemäße Modifikation des Selbstkonzeptes auch bei uns ein wichtiger Bestandteil des Lebens. Bei ROGERS findet das seinen Ort unter dem Begriff „Komplexität". Ein wesentliches Merkmal seelischer Gesundheit wäre freilich bei uns das Fortbestehen der persönlichen Identität. Wo diese durchgehende Linie fehlt, sodaß die einzelnen Situationen zusammenhanglos aufeinander folgen – wie man das wohl bei pathologischen Persönlichkeiten antreffen kann – da könnten wir von einem krankhaften Geschehen sprechen. Die Diskrepanz bestünde hier vor allem im Verhältnis zu den Erwartungen der Umwelt und den Anforderungen der Situation.

3.3. Erweiterung des Begriffes „organismic experience"

Hierzu möchte ich auf meine obigen Ausführungen und besonders auf das angeführte Beispiel des Spaziergangs in Tivoli zurückkommen. Wahrnehmen und Erleben wurden dort als ein interaktioneller Prozeß charakterisiert, der einmal zwischen dem Subjekt und dem Gegenstand der Betrachtung abläuft, zugleich aber zwischen den wahrnehmenden Personen. Weiterhin wurde oben gezeigt, wie das Wahrnehmen ständig von selegierenden und wertenden Stellungnahmen durchdrungen ist, die zwar auch im erlebenden Organismus begründet, zugleich aber in erheblichem Umfang sozial und kulturell beeinflußt sind. Das soll hier mit einem weiteren Beispiel verdeutlicht werden.

Für einen in rechtgläubig muslimischer oder mosaischer Tradition aufgewachsenen Menschen ist Schweinefleisch in hohem Maße aversiv, wofür nicht nur verstandesmäßige Gründe („potentiell schädlich") und weiterhin ästhetische und religiös–sittliche Gründe („unrein",

„durch das Gesetz verboten") angeführt werden. Vielmehr kommt hier eine elementar–körperliche Ablehnung zur Geltung, die bis zu Übelkeit und Erbrechen reicht („gut–level"). Es handelt sich hier also um eine ganzheitlich–organismische Stellungnahme, die aber mit Sicherheit nicht naturgegeben ist, sondern kulturell bedingt. Dies wird schon durch die große Bedeutung belegt, die dem Genuß von Schweinefleisch in anderen Kulturen zukommt, wie z.B. in China, Hinterindien und dem Südseeraum, also gerade auch in verhältnismäßig ursprünglichen Bereichen.

3.4. Erweiterung des Begriffes „aktualisierende Tendenz"

ROGERS nimmt mit der „aktualisierenden Tendenz" so etwas wie eine Lebenskraft an, die jedem Organismus innewohnt und ihn zur Selbsterhaltung und zur Entfaltung seines Potentials treibt. Da er hierin die individuelle Manifestation einer kosmischen „formativen Tendenz" sieht, gelingt ihm damit die Einbettung des Einzelseins in einen allumfassenden Zusammenhang, der an die amerikanische Naturmystik des 19. Jahrhunderts denken läßt. Ergänzend scheint es mir nötig zu sein, auf die Entwicklungsdynamik hinzuweisen, die sich aus inneren Diskrepanzen ergibt, etwa zwischen Selbstbild und kontrastierenden Wahrnehmungen, worauf bereits mehrfach Bezug genommen wurde. Jetzt aber geht es mir vor allem um die Dynamik, die sich aus der Auseinandersetzung zwischen der Person und dem Fluß der Situationen ergibt, in welche sie durch das Leben gestellt wird. Es ist die Begegnung mit dem Fremden, der Ruf des Mitmenschen in Not, es sind die ständig neuen Anforderungen der Welt, wodurch wir nicht minder zur weiteren Entwicklung bestimmt werden als durch eine dem Organismus innewohnende Tendenz (vgl. ROGERS, 1959, S. 196).

An dieser Stelle sei noch eine weitere Überlegung angefügt. Der Mensch ist weder einem inneren Antrieb (der „aktualisierenden Tendenz") noch den Anforderungen der Situationen schlechthin überantwortet. Er kann auf unterschiedliche Weise Erfahrungen aufsuchen oder sich ihnen versagen, er kann eine Initiative ergreifen oder sich zurückziehen. Es geht hier um das vernünftige und verantwortliche Handeln der Person in der Welt. Nun war ROGERS mißtrauisch gegenüber allem willkürlich in Gang gesetzten Tun und sah sich darin in Übereinstimmung mit LAODSE und dessen Forderung des Wu– Wei (Nicht–Machen). Doch wird damit in keiner Weise der Auftrag negiert, dem Mitmenschen / der Welt als ganze Person zu antworten. Wie sehr ROGERS dazu stand, bewies er durch sein gesellschaftliches Engagement, dem er bis ins hohe Alter Folge leistete.

3.5 Versuch einer systemischen Betrachtung

Wenn durch die bisherigen Ausführungen die Notwendigkeit einer Erweiterung des Inkongruenz–Konzeptes in Richtung auf die Beziehung des Einzelnen zum Mitmenschen / zur Gesellschaft / zur Welt aufgezeigt wurde, so ist jetzt zu fragen, wie sich eine solche Verknüpfung des Individuums mit seiner Umwelt vorstellen ließe. ROGERS gibt 1980 (S. 131f) einen Hinweis, indem er den menschlichen Organismus als offenes System betrachtet, das sich also in ständigem Austausch mit seiner Umwelt befindet. Nun wird freilich diese Betrachtungsweise durch neuere Autoren insofern eingeschränkt, daß sie dem menschlichen Organismus hinsichtlich des Umgangs mit Informationen eine weitgehende Geschlossenheit zusprechen, was ihm den Charakter eines „autopoietischen Systems" verleiht. (Nähere Ausführungen s. HÖGER, 1993). Das bedeutet, daß ein solcher Organismus nicht von außen „gesteuert" werden kann, sondern so weit eigenen Gesetzen folgt, daß die Kontinuität des Individuums gesichert ist. Doch ist festzuhalten, daß auch in Hinblick auf die Informationen ein ständiger Austausch mit der Umgebung erfolgt.

Zum einen geschieht das in Wechselwirkung mit Systemen gleicher Ordnung: Der Organismus wird in seinen Funktionen durch die umgebenden Organismen beeinflußt und modifiziert, so wie er selbst auf diese anderen Organismen Einfluß nimmt. Dies ist ein Wechselspiel, das wir mit den Begriffen „Interaktion" oder vielleicht noch besser „Transaktion" (also Austausch) bezeichnen – ein Vorgang, in dem Kontinuität und Wandlung zusammenklingen. Zum anderen sind diese organismischen Systeme Glieder von Systemen höherer Ordnung, also von sozialen Systemen, die sowohl das Funktionieren der Individuen wie auch die Form ihres Interagierens tiefgreifend beeinflussen. Hier ist die Einflußnahme wiederum nicht einseitig: Wie das soziale System seine Glieder beeinflußt, so wirken diese auf das umfassende System zurück. Auch befindet sich das soziale System mit der biologischen Wandlung seiner organismischen Untersysteme selbst in einem ständigen Wandlungsprozeß. Wie sehr Rogers Gemeinsamkeiten zwischen beiden Ebenen sah, wird daran deutlich, daß er auch von der Encounter–Gruppe – freilich metaphorisch – als von einem „Organismus" redet und ihr so etwas wie eine aktualisierende Tendenz und eine „Weisheit des Organismus" zuspricht (Rogers, 1970, S. 44).

Demgegenüber neigen systemorientierte Psychotherapeuten, sofern sie auf Einzeltherapie ausgerichtet sind, dazu, das Individuum unter Hinweis auf die „Autopoiese" wenigstens hinsichtlich des Umgangs mit Information als geschlossenes System zu betrachten und das Eingefügtsein in soziale Systeme auszuklammern. Dies halte ich für eine unzulässige Vereinfachung: Wir werden dem Einzelnen nicht gerecht, wenn wir seine fortwährenden Interaktionen mit seinen Bezugspersonen (z.B. mit dem Therapeuten) und mit seiner weiteren Umwelt außer acht lassen. Allerdings wissen wir noch allzu wenig über die Beziehungen und Wechselwirkungen zwischen organismischen und sozialen Systemen. Auch scheint es mir noch ungeklärt zu sein, inwiefern und in welcher Weise solche der Biologie entstammenden Modelle wie z.B. „Autopoiese" auf psychische oder gar auf soziale Vorgänge zu übertragen sind.

Soviel dürfen wir aber wohl jetzt schon als auch von dieser Seite her gesichert annehmen: Organismus wie Sozietät befinden sich in einem fortwährenden Prozeß des dialogischen Austauschs mit der Umwelt, wobei sie in Spannung stehen zwischen den Polen der Dauer und der Veränderung, der Bewahrung des Eigenen und der Auseinandersetzung mit dem Fremden. Wir verwirklichen uns, indem wir in der Welt gestaltend tätig sind. Wir entwickeln uns, indem wir uns dem Anderen verstehend, sorgend und antwortend zuwenden und indem wir selbst sein Verstehen und seine Sorge empfangen.

4. Pathogene Faktoren aus interaktioneller Sicht

Nach diesen Vorüberlegungen gilt es jetzt, die Frage der Pathogenese vom interaktionellen Gesichtspunkt aus zu überdenken.

Zunächst ist daran zu erinnern, daß bereits für den Beginn eines Inkongruenz–Geschehens in früher Kindheit eine interaktionelle Störung verantwortlich zu machen ist, nämlich eine Störung in der Beziehung zwischen dem Kind und der Mutter bzw. anderen nahen Bezugspersonen. Nicht minder trifft das zu auf die Auslösung manifester Krankheitserscheinungen im späteren Leben, die ja meist ebenfalls durch Störungen oder traumatische Veränderungen in der Beziehung zur Umwelt ausgelöst sind, sei es durch Konflikt, Trennung, Frustration oder Überforderung (s. FINKE, 1994; GRAESSNER, 1995; PFEIFFER, 1993; STRAUMANN, 1992; SWILDENS, 1993).

Um einen Überblick über die Vielfalt pathogener Konstellationen in den Beziehungen zur Umwelt zu erhalten, empfiehlt es sich, erneut von der Trias der Rogersschen Grundhaltungen auszugehen, die hier angedeutet seien mit den Stichworten: Empathie – Akzeptieren/ Caring – Authentizität/Kongruenz. Doch reicht es nicht aus, daß der Einzelne für sich selbst dieser förderlichen Bedingungen teilhaftig wird; vielmehr muß er selbst – wie U. BINDER (1993) besonders hinsichtlich der Empathie und BRAZIER (1993) hinsichtlich der sorgenden Zuwendung darlegt – diese Fähigkeiten in der Interaktion mit anderen Menschen entfalten.

4.1. Mangel an Empathie und Akzeptieren

Bei der *Empathie*, dem verstehenden Sich–Einfühlen ist die Bedeutung eigener Lernerfahrung am offensichtlichsten. Wer in dieser Hinsicht keine Fähigkeiten erworben hat, wird das Verhalten anderer Menschen nicht richtig beurteilen und voraussagen können, so wie er umgekehrt von den anderen wenig Verständnis zu erwarten hat. Hieraus ergeben sich häufige Mißverständnisse, was mißtrauische Abwehr oder auch offensive Handlungen zur Folge hat. Besonders kraß sind derartige Reaktionen bei Personen, die unvorbereitet in eine fremde (insbesondere sprachfremde) Umgebung geraten. Hier erhalten unverstandene Worte und Gesten einen feindseligen Sinn, Handlungen werden als abschätzig oder gar als bedrohlich mißdeutet. Dazu zwei Beispiele:

- Ein neu zugereister Junge hört aus den freundlichen (aber fremdsprachlichen) Zurufen einheimischer Altersgenossen, die mit ihm spielen wollen, Beschimpfungen heraus, worauf er aggressiv reagiert.
- Eine kürzlich aus der Türkei in eine westdeutsche Industriestadt zugezogene Frau mißdeutet das Anhäufen von Sperrmüll vor ihrer Wohnung als feindselige Handlung der Nachbarn, die sie vertreiben wollten. Sie reagiert darauf mit depressivem Rückzug.

Es liegt nahe, daß sich in einer emotional gespannten Atmosphäre (Kriegsereignisse, Fremdenfeindlichkeit) derartige Vorgänge häufen und in einem Circulus vitiosus zu ausgeprägt pathologischen Reaktionen verstärken können (ALLERS, 1920). Wenn es auch im alltäglichen Leben seltener zu derartig manifesten Fehlreaktionen kommt, stellen doch leichtere Formen wechselseitigen Fehlinterpretierens als Ausdruck gestörten Einfühlungs- und Mitteilungsvermögens einen typischen Bestandteil neurotischen Lebens dar.

Hier ist zu bedenken, daß es nicht zuletzt das Bemühen ist, sich dem anderen verstehend zuzuwenden und das Leben mit seinen Augen zu sehen, was uns die Welt erschließt. Auf solche Weise stützen und fördern wir nicht nur die andere Person, sondern erweitern zugleich die eigene Perspektive und Erlebnisfähigkeit. Und es entsteht eine Atmosphäre, die in zunehmendem Maße wechselseitig Verstehen und Entwicklung ermöglicht. Unter den verschiedenen Aspekten der ROGERSschen Trias bietet Empathie den Vorteil, daß sie am ehesten dem bewußten Entschluß und der Einübung zugänglich ist. Das mag der Grund sein, weshalb sie in der Therapie-Ausbildung oft ganz in den Vordergrund rückt. Nicht minder wichtig ist aber, daß der Patient die Fähigkeit erlangt, sich aus seiner gewohnten Perspektive zu lösen und sich in das Erleben anderer Personen hineinzuversetzen. Dementsprechend ergab die Untersuchung von JÜLISCH (1981) eine günstigere Prognose für Klienten, die im therapeutischen Gespräch nicht nur ihr eigenes Erleben explorierten, sondern zugleich das ihrer Bezugspersonen reflektierten. Bis zu einem gewissen Grad mag ein empathisches Eingehen auf den Anderen bereits in der Einzeltherapie am unmittelbaren Gegenüber des Therapeuten zu erlernen sein. Wesentlich reichere Möglichkeiten bietet in dieser Hinsicht die Gruppe, was MENTE & SPITTLER (1980) dazu veranlaßte, entsprechende Einfühlungs–Übungen in die Gruppentherapie einzufügen.

Das *Akzeptieren*, besonders auch in Gestalt der *sorgenden Zuwendung (caring)* ist eng mit der Empathie verbunden. Mit THOMAS VON AQUIN ist wohl zu sagen, daß unser Verstehen nur so weit geht, wie diese „Caritas" reicht. Sofern ein Mensch aber nicht schon in früher Kindheit die Erfahrung gemacht hat, angenommen und liebend umsorgt zu sein, wird es ihm nicht gelingen, ein „Urvertrauen" zu entwickeln. Im späteren Leben wird es ihm nicht nur schwerfallen, sich vertrauensvoll anderen Menschen zu überlassen, sondern es fehlt ihm auch eine wichtige Voraussetzung, andere ohne Bedingungen zu akzeptieren und sich ihnen sorgend (und verstehend) zuzuwenden. In der Folge kann es dahin kommen, daß ein solcher Mensch mit seiner Zuwendung geizt und die Zuwendung des Anderen mißtrauisch abwehrt. Damit sind die Voraussetzungen für pathologische Beziehungsformen und zur fortschreitenden Vereinsamung gegeben.

4.2. Mangel an Authentizität, Kongruenz, personaler Präsenz

Ging es bei den bisher angeführten Aspekten in erster Linie um die Person des Anderen (um das respektvolle Geltenlassen, gerade auch in seinem Anderssein, um die einfühlende und sorgende Zuwendung), so tritt mit dem nun zu behandelnden Aspekt – entsprechend der Forderung „person to person" – die eigene Person in den Blickpunkt. Da ROGERS diesem Aspekt für den alltäglichen Umgang die größte Bedeutung zumißt (ROGERS, 1969, S. 220 f.), sind hier auch für eine Störungslehre besonders wichtige Ergebnisse zu erwarten.

Für diese Haltung gibt ROGERS eine ganze Reihe von Termini an, die keineswegs bedeutungsgleich sind; so noch 1980 (S.115) „genuineness, realness, or congruence", dem er noch das Adjektiv „transparent" hinzufügt. An anderer Stelle spricht er von „Authentizität" (1992, S.26). Sofern man sich demgegenüber auf nur einen Terminus festlegt, bedeutet das eine Verkürzung des ROGERSschen Ansatzes.

Hier gilt es nun, ins einzelne zu gehen, was jetzt freilich nur an einigen Punkten geschehen kann.

ROGERS charakterisiert *„congruence"* (1980, S.116) als „a close matching between what is experienced at the gut level, what is present in awareness, and what is expressed..." Dabei fällt auf, daß ROGERS Kongruenz nicht einfach als Gegenteil von Inkongruenz bestimmt. Sicher ist aber angemessen, den Begriff des Selbstkonzeptes hier einzubeziehen und Kongruenz auch als Übereinstimmung des Selbstkonzeptes mit der Person als einer organismischen Ganzheit zu betrachten.

4.2.1. Inkongruenz zwischen „experience" und „awareness"

Dieser Gesichtspunkt wurde bereits in Kapitel 1.3 als ein innerpsychisches Geschehen besprochen; auch kann hierzu auf den Beitrag von PANAGIOTOPOULOS (1993) verwiesen werden, worin die Bedeutung der Wahrnehmungsabwehr für die Entstehung psychischer Störungen aufgezeigt wird. Ergänzend sei hier nochmals die Frage aufgeworfen, in welchem Umfang bei Wahrnehmungen sowie bei deren erlebnismäßiger Beurteilung zwischenmenschliche Interaktionen im Spiel sind (s. unter 1.2). Für letzteres noch einige Beispiele:

- Der Vortrag einer prominenten Persönlichkeit wird auf uns einen wesentlich anderen Eindruck machen, wenn wir ihm inmitten einer begeisterten Menschenmenge folgen als wenn wir uns am Radio oder am Schreibtisch als einzelne damit auseinandersetzen.
- Wie manifeste Greuel der Wahrnehmung entzogen werden und zwar auch bei Menschen, die dadurch gar nicht unmittelbar belastet sind, dafür gab es in Deutschland während der Kriegs– und Nachkriegszeit reichlich Beispiele; und ähnlich verhält es sich heute in den südslawischen Staaten. Der Grund mag in der kollektiven Identifikation mit Führergestalten und in der Solidarität mit einer Wir–Gruppe liegen („Unser großer Führer/unsere heldenhaften Jungs können nichts Schlechtes tun"). Die Identität greift hier über den einzelnen hinaus; es ergibt sich eine Diskrepanz zwischen einem (kollektiven) Selbstkonzept und der Realität, die durch Verweigerung bzw. Verzerrung der Wahrnehmung zu bewältigen versucht wird.

4.2.2. Nicht–Übereinstimmen von Erleben/Bewertung und Ausdruck

Was die Forderung anbelangt, eigene Gefühle dem Klienten mitzuteilen, so hat ROGERS selbst Einschränkungen vorgenommen, indem er hinzusetzt: „wenn es angemessen ist." Doch hat er wenig darüber ausgesagt, wann eine solche Angemessenheit gegeben ist. Nachfolgend seien einige Gesichtspunkte angeführt:

- Die Äußerung soll mit den eigenen Bedürfnissen in Einklang stehen. Gewaltsame Selbstoffenbarungen (etwa unter Verletzung des eigenen Schamgefühls) belasten durch ihre Ambivalenz die Beziehung und führen leicht zu Mißverständnissen. Hier zeigt sich, wie eine primäre innere Diskrepanz (zwischen Äußerungswunsch und Schamgefühl) sekundär auch zu Störungen im zwischenmenschlichen Bereich führt.
- Mit Sicherheit ist ROGERS der Auffassung, daß der Therapeut nur dann eigene Gefühle und Erwägungen in die therapeutische Situation einbringen kann, wenn sie von einer akzeptierenden Haltung gegenüber dem Klienten getragen sind und wenn die Form der Mitteilung nicht das Gebot der achtungsvollen und sorgenden Zuwendung („Caring") verletzen. Die Äußerung darf also auch nicht den Bedürfnissen des Anderen widersprechen, denn sonst könnte sie sich nicht nur individuell traumatisch auswirken, sondern sie könnte darüber hinaus die Beziehung und damit die ganze Therapie in Frage stellen. Hier wird deutlich, wie das System einer Zweierbeziehung gefährdet wird, wenn eine Diskrepanz zwischen dem Erleben/der Mitteilung des einen Partners und den Bedürfnissen des anderen Partners besteht. Bei ständiger Wiederholung und bei Unlösbarkeit der Bindung können sich aus einer solchen Beziehungsstörung sekundär krankhafte Veränderungen bei der einzelnen Person ergeben.

4.2.3. Widersprüchlichkeit der Botschaften

Mit den Widersprüchlichkeiten innerhalb der Ausdrucksvorgänge haben sich VAN KESSEL & VAN DER LINDEN (1993) sowie TSCHEULIN

(1994) eingehend beschäftigt. Zur Verdeutlichung der komplexen Beziehungsstruktur erinnere man sich an das Beispiel einer Double–bind–Situation, wobei die Mutter dem Sohn gleichzeitig die widersprüchlichen Botschaften übermittelt: „Mache dich selbständig!" und „Bleibe bei mir!" Darin kommen gegensätzliche innere Tendenzen zum Ausdruck, die beide durchaus organismisch begründet sind. Die Situation wäre noch nicht sonderlich problematisch, wenn den zwiespältigen Botschaften der Mutter nicht von Seiten des Sohnes eine entsprechende Ambivalenz entgegen käme, nämlich sowohl der progressive Wunsch nach Verselbständigung wie auch die regressive Tendenz zur Rückkehr in den Schoß der Mutter. Es handelt sich um die von RANK herausgearbeitete Konstellation, in der sich ebenfalls widersprüchliche „organismische" Tendenzen manifestieren.

Es wäre also zu eng, auf der einen Seite die Ursache der Störung, auf der anderen Seite das Opfer zu sehen. Vielmehr ist es die ambivalente Beziehungsstruktur, die Diskrepanz zwischen Trennungsstreben und Bindungswunsch, die beide Personen betrifft, individuell aber Störungen – oft von Krankheitswert – verursacht.

4.2.4. Diskrepanzen im Handeln

Es genügt nicht, die Betrachtung auf Diskrepanzen im Ausdrucksgeschehen zu beschränken; erst recht bedürfen ambivalente Tendenzen der Aufmerksamkeit, die sich in Handlungen manifestieren. Aus meiner Hochschulpraxis stehen mir Lernhemmungen und Examensängste vor Augen, als deren Hintergrund einerseits das Streben nach hochgesteckten akademischen Zielen zu erkennen war, anderseits die Angst vor dem Verlust der akademischen Unverbindlichkeit, vor der Festlegung auf ein berufliches Ziel oder auch vor dem Übertreffen des Vaters. Zudem geht man nicht fehl, auf der Seite des Partners (also der Hochschule) ebenfalls Tendenzen zu vermuten, die diesem Zwiespalt entgegenkommen, indem sie den Studierenden zu Fortschritt und Examen drängen, ihn zugleich aber in Unverbindlichkeit und Unmündigkeit festhalten. Wiederum ein Zusammenspiel von Ambivalenzen, das sich als pathogen erweisen kann.

4.2.5. Diskrepanzen zwischen Selbstkonzept und Handlungsmöglichkeiten

Dem sind nun Widersprüche anzufügen, die zwischen dem Selbstkonzept eines Menschen und den Handlungsmöglichkeiten bestehen, die ihm die Gesellschaft einräumt. Dabei geht es sicher auch um die Erfüllung von Bedürfnissen und um die Gelegenheit zur Selbstverwirklichung im Tun. Nicht minder wichtig ist aber die befriedigende Interaktion mit anderen Menschen, mit Institutionen und nicht zuletzt mit der materiellen Umwelt (Vgl. DETER & STRAUMANN, 1990 sowie ZURHORST, 1989).

Auch in diesen Interaktionen kann es zu einer ganzen Reihe von Diskrepanzen kommen, etwa zwischen dem Selbstkonzept und der zugewiesenen Rolle, zwischen dem Bild, das ein Mensch von sich hat oder das er anstrebt und dem Bild, das die anderen ihm auferlegen. Wir treffen hier auf die Bedeutung von Herkunft, Stand, Aussehen, Zugehörigkeit zu einer Minorität etc. Und wieder macht sich geltend, daß das „Selbst", das hiervon betroffen ist, über das Individuum hinausreicht, einzelne Bezugspersonen, aber auch weite Kreise einbezieht, denen es in Solidarität verbunden ist. Ebenso bedarf es erneut des Hinweises, daß es nicht so sehr einzelne Diskrepanzen sind, die zu pathogenen Auswirkungen führen. Vielmehr geht es um komplexe Beziehungsstrukturen und Interaktionsmuster, die von beiden Seiten gespeist werden. Die Selbstunsicherheit des Behinderten zieht die Mißachtung der Gesunden auf sich; die scheue Zurückhaltung des Fremden erweckt das Mißtrauen der Einheimischen.

4.2.6. Mangel an personaler Präsenz

Besondere Probleme ergeben sich für die noch ungefestigte Person, wenn ihr die Umwelt widersprüchliche Leitbilder und Wertsysteme anbietet. Dies wird umso schwieriger, wenn in der engeren Umgebung eine starke, aber verständnisvolle Bezugsperson fehlt, an der eine Orientierung möglich ist. Es geht hier um die Einsicht RANKS, daß „das Ich eines Du bedarf" um Person zu werden; oder um das „person to person", von dem ROGERS spricht. Wie eine personale Begegnung in der therapeutischen Situation verlaufen kann, dafür gibt ROGERS im Gespräch mit Gloria ein Vorbild (ROGERS, 1977, S.

183f.) Daß eine solche Begegnung aber durchaus auch konflikthafte Gestalt annehmen kann, zeigt ein Beispiel von DE HAAS (in SWILDENS 1991, S. 229f.). Ausführlich wird die Bedeutung der Beziehung für die Personwerdung (und damit auch für die Therapie) durch P.F. SCHMID dargestellt, insbesondere in seinem mit ROGERS edierten Buch „Person–zentriert" (1992).

Hier ist wiederum festzustellen, daß ein einseitiges Angebot des Therapeuten (hier also seiner personalen Präsenz) nicht ausreicht. Für die Reifung des Klienten ist erforderlich, daß auch er diese Fähigkeit entwickelt, wozu ihm die Therapiesituation exemplarisch Gelegenheit gibt. Darüber hinaus bedarf es des Transfers auf die Beziehung zu den Bezugspersonen, zur Gesellschaft, zur Welt. Denn diese Beziehungen sind nicht einfach etwas Auferlegtes, was passiv zu tragen ist, sondern es ist nötig, sie in Interaktion aktiv zu gestalten. Ob wir einen Konflikt austragen oder die Kommunikation abbrechen; ob wir einen Fremden annehmen, ob wir gleichgültig an ihm vorübergehen oder uns feindselig gegen ihn wenden – all das liegt zum wesentlichen Teil in unserer Entscheidung. Wie wir uns einstellen, das formt unsere Beziehungen und wirkt notwendig auf uns selbst zurück. Hierin liegt ebenfalls eine wesentliche Wurzel seelischer Gesundheit oder seelischen Gestörtseins.

5. Abschließende Bemerkungen

Der vorliegende Text kann nicht mehr als eine Skizze der pathogenen Möglichkeiten bieten, die in den Beziehungen des Menschen zu seiner Umwelt begründet sind. Weitere Belege und Differenzierungen verspricht die Arbeit mit einer mediterranen Klientel. Eine entsprechende Veröffentlichung wird gegenwärtig in Zusammenarbeit mit AGOSTINO PORTERA vorbereitet. Darüber hinaus bedarf es aber des Zusammenwirkens mit Kollegen unterschiedlicher Orientierung, um diesem im psychotherapeutischen Zweig des personzentrierten Ansatzes weitgehend vernachlässigten Bereich gerecht zu werden. Insbesondere ist hier an Vertreter der Sozialarbeit und anderer Sozialwissenschaften sowie der Systemtheorie zu denken, die – trotz der besonderen Bedeutung, die ihnen in unserem Verband zukommt – bislang kaum in die Diskussionen über eine Störungslehre einbezogen wurden.

Immerhin hoffe ich, daß es mir bereits mit den vorliegenden Ausführungen gelungen ist aufzuzeigen, daß ein einseitig an der („inneren") Erfahrung des Individuums orientiertes Inkongruenz–Konzept wegen seiner eindimensionalen Struktur (Ganzheit vs. innere Widersprüche) für eine Störungslehre wie auch für eine Therapietheorie unzureichend ist. Das Wesen der klientenzentrierten Psychotherapie liegt im Zusammenspiel der Lebensprinzipien Erfahrung und Beziehung (LINSTER & PANAGIOTOPOULOS 1991), wobei sich als Pole abzeichnen: Öffnung vs. Schließung, Nähe vs. Distanz sowie Geben vs. Empfangen. Im Zusammenspiel von Beziehung und Erfahrung entfaltet sich als dritte Dimension das „Gute Leben" als *Prozeß* mit den Polen Veränderung vs. Dauer.

Bei der Beschäftigung mit der Dimension der zwischenmenschlichen und gesellschaftlichen Beziehungen trafen wir nicht minder auf Diskrepanzen als bei der Beschäftigung mit dem Individuum, seien sie pathogen oder nicht. Gewiß liegt es nahe, auch hierfür die Bezeichnung „Inkongruenz" („Nicht–Übereinstimmen") zu verwenden; allerdings müßte der Begriff hierzu – wie TSCHEULIN (1994) vermerkt – ausdrücklich erweitert werden. Dabei drängt sich freilich die Frage auf, ob das sinnvoll ist: Der Begriff „Inkongruenz" ist ohnehin schon so umfassend und vieldeutig, daß er wenig aussagt. Wenden wir ihn auch noch für die Diskrepanzen im Bereich der zwischenmenschlichen, der gesellschaftlichen und der ökologischen Beziehungen an, dann wird er vollends zu einem „catch–all", womit wir im Grunde nichts mehr aussagen. Daher fände ich es angemessener, von „Widersprüchen" und „Beziehungsstörungen" zu reden.

Doch erschöpft sich die Dimension der Beziehungen keineswegs unter dem Aspekt solcher Diskrepanzen: Es geht darum, daß der Mensch frei wird, sich der Welt / dem Anderen zuzuwenden und ihren Herausforderungen als Person zu antworten. Denn hieraus bezieht der Lebensprozeß nicht weniger seine Dynamik als aus inneren Motiven.

6. Literatur

ALLERS, R. (1920). Über psychogene Störungen in sprachfremder Umgebung. *Zentralblatt der Neurologie, 60,* 286–289.

BIERMANN–RATJEN, E.–M. (1993). Das Modell der psychischen Entwicklung im Rahmen des klientenzentrierten Konzepts. In: J. ECKERT, D. HÖGER & H. LINSTER (Hrsg.). *Die Entwicklung der Person und ihre Störung.* (Band.1, S. 77–89). Köln: GwG–Verlag.

BINDER, U. (1994). *Empathieentwicklung und Pathogenese in der klientenzentrierten Psychotherapie.* Eschborn: Klotz.

BRAZIER, D. (1993). The necessary condition is love: going beyond self. In: D. BRAZIER (ED.). *Beyond Carl Rogers.* London: Constable.

DETER, D. & U. STRAUMANN (Hrsg.) (1990). *Personzentriert Verstehen – Gesellschaftsbezogen Denken – Verantwortlich Handeln.* Köln: GwG–Verlag.

DUYVENDAK, J. PH.: *Inleiding tot de Ethnologie van de Indonesische Archipel.* 5.A. Djakarta: Wolters.

FIGGE, H. (1973). *Geisterkult, Besessenheit und Magie in der Umbanda–Religion Brasiliens.* Freiburg: Alber.

FABER, F. R. & HAARSTRICK, R. (1993). *Kommentar Psychotherapierichtlinien.* Neckarsulm: Jungjohann.

FINKE, J. (1994). *Empathie und Interaktion. Methodik und Praxis der Gesprächspsychotherapie.* Stuttgart: Thieme.

FINKE, J.& H. SÜSS (1991). Inkongruenz und Identität. *GwG–Zeitschrift, 83,* 22–26.

GRAESSNER, D.(1995). *Ansatz einer interaktionellen Klientenzentrierten Krankheitslehre.* Im Druck.

GRÖNBECH, W. (1954). *Kultur und Religion der Germanen.* Stuttgart: Kohlhammer. 5. A. Bd. I.

GRIMM, F., DIRCKS, P. LANGER, I. (1992). Prozesse und Auswirkungen personzentrierter Gesprächsgruppen bei Arbeitslosen. *Personzentrierte Psychologie und Psychotherapie. Jahrbuch.* (S. 116–131). Köln: GwG–Verlag.

HAAS, O. DE (1983): De therapeutische relatie op nieuw bekeken. *Tijdschrift voor Psychotherapie, 9,* 90–100.

HAAS, O. DE (1991). Prozessorientierte Gesprächpsychotherapie bei Patienten mit psychopathischen Verhaltensstörungen. In: H. SWILDENS *Prozeßorientierte Gesprächspsychotherapie.* Köln: GwG–Verlag.

HOCHKIRCHEN, B. (1991). A therapy for all cultures? *2nd International Conference on Experiential Psychotherapy.* Stirling/ Scotland.

HÖGER, D. (1993). Organismus, Aktualisierungstendenz, Beziehung – die zentralen Grundbegriffe der klientenzentrierten Gesprächspsychotherapie. In: J. ECKERT, D. HÖGER & H. LINSTER. (Hrsg.). *Die Entwicklung der Person und ihre Störung.* (Band 1, 17–32). Köln: GwG–Verlag.

HOLDSTOCK, T. L. (1993). Can we afford not to revision the person–centered concept of self? In: BRAZIER, D. (Ed.). *Beyond Carl Rogers.* London: Constable.

HSU, F. L. K. (1985). The self in cross–cultural perspective. In: A. J. MARSELLA ET AL. (Eds.): *Culture and Self.* London: Tavistock.

JÜLISCH, B. (1981). Indikationsrelevanz verbalen Patientenverhaltens im gesprächspsychotherapeutischen Anfangsgespräch. *Zeitschrift für Psychologie 1981,* Suppl.1

KESSEL, W. VAN & LINDEN, P. VAN DER (1993). Die aktuelle Beziehung in der klientenzentrierten Psychotherapie. *GwG– Zeitschrift, 24,* 19–32.

LINSTER, H. W. & PANAGIOTOPOULOS, P. (1991). Zu den anthropologischen und psychotherapeutischen Implikationen des Menschenbildes des Personzentrierten Ansatzes. In: M. BEHR & U. ESSER (Hrsg.): *„Macht Therapie glücklich?"* (S.141–167). Köln: GwG–Verlag.

MARSELLA, A. J., DEVOS, G. & HSU, F. L. K. (Eds.) (1985). *Culture and Self. Asian and Western Perspectives.* New York & London: Tavistock Publ. 1985.

MENTE, A. (1988). Vorwort zu J. K. WOOD. *Menschliches Dasein als Miteinandersein.* Köln: Edition Humanistische Psychologie.

MENTE, A. & SPITTLER, H. D. (1980) *Erlebnisorientierte Gruppenpsychotherapie.* (Band. 2). Paderborn, Junfermann.

PANAGIOTOPOULOS, P. (1993). Inkongruenz und Abwehr. Der Beitrag Rogers zu einer klientenzentrierten Krankheitslehre. In: J. ECKERT, D. HÖGER & H. LINSTER (Hrsg.). *Die Entwicklung der Person und ihre Störung.* (Band 1, S. 43–56). Köln: GwG–Verlag.

PFEIFFER, W. M.(1977). Konflikte, psychoreaktive und psychosomatische Störungen in einer traditionsbestimmten Kultur (Nias, Indonesien). *Sociologus, Heft 2,* S. 1–35.

PFEIFFER,W. M. (1989). Klientenzentrierte Therapie im kulturellen Zusammenhang. In: M. BEHR, F. PETERMANN & C. SEEWALD (Hrsg.). *Jahrbuch für personenzentrierte Psychologie und Psychotherapie.* Band 1. S. 60–79). Salzburg: Otto Müller –Verlag.

PFEIFFER,W. M. (1991). Wodurch wird ein Gespräch therapeutisch? *Psychotherapie. Psychosomatik. Medizinische Psychologie, 41,* 93–154.

PFEIFFER, W. M.(1992). Probleme der Arbeitsmigranten in psychotherapeutischer Sicht. *Interkulturell,* 1992, Heft 1/2: S. 113–127.

PFEIFFER, W. M.(1994). *Transkulturelle Psychiatrie.* Stuttgart, Thieme. 2.A.

PORTERA, A.(1992). Personzentrierte Beratung und Krisenintervention im interkulturellen Setting. In: U. STRAUMANN (Hrsg.). *Beratung und Krisenintervention.* (S. 207–222). Köln: GwG–Verlag.

PORTERA, A. (1993): Identitätsentwicklung und interkulturelle Sozialisation. In: W. JAEDE & A. PORTERA (Hrsg.). *Begegnung mit dem Fremden.* (S. 53–71). Köln: GwG–Verlag.

RIESMAN, D.(1958). *Die einsame Masse.* Reinbeck: Rowohlt.

ROGERS, C. R.(1951). *Client–centered Therapy.* Boston: Mifflin.

ROGERS, C. R. (1959). A theory of therapy, personality, and interpersonal relationships, as developed in the client–centered framework. In: S. KOCH (Ed.): *Psychology: A Study of a Science.* New York: McGraw–Hill.

ROGERS, C. R. (1961). *On Becoming a Person.* Boston: Mifflin.

ROGERS, C. R. (1983). The interpersonal relationship: the core of guidance. Harvard Educational Review 32 (1962) Nr.4. Deutsch in C. R. ROGERS: *Therapeut und Klient.* (gekürzt) Frankfurt/M.: Fischer TB.

ROGERS, C. R. (1969). Being in Relationship. In: C. R. ROGERS (Ed.): *Freedom to Learn.* (pp 220–237). Columbus/Ohio: Merill.

ROGERS, C. R. (1970). *Carl Rogers on Encounter Groups.* New York, Harper & Row.

ROGERS, C. R. (1983). *Therapeut und Klient.* Frankfurt/M.: Fischer TB.

ROGERS, C. R. (1980). *A Way of Being.* Boston: Mifflin.

Rogers, C. R. (1992). Die beste Therapieschule ist die selbstentwickelte. In: P. P. Frenzel, P. F. Schmid & W. Winkler (Hrsg.). *Handbuch der Personzentrierten Psychotherapie*. (S. 21–37). Köln: Edition Humanistische Psychologie.

Rogers, C. R. (1989). Do we need „a" reality? In: H. Kirschenbaum & V. Henderson (Eds.): *The Carl Rogers Reader*. (pp 420–429). London: Constable.

Rogers, C. R. & Dymond, R. F. (1954). *Psychotherapy and Personality Change*. Chicago: Univ. of Chicago Press.

Rogers, C. R. & Schmid, P. F. (1991). *Person–zentriert. Grundlagen von Theorie und Praxis*. Mainz: Matthias Grünewald–Verlag.

Sampson, E. E.: The decentralisation of identity. *American Psychologist, 40*, 1203–1211.

Speierer, G. W. (1992). Einheitliche oder krankheitsspezifische Inkongruenzformen. *GwG–Zeitschrift, 85*, 22–26.

Strasser, St. (1964). *Phänomenologie und Erfahrungswissenschaft vom Menschen*. Berlin: De Gruyter.

Straumann, U. (1988). Gemeinwesenorientierte psychosoziale Beratung. In: *Orientierung an der Person*. (Band. 2, S. 22–30). Köln: GwG–Verlag.

Straumann, U. (1992). Prävention zwischen Individuum, Institution und Gesellschaft. In: P. Paulus (Hrsg.). *Prävention und Gesundheitsförderung – Perspektiven für die psychosoziale Praxis*. Köln: GwG–Verlag.

Straus, E.: *Psychologie der menschlichen Welt. Gesammelte Schriften*. Berlin: Springer, 1960.

Swildens, H. (1991). *Prozeßorientierte Gesprächspsychotherapie*. Köln: GwG–Verlag.

Swildens, H. (1993). Über die differentielle Behandlung der psychogenen Erkrankungen. In: J. Eckert, D. Höger & H. Linster (Hrsg.). *Die Entwicklung der Person und ihre Störung*. (Band 1, S. 109–116). Köln: GwG–Verlag.

Terjung, B. (1987). Personzentrierte Arbeit in der sozio–ökonomischen Randschichtgruppe. *Zeitschrift für Personenzentrierte Psychologie u.Psychotherapie, 6*, S. 393–404.

Überlegungen zu einer Störungslehre aus interaktioneller Pespektive

TSCHEULIN, D. (1994). *Grundlagen und Modellvorstellungen für eine personzentrierte Störungslehre.* In diesem Band.

WEXLER, D. A. (1974). A cognitive theory of experiencing, self–actualization, and therapeutic process. In: D. A. WEXLER & N. L. RICE (Eds.) *Innovations in client–centered Therapy* (pp 49–116). New York: Wiley.

ZURHORST, G. (1989). Skizze zur phänomenologisch–existenzialistischen Grundlegung des personzentrierten Ansatzes. *Jahrbuch für Personenzentrierte Psychologie u. Psychotherapie,* (S. 21–59). Salzburg: Otto Müller–Verlag.

Anschrift des Verfassers:
Prof. Dr. Wolfgang M. Pfeiffer
Rennesstr. 13 a
91054 Erlangen

Psychosomatische Störungen als Beeinträchtigung der Selbstregulation

Rainer Sachse

Psychosomatic disorders as an impairment in self-regulation

Summary

In the theoretical conception described, psychosomatic disturbances are viewed as an impairment of self-regulation. Such disturbances are thought to be the result of self-discrepancies which are perceived by the person as uncontrollable or insurmountable. This causes the person to avoid dealing with self-aspects and, as a consequence, leads to an insufficient representation of the person's own motives and goals, turning their attentiveness away from the relevant emotional and bodily signals that are of major importance to self-regulation. Moreover, the avoidance of these discrepancies will systematically impair the self-concept and cause the person to become exteroceptive. The person then begins to depend greatly upon the feedback and consensus expressed by other people and this eventually results in a loss of social control. These factors lead to increased stresses on the one hand and, what is more, cause constructive stress processing to be impeded so that the body system becomes chronically overstrained. It can be derived from this model that a client-centered psychotherapy tailored to the starting conditions of psychosomatic clients is a very suitable form of therapy.

Zusammenfassung

In der dargestellten theoretischen Konzeption werden psychosomatische Störungen aufgefaßt als Störungen der Selbstregulation. Diese werden zurückgeführt auf von der Person wahrgenommene Selbst–Diskrepanzen, die als unkontrollierbar oder unüberbrückbar angesehen werden. Dies führt, so wird angenommen, zu einer Vermeidung einer Auseinandersetzung mit Selbstaspekten und, als Folge davon, zu einer mangelnden Repräsentation eigener Motive, Ziele sowie einer Abwendung der Aufmerksamkeit von relevanten emotionalen und Körpersignalen, die für eine Selbstregulation von großer Bedeutung sind. Die systematische Diskrepanzvermeidung führt außerdem zu einer Beeinträchtigung des Selbstkonzeptes und zu hoher Außenorientierung: Die Person macht sich selbst von der Rückmeldung und Bestätigung durch andere in hohem Maße abhängig, was zu einem Verlust von sozialer Kontrolle führt. Diese Faktoren führen einerseits zu erhöhter Streßbelastung und andererseits zu einer Beeinträchtigung konstruktiver Streßverarbeitung und damit zu einer chronischen Überbelastung des körperlichen Systems. Aus dem Modell ist ableitbar, daß eine auf die Ausgangsbedingungen psychosomatischer Klienten zugeschnittene klientenzentrierte Psychotherapie eine für diese Klienten sehr geeignete Therapieform darstellt.

1. Einleitung: Ein Funktionsmodell psychosomatischer Störungen

Es soll ein „Funktionsmodell" psychosomatischer Störungen vorgestellt werden, das auf der Basis klientenzentrierter und allgemeinpsychologischer Konzepte ein Verständnis darüber ermöglicht, wie diese Störungen „funktionieren", welche Variablen von Bedeutung sind, wie diese Variablen interagieren, wodurch sie beeinflußt werden.

Ein Funktionsmodell einer Störung soll beschreiben können, wie die Störung entsteht, soll erklären können, wie die Störung aufrechterhalten wird und soll Anhaltspunkte dazu geben, durch welche therapeutischen Maßnahmen die Störung gemildert oder beseitigt werden kann.

Psychosomatische Störungen als Beeinträchtigung der Selbstregulation

Darum ist es wichtig, ein komplexes Konstrukt zu entwickeln: Es soll ein Modell entwickelt werden, das die relevanten psychischen Verarbeitungs- und Handlungsregulationsprozesse beschreibt, aus denen sich dann die konkreten körperlichen Symptome sowie auch die relevanten psychischen Symptome, wie z.B. Depressivität, soziale Ängstlichkeit usw., ableiten lassen (die sog. „Symptomoberfläche", also die beobachtbare oder direkt erfaßbare Symptomatik) und das die Einflüsse situativer Faktoren berücksichtigen kann.

Ausreichend ist es nicht, auf der Ebene der „Symptomoberfläche" zu bleiben, diese zu beschreiben oder zu messen. D.h. es genügt nicht, die Art der psychosomatischen Störung zu bestimmen, deren Schwere und Ausprägung. Es genügt auch nicht, die Depressivität oder Ängstlichkeit der Klienten zu bestimmen. Ein Funktionsmodell sollte vielmehr erklären können, wieso, durch welche Variablen und Prozesse es zu diesen erfaßbaren Symptomen, Schwierigkeiten, Problemen kommt. Ein Funktionsmodell hat damit die Funktion eines explikativen Konstruktes im Sinne von HERRMANN (1969). Zur Erstellung eines explikativen Funktionsmodells genügt es daher gerade nicht, Korrelationen zwischen Oberflächenmerkmalen herzustellen (z.B. festzustellen, daß Patienten mit Magengeschwüren depressiv sind).

Es genügt auch nicht, Gruppenunterschiede aufgrund von Oberflächenmerkmalen aufzuzeigen (z.B. daß Patienten mit Magengeschwüren depressiver sind als Patienten ohne Magengeschwüre). Solche Vorgehensweisen, so sinnvoll sie auch zur Bestimmung der Störung sind, führen lediglich zu deskriptiven Konstrukten: Es werden Aussagen über Zusammenhänge ermöglicht, aber es gibt keine Aussagen darüber, wieso und wodurch diese Zusammenhänge zustande kommen. Ohne explikative Konstrukte weiß man auch nicht, was diese Zusammenhänge bedeuten (z.B.: Magengeschwüre machen depressiv, oder: Depressionen führen zu Magengeschwüren, oder: Aufgrund komplexer Prozesse werden sowohl Magengeschwüre als auch Depressionen gebildet usw.). Erst ein explikatives Konstrukt schafft den theoretischen Hintergrund, aufgrund dessen Zusammenhänge und Unterschiede interpretierbar werden.

Ein Funktionsmodell ermöglicht etwas, das sowohl für die Forschung als auch die therapeutische Praxis sehr wesentlich ist: Störungstheoretische und therapietheoretische Implikationen können in dem gleichen Modell gefaßt werden. Das Modell dient einmal dazu, die Funktionsweise der Störung zu erklären: Es stellt damit eine Störungstheorie dar.

Gleichzeitig ermöglicht es jedoch auch die Ableitung therapeutischer Strategien und stellt damit eine Grundlage zur Therapietheorie dar. Dieser „Doppelaspekt" des Funktionsmodells ist sehr wichtig, denn dadurch

- können Erkenntnisse über die Funktionsweise der Störung direkt therapeutisch nutzbar gemacht werden.
- können Erkenntnisse aus dem Therapieprozeß auch wieder für die Störungstheorie nutzbar gemacht werden.

Damit ermöglicht ein solches Modell einen wissenschaftlichen Austausch zwischen Störungsforschung und Therapieforschung.

2. Das Funktionsmodell: Psychosomatik als Selbstregulationsstörung

Es soll nun ein auf der Basis systemtheoretischer Modelle entwickeltes Funktionsmodell vorgestellt werden, das eine solche Integration von Theorie und Praxis ermöglicht. Dieses Modell bringt unterschiedliche Variablen in Zusammenhang. Es geht davon aus, daß eine komplexe Störung nur aus dem Zusammenwirken von Variablen heraus, also durch ein Prozeßmodell, verstanden werden kann (vgl. SCHIEPEK & SCHAUB, 1989).

Das Modell konzentriert sich auf psychologische Faktoren, die die Ausbildung von Dauerstreßbedingungen fördern können und die damit zu einer Überlastung des physiologischen Systems führen. Das Modell konzentriert sich zunächst auf die „psychologische Seite" der Störungsentstehung und enthält noch keine Annahmen darüber, über welche physiologischen Prozesse diese Variablen zur Ausbildung psychosomatischer Symptome im engeren Sinne führen (vgl. BIRBAU-

MER, 1986).

Das Modell konzentriert sich auf übergreifende Verarbeitungsprozesse und damit auch auf Variablen, die verschiedene psychosomatische Störungen unterscheiden können (vgl. MILTNER et al., 1986). Eine Ausdifferenzierung des Modells ist hier möglich, um spezifische Verarbeitungsprozesse zu beschreiben, die Klienten und Klientinnen mit unterschiedlichen psychosomatischen Störungen kennzeichnen (vgl. Abbildung 1).

2.1 Der theoretische Ausgangspunkt: Diskrepanz und Diskrepanz–Vermeidung

Diskrepanz–Vermeidung: Ein zentraler Aspekt des vorliegenden Modells ist „Diskrepanz–Vermeidung" bzw. Inkongruenzvermeidung. Diese Grundidee ist enthalten in der ROGERS' Theorie der Inkongruenz (ROGERS, 1959, 1980): Zwischen der der Person „innewohnenden" organismischen Wertungstendenz und anderen Aspekten der Persönlichkeit kann es erhebliche Inkongruenzen geben, die massive Auswirkungen auf Verarbeitungs– und Handlungsregulationsprozesse haben. SPEIERER (1986, 1988, 1989) hat darauf hingewiesen, daß diese Inkongruenz–Annahme gerade für Psychosomatik–Klienten besonders relevant ist.

Hier soll nun, von dieser Grundidee ausgehend, die bisherige Theorie in zweifacher Weise erweitert werden:

1. Die „klassische" Inkongruenzannahme soll mit Hilfe aktueller und empirisch gut bestätigter psychologischer Modelle erweitert und präzisiert werden (auf deutliche Parallelen der Rogers–Konzepte zu neueren psychologischen Theorien ist an anderer Stelle ausführlich eingegangen worden (vgl. SACHSE, 1992).
2. Es soll theoretisch über die Inkongruenzannahme hinausgegangen werden, damit deutlich gemacht werden kann, welche Auswirkungen bestimmte Arten von Inkongruenzen haben und unter welchen Bedingungen sie pathogen wirken.

Zur Konkretisierung der Grundidee der Inkongruenz eignet sich ausgezeichnet die Theorie der objektiven Selbstaufmerksamkeit (DU-

VAL & WICKLUND, 1972; WICKLUND, 1975; SACHSE & RUDOLPH, 1992a). Der dort verwendete Begriff der „Diskrepanz" entspricht weitgehend dem Begriff der „Inkongruenz" bei ROGERS. Diese Theorie entwickelt den Begriff jedoch weiter, so daß sich neue theoretische und empirische Möglichkeiten ableiten lassen.

Die Grundannahme in der Theorie der objektiven Selbstaufmerksamkeit ist, daß es bei einer Person grundlegende Diskrepanzen geben kann zwischen dem tatsächlichen Ist–Zustand und einem von der Person angestrebten Ideal–(oder Soll–)Zustand (vgl. DUVAL & WICKLUND, 1972; CARVER, 1979; CARVER & SCHEIER, 1983, 1985; FREY et al., 1984). Diese Diskrepanz kann sich inhaltlich auf die verschiedensten Aspekte beziehen:

- eine Diskrepanz zwischen angestrebtem beruflichen Erfolg und der tatsächlichen beruflichen Leistung.
- eine Diskrepanz zwischen angestrebtem sozialen Status und dem tatsächlich erreichten Niveau.
- eine Diskrepanz zwischen dem Idealbild als Vater und dem tatsächlichen Verhalten.

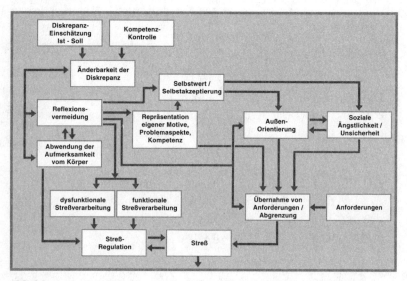

Abbildung 1: Ein Funktionsmodell psychosomatischer Störungen

- eine Diskrepanz zwischen erstrebter sozialer Anerkennung und der tatsächlich erhaltenen Rückmeldung usw.

Die Diskrepanz kann sich auch beziehen auf das Ziel, körperlich leistungsfähig, gesund, fit und stark zu sein und den Ist–Zustand einer schwächenden psychosomatischen Erkrankung.

Die Diskrepanz kann sich beziehen auf relativ unwichtige, spezielle Ziele, aber auch auf ganz zentrale Lebensziele, auf sog. „Identitätsziele" im Sinne GOLLWITZERS (1986, 1987): Als Idealzustand kann ein relativ schlecht definiertes Ziel stehen, das von der Person aber als eminent wichtig wahrgenommen wird. Die Person kann ihre Identität an dieses Ziel knüpfen.

Somit lassen sich einige Dimensionen von Diskrepanzen spezifizieren:

1. Größe der Diskrepanz: Die Diskrepanz zwischen Ist– und Soll–Zustand kann unterschiedlich groß sein. Dies hängt von der Höhe des Ziels und von der Einschätzung des Ist–Zustandes ab. Geht es um Identitätsziele, dann ist mit einer großen Diskrepanz zu rechnen: Die Ziele sind meist sehr hoch gesteckt („Lebensziele").
2. Relevanz der Diskrepanz: Eine gegebene Diskrepanz kann mehr oder weniger relevant sein. Dies hängt von der subjektiven Bedeutung des Zielzustandes ab: Ist das Ziel unbedeutend, ist die Relevanz gering. Hat das Ziel durch das eigene Motivsystem jedoch eine extrem hohe Wichtigkeit, dann ist die Diskrepanz hoch relevant.

   Bei Identitätszielen hat man es mit sehr bedeutsamen Zielen zu tun. Eine Abweichung von diesen Zielen ist daher hoch relevant.
3. Überwindbarkeit der Diskrepanz: Man kann die bestehende Diskrepanz für mehr oder weniger überwindbar, veränderbar halten. Dies hängt von einer Reihe von Faktoren ab:
   a. Höhe des Ziels: Je höher das Ziel ist, desto weniger ist es (bei sonst gleichen Bedingungen) erreichbar.
   b. Definierbarkeit des Ziels: Ist das Ziel sehr ungenau oder schlecht definiert, dann ist eine Zielerreichung kaum auszumachen bzw. man kann gar nicht angeben, was man denn genau tun muß oder tun

kann, um das Ziel überhaupt zu erreichen. Bei unkonkreten, schlecht definierten Zielen hat man es mit dem Problem degenerierter Handlungsabsichten im Sinne KUHLS (1983a) zu tun.

c. Größe der Diskrepanz: Je weiter man noch vom Ziel entfernt ist, desto schwerer ist das Ziel zu erreichen.
d. Eigene Kompetenzeinschätzung: Ganz wesentlich ist hier die eigene Kompetenzeinschätzung. Hält man sich für fähig, die Diskrepanz (in angemessener Zeit) zu überwinden? Schätzt man seine eigenen Kompetenzen, Ressourcen, usw. als hoch genug ein, das Ziel zu erreichen?

Für die Störungsentstehung und –aufrechterhaltung ist nun ein bestimmter Fall von Bedeutung, der durch folgendes gekennzeichnet ist:

1. Die Person weist eine Diskrepanz oder Diskrepanzen auf zwischen Ist– und Soll–Zustand.
2. Die Ziele sind sehr bedeutsam, sie können nicht (ohne weiteres) modifiziert oder aufgegeben werden.
3. Die Diskrepanz ist sehr relevant, d.h. sie ist für die Person schmerzhaft.
4. Die Person hat die Einschätzung, daß sie selbst die Diskrepanz nicht (oder nicht ausreichend) aufheben kann.

Dies ist die hier theoretisch relevante Art von Inkongruenz. In diesem Fall entsteht die Situation

- daß die die Diskrepanz erzeugenden Ziele nicht modifiziert werden können/sollen,
- die Diskrepanz als solche sehr unangenehm ist,
- die Diskrepanz nicht beseitigt werden kann.

Eine „Lösung" dieses Problems besteht nun darin, die Ziele beizubehalten, weiter an der Zielerreichung zu arbeiten, die Diskrepanz als solche aber vollständig zu vermeiden. Man läßt das System dabei unangetastet: Die Ziele bleiben erhalten und das Verhalten wird fortgesetzt wie immer. Jede Konfrontation mit den unangenehmen Diskrepanzen sowie jede Reflexion über Sinn oder Unsinn der Ziele oder Sinn und Unsinn des eigenen Handelns (was ja mit den Diskrepanzen zusammenhängt) wird aber systematisch vermieden. Es kommt daher zur systematischen Diskrepanzvermeidung. Dies entspricht dem, was ROGERS (1959) als fehlende oder verzerrte Symbolisierung beschreibt.

2.2 Reflexionsvermeidung und Motiv–Repräsentation

Reflexionsvermeidung: Die Tendenz, jegliche Art von Konfrontation mit schmerzlichen Diskrepanzen zu vermeiden, führt nun zu einer Reflexionsvermeidung (vgl. CARVER et al., 1985): Die Person vermeidet es, über relevante Selbstaspekte nachzudenken, sie zu betrachten, sich damit auseinanderzusetzen.

Dies kann man zeigen durch die Verwendung der Self–Consciousness–Scale (FENIGSTEIN et al., 1975; HEINEMANN, 1983, 1987), die in der Skala der „privaten Selbstaufmerksamkeit" das Ausmaß erfaßt, mit welchem eine Person im Alltag über Selbstaspekte reflektiert (MERZ, 1984, 1986; TURNER, 1978). In diesem Merkmal zeigen psychosomatische Klienten ein deutlich geringeres Maß an Selbstreflexion als nicht–psychosomatische Personen, insbesondere wenn es sich um emotional relevante Selbstaspekte handelt (SACHSE & RUDOLPH, 1992a,b).

Reflexionsvermeidung kann, so muß man annehmen, in bestimmten therapeutischen Settings besonders gut sichtbar gemacht werden. Reflexionsvermeidung sollte ja bedeuten

- möglichst nicht nach innen, auf eigene personale Anteile zu sehen, sondern eher nach außen, auf nicht–personale Anteile zu schauen.
- möglichst nicht auf eigene Selbstkonzeptanteile, eigene Ziele, Motive, Werte usw. zu achten.
- möglichst sich nicht auf emotionale Verarbeitungsprozesse einzulassen.

Diese Vermeidungen kann man aber besonders gut sichtbar machen, wenn man bestimmte Anforderungen an das System stellt (vgl.

die Alexithymie–Diskussion bei SACHSE, 1993): Die Anforderung, auf eigene Anteile zu schauen, nach innen zu sehen, eigene Motive zu analysieren usw. Solche Aufgaben sollten bei Personen, die eine Reflexionsvermeidung aufweisen, starke Vermeidungstendenzen auslösen, jedoch nicht bei Personen, die nur schwache oder keine Reflexionsvermeidung aufweisen.

Eine solche Anforderung wird aber gerade durch die Gesprächspsychotherapie (insbesondere in etwas direktiveren Varianten) an die Klienten herangetragen. Diese Therapiesituation stellt damit eine paradigmatische Testsituation für derartige Vermeidungs–Strategien dar. Die in diesen Testsituationen gewonnenen Daten über Reflexionsvermeidung sollten aussagekräftiger sein und eine höhere Validität aufweisen, als durch Fragebogen erhobene Daten.

Wichtig ist hier auch noch ein weiterer Aspekt: Daß man die Therapiesituation als paradigmatische Testsituation auffaßt, impliziert auch, daß die gewonnenen Ergebnisse der Reflexionsvermeidung nicht nur etwas über „inner–therapeutisches Verhalten" des Klienten aussagen; das tun sie sicher, aber das ist nicht alles. Sie machen vielmehr (paradigmatisch!) etwas sichtbar, was bei den Personen auch (und gerade!) außerhalb der Therapiesituation vorliegt. Die Therapiesituation kann somit aufgefaßt werden als diagnostisches Instrument zur Erfassung habitueller Reflexionsvermeidung.

Daß bei psychosomatischen Klienten eine derartige Reflexionsvermeidung vorliegt, konnte im Rahmen der zielorientierten Gesprächspsychotherapie (SACHSE, 1992) in mehreren Studien nachgewiesen werden: Psychosomatische Klienten zeigten im Vergleich zu neurotischen Klienten zu Therapiebeginn ein signifikant und deutlich niedrigeres Niveau von Selbstexploration (SACHSE, 1990). Sie nahmen weniger vertiefende Bearbeitungsangebote von Therapeuten, die auf eine Klärung des „inneren Bezugssystems" abzielten, an und erreichten damit ein geringeres Niveau an Motivklärung (SACHSE, 1990, SACHSE & RUDOLPH, 1992a, 1992b). Sie zeigten weitaus größere Schwierigkeiten, sich auf einen Focusing–Prozeß einzulassen und dadurch relevante Selbstaspekte zu klären (SACHSE & ATROPS, 1991; ATROPS & SACHSE 1993). Sie zeigten immer dann ein systematisches Vermeidungsverhalten, wenn es darum ging, persönlich relevante

Selbstaspekte zu klären, insbesondere, wenn diese als problematisch angesehen wurden (SACHSE, 1991,1992).

Im vorliegenden Kontext wird von Reflexions–Vermeidung gesprochen. Damit soll deutlich gemacht werden, daß hier von kognitionspsychologischen Verarbeitungsannahmen ausgegangen wird (vgl. POSNER & SNYDER, 1975; MARCEL, 1983,a,b). Es wird angenommen, daß die Person hier einen aktiven, kontrollierten, motivierten Prozeß auslöst: Die Person spürt u.U. die Bedrohung der Identität bei Betrachtung bestimmter Selbstaspekte; sie spürt u.U. bestimmte Gefühle, die sie bezüglich der Bedrohung informieren usw. Oder sie antizipiert einfach bestimmte Bedrohungen, wenn sie einem Thema weiter folgt (ohne daß es schon eine Bedrohung oder Emotion gäbe). Daraufhin werden bestimmte Vermeidungs–Handlungen und (bisher gelernte) Strategien aktiviert und angewandt, die eine entsprechende Konfrontation verhindern.

Bei Vermeidung handelt es sich damit prinzipiell um einen kontrollierten Prozeß. Dieser kann natürlich, wie jeder kontrollierte Prozeß, mit zunehmender Übung automatisieren, so daß nach einiger Übung die Vermeidung aufgrund bestimmter „Warnstimuli" automatisch einsetzt. Damit ist der Prozeß der Vermeidung letztlich nicht mehr bewußt und nicht mehr kapazitätsbelastend: Er funktioniert schnell, zuverlässig und ohne Aufwand. Aber: Er war einmal bewußt kontrolliert und damit kann er, durch entsprechende Interventionen, die einen automatischen Ablauf verhindern, auch wieder bewußt und kontrollierbar werden. Der Prozeß ist also, so wird hier angenommen, nicht in einem psychodynamischen Sinne „unbewußt".

Repräsentation: Eine wesentliche Frage ist hier, ob, in welchem Umfang und wie valide das System von Motiven, Werten, Zielen einer Person repräsentiert ist. Gibt es bei der Person eine Wissensstruktur über das eigene Motiv–System? Weiß die Person selbst, was ihre wesentlichen Ziele, Wünsche usw. sind? Ist dieses Wissen so aus dem Gedächtnis „abrufbar", daß eine Person auf eine entsprechende Frage die entsprechende Antwort geben kann? Diese Repräsentation, das Wissen über die eigene Motiv–Struktur kann sehr lückenhaft und unvollständig sein. Die Repräsentation der eigenen Motiv–Struktur kann auch unvalide sein: Sie kann falsche Schlußfolgerungen enthalten, Annahmen darüber, wie man die Struktur gerne hätte, statt darüber, wie sie ist usw. (vgl. KUHL & BECKMANN, 1993).

Sowohl aus der Theorie der OSA (vgl. TURNER, 1978; AGATSTEIN & BUCHANAN, 1984; HULL & LEVY, 1979; MCFARLAND & SPARKS, 1985; SCHEIER, BUSS & BUSS, 1978; GIBBONS et al., 1985) als auch aus der Explizierungstheorie (vgl. SACHSE, 1992) kann man ableiten, daß Personen, die eine habituelle Reflexionsvermeidung aufweisen, nur eine lückenhafte bzw. fehlende oder unvalide Repräsentation ihres eigenen Motiv–Systems aufweisen. Vermeidet man es systematisch, sich mit eigenen Zielen, Motiven, Zielaspekten auseinanderzusetzen, dann kann man gar keine umfassende oder valide Repräsentation des eigenen Motiv–Systems entwickeln. Somit gilt auch: Personen, die einen schlechten Zugang zu ihrem eigenen Motiv–System haben, die eigene Motive nur schlecht explizieren können, weisen auch über ihre Motivstruktur nur eine schlechte Wissensrepräsentation auf.

Damit sind diese Personen in doppelter Weise beeinträchtigt: Sie können weder aktuell klären, was eigene wichtige Motive sind, noch können sie Wissen darüber im Gedächtnis „abfragen". Sie haben damit nur unzureichend Kenntnis über ihr eigenes Motiv–System: Damit sind sie aber von einer wesentlichen internen Informationsquelle abgeschnitten. Wenn man aber annimmt, daß z.B. für längerfristige Handlungsplanungen, für Entscheidungen, für das Abwägen von Alternativen (d.h. für Prozesse vor Überschreiten des Rubicon, vgl. HECKHAUSEN et al., 1987) der Zugang zum eigenen Motiv–System bzw. zu dessen Repräsentationen wesentlich ist, dann sollte bei diesen Personen die Handlungssteuerung beeinträchtigt sein. Die Gefahr, Entscheidungen zu treffen, Pläne zu machen und zu verfolgen usw., die mit dem eigenen Motivsystem gar nicht kompatibel sind, diesem sogar widersprechen, ist groß. Gerade für relativ schnelle Entscheidungen, Abwägungen usw. ist es unfunktional und z.T. völlig unmöglich, aktuell in eine Klärung der eigenen Motive einzusteigen. Hier ist es nötig, auf eine valide Repräsentation des eigenen Motiv–Systems zurückgreifen zu können. Eine Repräsentation ist als schnell verfügbare Entscheidungsgrundlage sehr wesentlich. Ohne eine solche Grundlage (und ohne die Möglichkeit eines aktuellen Zugangs zum

Motiv–System) ist eine Selbstregulationsstörung schon vorprogrammiert.

KUHL (in KUHL & BECKMANN, 1993) nimmt an und konnte empirisch zeigen, daß Personen mit mangelndem Zugang zum eigenen Motivsystem einen „Entfremdungseffekt" aufweisen: Sie können nicht mehr unterscheiden, ob eine Intention, die sie verfolgen, selbst–initiiert ist oder ob sie von außen auferlegt wurde. Eine Person mit mangelndem Motiv–Zugang und mangelnder Repräsentation kann damit nicht mehr entscheiden, ob eine verfolgte Handlung selbst–initiiert ist oder fremd–initiiert, also ob sie auf dem eigenen Motiv–System beruht oder auf der Übernahme fremder Aufträge, Normen usw. In der Terminologie der Rogers–Theorie könnte man sagen: Inkongruenz führt zu Selbstentfremdung.

Entsprechendes sollte auch für die Psychosomatik–Klienten gelten: Hat man keinen aktuellen Zugang zum eigenen Motiv–System und keine entsprechende Repräsentation, dann kann man bei einer bestimmten Handlung nicht mehr angeben, ob sie auf eigene Intention zurückgeht oder nicht. Die eigene Entscheidungsgrundlage (d.h. die motivationale Grundlage, die der Auswahl einer Handlung zugrunde lag) kann somit weder aus dem Gedächtnis abgerufen werden (denn dort gibt es gar keinen „Eintrag"), noch kann man aktuell unter Rückgriff auf das eigene Motiv–System rekonstruieren, was die eigene Entscheidungsgrundlage war („warum habe ich x gewählt?"). Es kann sogar sein, daß man bereits bei der Auswahl von Handlungen z.T. nach Zufall entschieden hat: D.h. schon bei der Auswahl wurde das eigene Motiv–System bereits unzureichend berücksichtigt. In diesem Fall gibt es post hoc gar keinen Unterschied zwischen selbstinitiierten und fremdinitiierten Handlungen.

Wesentlich ist hier auch ein Aspekt der Abgrenzung: Wird der Person von einer anderen Person ein Auftrag gegeben, müßte die Person prinzipiell in der Lage sein einzuschätzen, ob sie diesen Auftrag annehmen will oder nicht (unabhängig von der Angabe, ob sie ihn annehmen muß, z.B. wegen sozialer Zwänge usw): Hat sie Zugang zum eigenen Motivsystem oder zu einer validen Repräsentation des Motivsystems, kann sie abschätzen, ob die Aufgabe, die darin implizierten Ziele, die notwendigen Handlungen usw. mit ihrem eigenen Motivsystem kompatibel sind oder nicht. (Ist das etwas für mich? Will ich das wirklich? Würde mir das Spaß machen? Widerspricht das anderen wesentlichen Zielen? usw.) Hat sie jedoch keinen ausreichenden Zugang zum eigenen Motivsystem, dann kann sie genau diese Einschätzungen nicht vornehmen: Sie kann die Aufgabe nicht auf eigene Motivkompatibilität prüfen. Damit fehlt ihr aber eine wesentliche Informationsquelle, die eine Entscheidungsgrundlage darstellt.

2.3 Aufmerksamkeitsabwendung von Körperprozessen
Wie schon ausgeführt, stellen „Symptome" für die Person Zustände dar, die in der Regel vom Zielzustand, kraftvoll, fit, aktiv, leistungsfähig usw. zu sein, stark abweichen. D.h. „Symptome" machen ebenfalls auf relevante Diskrepanzen aufmerksam. Auch diese Diskrepanzen hält die Person für nicht selbst überwindbar: Sie fühlt sich ihren Symptomen hilflos ausgeliefert. Hier hat man also prinzipiell einen ähnlichen Zustand wie bei Identitätszielen (vgl. SCHEIER, CARVER & GIBBONS, 1979). Auch die Lösung ist gleich: Die Person hält die Ziele im Hinblick auf ihren Körper konstant und vermeidet die Konfrontation mit den Diskrepanzen: Sie zieht ihre Aufmerksamkeit von Körperprozessen ab.

Daß dies der Fall ist, konnte experimentell mehrfach nachgewiesen werden (SACHSE, 1994). Auf diesen Aspekt soll hier jedoch aus Platzgründen nicht weiter eingegangen werden.

2.4 Selbstkonzept und Selbstwert
Selbstkonzept: Es gibt, so kann man annehmen, einen Zusammenhang zwischen der Repräsentation eigener Motive und Selbstaspekte und deren aktueller Zugänglichkeit einerseits und dem Selbstkonzept oder auch dem „Identitätserleben" andererseits.

Ein wesentlicher Aspekt eines Selbst–Konzeptes oder Selbst–Schemas (vgl. MARKUS, 1977) ist die organisierte Repräsentation von Selbstaspekten. Erfahrungen, die „man mit sich selbst macht", was man tut, was man kann usw., werden zu einem Schema komprimiert, das die eigene Person, das „Selbst" repräsentiert.

Wenn eine Person, wie angeführt, eine systematische Reflexions-

Psychosomatische Störungen als Beeinträchtigung der Selbstregulation

vermeidung betreibt, dann beschäftigt sie sich aber gerade sytematisch nicht mit bestimmten Selbstaspekten: Alle Selbstaspekte, die problematisch sind (oder sein können), fallen der Diskrepanzvermeidung zum Opfer, werden aus der Aufmerksamkeit und somit auch aus der Repräsentation ausgeblendet. Die Folge ist ein unvollständiges, lückenhaftes Selbstkonzept, eine mangelhafte Repräsentation des eigenen Selbst.

Inkongruenz der beschriebenen Art sollte damit auch das Selbstkonzept beeinträchtigen: Auch diese Annahme entspricht im wesentlichen der Rogers-Theorie (ROGERS, 1959).

Der „bias" könnte nun dazu führen, daß nur positive Selbstaspekte repräsentiert werden und hier ein unrealistisch positives Selbstkonzept entsteht. Dies ist aber aus verschiedenen Gründen nicht zu erwarten:

1. Die Beeinträchtigung des Selbstbekräftigungssystems führt zu einer Negativ-Bilanz im Selbstwert (dazu unten mehr).
2. Die Person „weiß", daß sie vermeidet, und daß das Resultat unvalide ist: Die Vermeidungs-Aktionen resultieren ja gerade aus der Bemühung, negative Diskrepanzen nicht zu beachten.

Ähnlich wie ein Phobiker, der Hunde vermeidet, weiß die Person immer prinzipiell über ihre Unzulänglichkeiten Bescheid.

Dies ist eine wesentliche Grundannahme des Modells: Eine Diskrepanzvermeidung ist und bleibt immer wieder notwendig, weil ohne solche Vermeidungsreaktionen die Diskrepanz deutlich würde. Um aber Vermeidungsreaktionen immer wieder von neuem zu initiieren, muß die Person ein Wissen darüber haben, was ohne solche Aktionen passieren würde (dieses Wissen kann diffus, ungenau usw. sein: nichtsdestoweniger muß es existieren!). Damit hat die Person aber eine prinzipielle Repräsentation davon, in irgendeiner Weise „unzulänglich" zu sein. Aus den genannten Gründen kann man annehmen, daß eine Reflexionsvermeidung zu einem unvollständigen, verkürzten Selbstkonzept führt, das aber keinen positiven bias aufweist.

Die Person hat nur ein lückenhaftes Bild von sich. Dies, so kann man annehmen, beeinträchtigt auch das Erleben von Identität: Unter dieser Bedingung weiß ich im Grunde nicht oder nicht genau, wer ich bin. Dies kann zu Selbstunsicherheit wesentlich beitragen.

Gerade die mangelnde Repräsentation des eigenen Motivsystems und deren schlechte (aktuelle) Zugänglichkeit sollten hier von Bedeutung sein. Dies bedeutet ja, daß ich als Person nicht oder nur unzureichend weiß, was ich will: Was mir wichtig ist, welche Vorlieben ich habe, was meine wesentlichen Ziele sind, was ich nicht mag usw. Diese Aspekte bestimmen aber in sehr hohem Maße die eigene Identität mit: Wer ich bin, definiert sich wesentlich daraus, was ich will, welche Ziele, Vorlieben usw. ich habe. Die motivationale Seite definiert somit einen zentralen Teil der eigenen Identität (GOLLWITZER, 1987). Das bedeutet aber: Personen mit schlechtem Zugang zum eigenen Motivsystem weisen hier einen Mangel auf, einen Mangel im Erleben eigener Identität.

Selbstwert: Der Zugang zum eigenen Motivsystem sollte auch wesentlichen Einfluß haben auf das Funktionieren eines Selbstbekräftigungssystems. Selbstbekräftigung, das Gefühl von Stolz, etwas Wichtiges erreicht zu haben, das Gefühl von Kompetenz sind wesentlich dafür, einen Selbstwert zu entwickeln (vgl. HECKHAUSEN, 1969, 1977, 1980; MEYER, 1972, 1973): Sich selbst als jemanden wahrzunehmen, der kompetent ist, der Ziele erreichen kann usw. Diese Effekte kann man aber nur erzielen, wenn man Zugang hat zu eigenen Zielen und Motiven. Das Gefühl von Stolz, das Erleben von Kompetenz, das Gefühl, selbst, aus eigenen Fähigkeiten heraus, ein Ziel erreicht zu haben, setzen voraus, daß die eigenen Handlungen auf das eigene Motivsystem abgestimmt werden. Ich kann nur dann stolz sein, ein für mich wichtiges Ziel erreicht zu haben, wenn meinen Handlungen auch ein für mich wichtiges Ziel zugrunde lag: D.h. ich muß bei der Auswahl, Initiierung und Ausführung der Handlung mein eigenes Motivsystem berücksichtigt, als Grundlage meiner Entscheidung einbezogen haben. Habe ich das nicht getan, verfolgen die Handlungen irrelevante Ziele, dann erzeugt die Zielerreichung kein Gefühl von Stolz und Kompetenz. Habe ich externe Ziele zugrundegelegt, dann ist der Effekt der Selbst–Bekräftigung ebenfalls gering: Ich erwarte dann, Anerkennung von anderen zu erhalten. Um so etwas zu erreichen wie Selbst-Bekräftigung, Stolz auf eigene Leistung, Kompetenzerleben usw. ist es daher wichtig, daß ich meinen Handlungen eigene wesentliche Motive unterlege. D.h. ich muß Zugang haben zu meinem eigenen Motivsystem.

Das bedeutet: Der Aufbau eines funktionierenden Selbstbekräftigungssystems und damit die Entwicklung von Selbstwert, hängen von der Zugänglichkeit mit ab, die die Person zu ihrem eigenen Motivsystem hat.

Betrachtet man den Zusammenhang aus einer Entwicklungsperspektive, dann kann man annehmen, daß eine Reflexionsvermeidung langfristig zu einem mangelhaften Selbstkonzept und zu geringem Selbstwert führt. Systemtheoretisch müßte Reflexionsvermeidung dazu führen, daß das Selbstkonzept rudimentär bleibt und daß der Selbstwert beeinträchtigt bleibt.

Beim Vergleich psychosomatischer Klienten mit neurotischen Klienten bzw. „gesunden" Kontrollpersonen zeigten die psychosomatischen Klienten eine deutliche und signifikante Beeinträchtigung ihrer Selbstwerteinschätzung (im SESA von SOREMBE & WESTHOFF, 1985; vgl. SACHSE & RUDOLPH, 1992a). Sie zeigten ebenfalls ein schlechteres Selbstkonzept eigener Begabung (SKB von MEYER, 1972) und eine stärkere Furcht vor Mißerfolg.

Hier gibt es auch eine interessante Rückkopplungsschleife: Zu einer Diskrepanzvermeidung und damit Reflexionsvermeidung kommt es ja, wenn die Person ihre eigene Kompetenz, eine wahrgenommene Diskrepanz zu reduzieren, als gering einschätzt. Reflexionsvermeidung führt aber ihrerseits zu einer Beeinträchtigung von Selbstkonzept und Selbstwert. Und diese, so kann man annehmen, beeinträchtigt wieder die eigene Kompetenzeinschätzung im Hinblick auf die Überwindung von Diskrepanz (vgl. CARVER, 1979). Hat man kaum positive Erfahrungen darin gemacht, eigene Ziele zu erreichen, wichtige eigene Bedürfnisse (auch gegen Widerstände und Schwierigkeiten) zu befriedigen, kann man kaum die Erwartung ableiten, hohe Diskrepanzen reduzieren zu können. Das System weist hier eine wesentliche Selbstbekräftigungsschleife auf: Es stabilisiert sich selbst.

2.5 Streßbewältigung, Streß und Streß–Regulation

Streßbewältigung: Nach dem Konzept von JANKE et al. (1985) kann man unterscheiden zwischen funktionalen und dysfunktionalen Streßbewältigungsstrategien. Funktionale Streßbewältigungsstrategien sind solche, die eine tatsächliche Veränderung erzielen: Eine Modifikation der Streßquelle selbst, das Erleben der Belastung als (positive) Herausforderung (als etwas, aus dem man positive Rückmeldungen, Halt usw. ziehen kann). Dysfunktionale Streßbewältigungsstrategien sind solche, die eine aktive Auseinandersetzung mit Streß–Quellen und Streß–Reaktionen verhindern: Die zwar (kurzfristig) streßlindernd wirken, langfristig an der Konstellation von Streßfaktoren aber gar nichts ändern. Hier zeigte eine Untersuchung, daß psychosomatische Klienten im Vergleich zu ;„gesunden" Kontrollpersonen ausgeprägte dysfunktionale Streßbewältigungsstrategien aufwiesen, sowie einen auffälligen Mangel an funktionalen Strategien (SACHSE & RUDOLPH, 1992b).

Streß: Mit „Streß" soll hier eine Anforderung an das somatisch–physiologische System gemeint sein. Die Ressourcen des somatisch – physiologischen Systems können durch bestimmte Anforderungen in unterschiedlichem Maße „in Anspruch genommen werden". Interessant ist hier insbesondere der (wahrscheinlich individuell zu bestimmende) Grenzwert, an dem die Beanspruchung das Ausmaß der normalerweise verfügbaren Ressourcen überschreitet. In diesem Fall muß das System zusätzliche Ressourcen mobilisieren. Eine solche zusätzliche Mobilisierung von Ressourcen ist aber

- nicht in unbegrenzter Höhe möglich,
- nicht über unbegrenzte Zeit hin möglich.

Hält die In–Anspruch–Nahme von Ressourcen lange an und/oder ist sie massiv, kann das System nicht mehr adaptiv reagieren: Es kann ohne Selbstschädigung keine zusätzlichen Ressourcen mehr zur Verfügung stellen. Hier wird eine „zweite Grenze" überschritten, bei der das System „überlastet" wird.

Dies ist zunächst nur ein allgemeines, deskriptives Modell: was dies physiologisch genau bedeutet, bedarf weiterer Ausformulierung.

Streßregulation: Es wird davon ausgegangen, daß es im Alltag normalerweise eine funktionierende Streß–Selbstregulation gibt. Diese funktioniert z.T. über bewußte Kontroll–Mechanismen, z.T. aber durch automatisierte Verarbeitungs– und Handlungsschemata, die ohne eine bewußte Überwachung oder Handlungsinitiierung streßregulierend eingreifen: z.B., daß man beim Lesen eine kurze Pause einlegt, indem man sich zurücklehnt und aus dem Fenster schaut. Dieses Verhalten setzt bei Ermüdung ein, ohne daß man sich dessen bewußt wird und ohne daß man es sich bewußt „verordnet" hätte. Überschreiten aktuelle Anforderungen die vorhandenen Ressourcen, so werden (automatisch und kontrolliert) Regulationsprozesse initiiert, die die Anforderungen senken, aussetzen, verringern usw. und/oder dazu führen, daß die vorhandenen Ressourcen verstärkt genutzt, besser nutzbar werden usw.

Beeinträchtigung der Streßregulation: Das Modell folgt hier einer Grundidee, die in Computersimulationsmodellen (vgl. SCHIEPEK & SCHAUB, 1989) erprobt wurde: in einem System spielen selbst–regulatorische Mechanismen eine große Rolle, die zur Stabilisierung des Gesamtsystems beitragen. Diese selbstregulatorischen Mechanismen können nun durch die Wirkung anderer Variablen beeinträchtigt werden. Im vorliegenden Modell wird, dieser Grundidee folgend, angenommen, daß die Streßregulation durch verschiedene Variablen in charakteristischer Weise beeinträchtigt werden kann.

Die dysfunktionalen Streßverarbeitungs–Strategien sollten die Streßregulation beeinträchtigen. Setzt man sich nicht mit Streßquellen oder eigenen Streßreaktionen auseinander, sondern vermeidet man eine solche Auseinandersetzung durch Ausweich–, Flucht–, und Vermeidungsverhalten, dann beeinträchtigt dies die Wahrnehmung und Verarbeitung von Streß: Man nimmt weder die externen Anforderungen in ihrer (potentiellen oder faktischen) Belastungswirkung ausreichend wahr, noch die internalen Anforderungen. Man nimmt auch die eigenen Reaktionen nicht ausreichend wahr: Die eigene Erschöpfung, den Unmut, die Frustration, die eigene Hektik, aufkommende Aggressivität usw. Damit entzieht man aber einer effektiven Streßregulation systematisch den Boden: Kann man Anforderungen, Aufgaben, eigene Reaktionen usw. gar nicht mehr als Indikatoren für Belastung wahrnehmen, dann kann es auch keine Gegenregulation gegen Belastungen mehr geben (bei systematischer Aufmerksamkeitsabwendung gibt es auch keine automatisierte Gegenregulation mehr). Nehme ich etwas gar nicht als problematisch wahr, dann kann und werde ich auch keine problemlösenden Aktivitäten starten (auch dann nicht, wenn mir diese prinzipiell zur Verfügung stehen).

Damit aber haben dysfunktionale Steßverarbeitungsstrategien durch Beeinträchtigung der Streßregulation den Effekt, daß Belastungen ungefiltert, ungebremst „durchschlagen" können. Belastungen können ihre beanspruchenden oder über-beanspruchenden Wirkungen im System voll entfalten. Auch die Abwendung der Aufmerksamkeit vom Körper beeinträchtigt die Streßregulation, da die Person dadurch körperliche Signale wie Erschöpfung usw. nicht oder zu spät wahrnimmt.

Einfluß der Reflexionsvermeidung auf die Streßverarbeitung: Reflexionsvermeidung sollte, so kann man annehmen, zu dysfunktionaler Streßverarbeitung beitragen: Denn Reflexionsvermeidung impliziert ja, sich mit diskrepanten Aspekten nicht auseinanderzusetzen, die Betrachtung, Erörterung, Analyse usw. dieser Aspekte nicht zu betreiben. Belastende externale oder internale Anforderungen usw. gehören aber, genauso wie eigene Belastungs-Reaktionen, zu solchen Aspekten, die auf Diskrepanzen verweisen: auf Dinge, die noch nicht erledigt oder erreicht sind, auf Reaktionen, die nicht so funktionieren, wie man es sich wünscht u.ä. Daher sollten diese Aspekte, Streßquellen und Streß-Reaktionen, ebenfalls einer Vermeidungstendenz unterliegen. Daraus resultieren dysfunktionale Streßverarbeitungs-Strategien.

Andererseits sollten diese Vermeidungstendenzen auch funktionale Streßverarbeitung eher behindern und blockieren, denn diese impliziert ja gerade die gegenteilige Tendenz: die Tendenz zur Aufmerksamkeits-Zuwendung, zur aktiven Auseinandersetzung. Funktionale Streßverarbeitung sollte zu einer Verbesserung der Streßregulation führen: zur frühzeitigen Wahrnehmung von Belastung und Belastungs-Reaktionen, zu frühzeitiger Gegensteuerung usw. Reflexionsvermeidung blockiert jedoch, so muß man annehmen, die funktionalen Strategien und verhindert somit eine Förderung der Streßselbstregulation.

2.6 Außen–Orientierung und soziale Unsicherheit

Außen–Orientierung: Das Konzept „Außen–Orientierung" ist im wesentlichen abgeleitet aus dem Konzept der Public–Self–Consciousness–Theorie, der Theorie der Objektiven Selbstaufmerksamkeit (OSA) (vgl. Fenigstein et al., 1975; Wicklund & Gollwitzer, 1987). Außen–Orientierung beschreibt die Tendenz einer Person, sich an (angenommenen) Erwartungen anderer Personen, an den Normen von Bezugsgruppen oder an allgemeinen sozialen Normen zu orientieren.

Daß die Außenorientierung psychosomatischer Klienten, verglichen mit „gesunden" Kontrollpersonen, wesentlich erhöht ist, konnte empirisch bestätigt werden (Sachse & Rudolph, 1992a). Psychosomatische Klienten orientieren sich in sehr hohem Maße an Wünschen und Erwartungen anderer sowie an sozialen Normen. Dies hat wesentliche und charakteristische Auswirkungen auf Verarbeitungs–und Handlungsprozesse.

Verarbeitung: Die Perspektive der Person wird external: Sie sieht nicht auf sich selbst, ihre Selbstaspekte usw. sondern sie schaut nach außen, auf andere Personen, externe Normen u.a.!

Handeln: Das Handeln wird wesentlich extrinsisch motiviert. Man tut etwas nicht, um eigene Ziele zu erreichen, sondern muß handeln, um bestimmte soziale Folgen zu erreichen (Heckhausen, 1977).

Förderung der Außenorientierung: Außenorientierung wird einmal gefördert durch Reflexionsvermeidung und mangelnde Repräsentation. Wenn ich Ziele und Standards weder in einer Repräsentation meines Motivsystems noch aktuell in einer Klärung desselben finden kann, dann bin ich auf entsprechende externale Anregungen angewiesen. Die eigene Unsicherheit im Hinblick auf Ziele, Werte und Standards sollte die Tendenz zur „sozialen Validierung", zur Orientierung an Erwartungen und Normen erhöhen. Wenn ich Ziele, Handlungsstandards nicht external finde, dann muß ich mich an Außenstandards orientieren.

Diese beiden Aspekte scheinen sich auch gegenseitig auszuschließen, zumindest zu einem gegebenen Zeitpunkt. Snyder (1979) nimmt an, daß eine Person sich entweder nur nach internalen oder nur nach externalen Standards richten kann, aber nicht beides. Auch in der Motivationspsychologie gibt es Hinweise darauf, daß sich externe und interne Standards bei der Handlungsregulation gegenseitig ausschließen (vgl. KUHL, 1983a, 1983b; DIENER & SRULL, 1979). Auch ein ungenügend definiertes Selbstkonzept und ein mangelndes Identitätsgefühl fördern die Außenorientierung. Wenn ich nicht selbst definieren kann, wer oder was ich bin, dann bin ich darauf angewiesen, es von anderen definieren zu lassen.

Mangelnder Selbstwert ist eine besonders wesentliche Determinante der Außenorientierung. Wenn ich den Eindruck habe, ich bin wertlos, „minderwertig", kann mich nicht selbst bekräftigen und anerkennen, dann bin ich, um überhaupt positive Rückmeldung zu erhalten, auf die Bekräftigung und Anerkennung anderer in hohem Maße angewiesen. Ich handle dann, um „soziale Handlungsfolgen" zu erreichen (vgl. HECKHAUSEN, 1980), also Reaktionen wie Lob, Anerkennung, Bewunderung, Bestätigung eigener Kompetenz u.a. Je mehr die Person an sich selbst zweifelt und je weniger sie sich selbst bestätigen kann, desto mehr ist sie auf entsprechende externe Rückmeldung angewiesen. Man kann also folgern: Je geringer der Selbstwert der Person ist, desto höher ist die Außenorientierung.

Soziale Unsicherheit/soziale Ängstlichkeit: Soziale Unsicherheit bedeutet, daß man unsicher ist über eigene soziale Verhaltensweisen, soziale Stellung usw. Man kann sich nicht durchsetzen, sich nicht abgrenzen, keine soziale Kontrolle ausüben (auch auf die Gefahr hin, abgelehnt zu werden). Man paßt sich eher an, läßt sich kontrollieren, zeigt mangelnde Abgrenzung, vermeidet soziale Konflikte und offene Auseinandersetzungen (vgl. FLIEGEL et al., 1981).

Im Modell von GOFFMAN (1963) bedeutet soziale Kompetenz, daß man als Person in der Lage ist, eigenen Bedürfnissen und Anforderungen anderer in befriedigender Weise Rechnung zu tragen. Dies impliziert sowohl die Fähigkeit zur Anpassung als auch die Fähigkeit, eigene Bedürfnisse, im Bedarfsfall auch gegen die Interessen anderer, zu vertreten und durchzusetzen. Ist letztere Fähigkeit nicht gegeben, dann besteht soziale Inkompetenz. Diese kann auf einen Mangel an Wissen oder an Handlungskompetenz zurückgehen oder auf eigene Unsicherheit und Ängstlichkeit. Dieser Fall ist hier besonders wichtig. (Man beachte aber, daß Unsicherheit, da sie Handlungsausführungen blockiert und damit Übungsmöglichkeiten reduziert, leicht zu mangelnder Handlungskompetenz führen kann, die dann wieder die Unsicherheit steigert usw.).

Die bisher beschriebenen Faktoren sollten soziale Unsicherheit nach sich ziehen. Eine soziale Sicherheit, das Verfolgen eigener Ziele auch gegen den Willen anderer, Ausfechten sozialer Konflikte usw. setzt zunächst voraus, daß man weiß, was man will. Um eigene Interessen durchzusetzen, sie zu verteidigen und abzugrenzen, muß man zunächst wissen, was eigene Interessen sind. Dazu muß man aber Zugang haben zum eigenen Motivsystem bzw. man braucht eine Repräsentation desselben. Ohne Zugang und Repräsentation ist soziale Sicherheit, ist die Entwicklung sozialer Kompetenz kaum denkbar. Reflexionsvermeidung sollte, zusammen mit mangelnder Repräsentation, daher soziale Unsicherheit und Ängstlichkeit fördern.

Auch das eigene Selbstkonzept bzw. das eigene Identitätserleben fördert soziale Sicherheit: wenn ich weiß, wer ich bin, was ich kann usw., kann ich Forderungen stellen und mich auf Konflikte einlassen. Bin ich hier unsicher, dann weiß ich z.T nicht, worauf ich mich einlassen kann.

Die eigene Selbstwerteinschätzung ist hier von großer Bedeutung: Schätzt man sich als wichtig, wertvoll usw. ein, dann hat man eine Grundlage, sozial sicher aufzutreten. Denn damit ist auch die Überzeugung verbunden, von anderen wichtig genommen zu werden. Ist diese Annahme aufgrund geringer Selbstwerteinschätzung nicht gegeben, wird man eher erwarten, auch kaum Gehör zu finden, ignoriert, übergangen zu werden. Besonders wesentlich ist hier die Außenorientierung (vgl. auch Buss, 1980): Ist ein wesentlicher motivationaler Faktor das (extrinsische) Bedürfnis nach Anerkennung durch andere, dann ist es unmöglich, soziale Aktionen auszuführen, mit denen man die Anerkennung anderer aufs Spiel setzen könnte. Es ist schwer denkbar, das eine Person den Wunsch hat, anerkannt und gemocht zu werden und dann einer anderen Person eine Bitte abschlägt. Der Gedanke „dann mag sie mich nicht mehr" wird das verhindern. Es ist auch kaum denkbar, daß man sich unter dieser Voraussetzung über die Meinung anderer hinwegsetzt, in Konflikten das Risiko eingeht, andere zu verärgern usw. Außenorientierung zieht soziales Wohlverhalten nach sich.

Dies führt zum Verlust sozialer Kontrolle: da man nichts mehr (gegen andere) durchsetzen kann, keine Konflikte austragen kann, nicht für eigene Ziele (welche?) kämpfen kann usw., fühlt man sich kontrolliert und als Spielball anderer. Was resultiert, ist das Gefühl, ein „pawn" zu sein (DE CHARMS, 1968): ein Bauer auf einem Schachbrett, der von anderen hin und her geschoben wird, der aber über sein Leben kaum Selbst–Kontrolle hat.

Rückkopplung: Wie ausgeführt, kann Außenorientierung wesentlich zur Entwicklung und Aufrechterhaltung von sozialer Unsicherheit beitragen. Dies koppelt aber zurück: Denn soziale Unsicherheit und Ängstlichkeit erhöhen das Bedürfnis, sich „angemessen", nach den Erwartungen anderer zu verhalten und Anerkennung von anderen zu erhalten. Weiß ich nicht, wie ich mich verhalten kann oder soll, habe ich Angst vor Kritik usw., dann wächst mein Bedürfnis, durch angemessenes Verhalten „auf der richtigen Seite" zu sein.

2.7 Anforderungen und Selbst–Verpflichtungen

Anforderungen an das System: An jede Person werden Anforderungen gestellt. Sie muß auf Situationen reagieren, sie muß sich sozialen Situationen anpassen usw. Es gibt damit ein „Grundniveau" der Anforderungen, das bereits Ressourcen der Person in Anspruch nimmt, ohne daß bereits etwas „Besonderes" passiert wäre.

Hier sollen vor allem soziale Anforderungen untersucht werden: Anforderungen, deren Befolgung oder Nicht–Befolgung soziale Konsequenzen hätte wie Anerkennung, Lob, Privilegien oder aber Ablehnung, Abwertung, soziale Ausgrenzung. Dabei können diese Konsequenzen faktisch drohen oder (nur) von der Person antizipiert werden: Entscheidend ist hier nicht die faktische Wahrscheinlichkeit solcher Ereignisse, sondern die subjektive Wahrscheinlichkeit, die die Person diesen Ereignissen zumißt. Was hier betrachtet werden soll, sind daher Anforderungen, Erwartungen, Normen usw. deren Befolgung oder Nicht–Befolgung externale Konsequenzen hat, die nach Meinung der Person mit einer bestimmten Wahrscheinlichkeit eintreffen können und die für die Person in bestimmter Weise relevant sind.

Eine solche Anforderung kann z.B. darin bestehen, daß ein Kollege die Person bittet, eine bestimmte Aufgabe zu übernehmen. Die Person kann hier z.B. antizipieren, daß eine Zurückweisung dieser Bitte zur Folge hätte, daß sie von einem Kollegen als unkollegial, unfreundlich o.ä. eingeschätzt würde und daß dieser Kollege sich aus der Beziehung zurückziehen könnte. Dies wäre für die Person jedoch schmerzhaft, insbesondere, da sie von der Person anerkannt und geschätzt werden möchte.

Prinzipiell ähnlich, jedoch im Detail wesentlich komplexer, ist der Fall, wenn eine Person aufgrund entsprechender biographischer Erfahrungen die Norm entwickelt hat, daß sie erfolgreich sein muß, um geliebt und anerkannt zu werden. Auch hier geht es um (hoch relevante!) externale Ziele, die jedoch so unkonkret und allgemein sind, daß sie im Sinne GOLLWITZERS (1987) unstillbar sind.

Verpflichtung: Anforderungen wirken nicht automatisch belastend. Eine Person kann sich nämlich prinzipiell dafür entscheiden, eine gestellte Anforderung zu übernehmen oder nicht. Die gestellte Anforderung ist somit allein noch nicht das Problem: „virulent" wird die Anforderung erst dann, wenn die Person sich dazu auch subjektiv verpflichtet. Erst wenn die Person „die Anforderung übernimmt", wird sie intentional wirksam und damit belastungsrelevant.

Anforderungen können damit von der Person daraufhin überprüft werden, ob die Person sie übernehmen, sich dazu verpflichten soll. Eine solche Prüfung kann zur Zurückweisung der Anforderung führen, zur Entscheidung, sie nicht zu übernehmen. Sie kann aber auch zu einer probeweisen Übernahme führen, einem „sich darauf einlassen". Auf der anderen Seite kann ihre Ausführung als absolut verpflichtend gesehen werden, als eine Art „biographisches Grundgesetz", von dem keinerlei Abweichungen erlaubt sind.

Diese Selbst–Verpflichtung entsteht aufgrund verschiedener Faktoren (s.u.). Sie ist jedoch, und das ist sehr wesentlich zu sehen, auch prinzipiell wieder prüfbar und revidierbar. So kann eine Person, die eine Leistungsnorm für sich völlig verpflichtend übernommen hat, diese Verpflichtung, z.B. im Rahmen einer Therapie, kritisch hinterfragen, revidieren und aufgeben. Die Prozesse der Entscheidung und Wahl können unter bestimmten Bedingungen neu initiiert werden; dies führt die Person gewissermaßen „über den Rubicon zurück", wo sie erneut prüfen, abwägen und entscheiden kann.

Diese Prüfung von Verpflichtungen wirkt auch als ein Streßregulator: Ist die Person bereits in hohem Maße belastet, dann besteht eine Maßnahme der Streßregulation darin, die Übernahme weiterer Belastungen zurückzuweisen. Die Prüfkriterien müssen somit heraufgesetzt werden: Es darf nur noch das an Anforderungen angenommen und übernommen werden, was absolut notwendig ist.

Bei sehr hoher Belastung kann es außerdem notwendig sein, bisher eingegangene Verpflichtungen neu zu überprüfen (s.o.) und gegebenenfalls zu revidieren. Dies sind wesentliche Maßnahmen, die dazu beitragen, das aktuelle Belastungsniveau zu senken. Die Regulation von Selbstverpflichtung stellt damit eine wesentliche Streß–Selbstregulation dar.

Einflüsse auf Verpflichtung: Die Selbst–Verpflichtung kann nun durch verschiedene, im Modell beschriebene Variablen verstärkt werden. Eine solche Verstärkung der Verpflichtung bedeutet gleichzeitig eine Beeinträchtigung der Selbst–Regulation: Je höher die Verpflichtung zu einer bestimmten Anforderung gesetzt ist, desto schwieriger ist es, diese dem jeweiligen Belastungsniveau flexibel anzupassen. Anforderungen, die eine Person für notwendig hält, wird sie nicht aufgeben, selbst dann nicht, wenn sie bereits völlig überlastet ist. Hier besteht damit die Gefahr, daß die (notwendige) Streßregulation ihre Flexibilität einbüßt und damit ihre selbstregulatorische Funktion verliert.

Ist eine Person in hohem Maße außenorientiert, d.h stark an den Erwartungen anderer, an Normen usw. orientiert und ist für sie die externe Anerkennung von großer Bedeutung, dann erschwert das die Zurückweisung von Anforderungen. Eine Person, die Angst davor hat, bei „unkonformem" Verhalten abgelehnt zu werden, kann eine an sie gestellte Anforderung nicht zurückweisen (vgl. FROMING & CARVER, 1981; CARVER & SCHEIER, 1981; FROMING et al., 1982; CHEEK U. BRIGGS, 1982). Hohe Außenorientierung sollte damit zur Folge haben, daß die Person Anforderungen mit hoher Verpflichtung übernimmt. D.h. hohe Außenorientierung beeinträchtigt eine flexible Belastungs–Selbst–Regulation.

Diese Problematik wird, so muß man annehmen, durch soziale Unsicherheit, soziale Ängstlichkeit und mangelnde soziale Handlungskompetenz noch gesteigert. Hohe soziale Unsicherheit sollte es den Personen noch mehr erschweren, sich Anforderungen gegenüber abzugrenzen, insbesondere, wenn die Abgrenzung bedeutet, daß man Konflikte durchstehen muß.

Von großer Bedeutung ist hier auch die Fähigkeit des Zugangs zum eigenen Motiv–System. Wird eine Aufgabe an mich herangetragen, dann ist es wichtig, daß ich diese nicht nur hinsichtlich ihrer sozialen Verbindlichkeit kläre. Wichtig ist auch, sie auf Kompatibilität mit dem eigenen Motiv–System zu überprüfen: Will ich das eigentlich? Ist das förderlich für meine eigenen Ziele? Erweist sich die Übernahme einer Aufgabe als nicht günstig, dann ist es wichtig, dies bei der Entscheidung zur Selbstverpflichtung zu berücksichtigen. Ansonsten besteht die Gefahr, Aufgaben, Anforderungen zu übernehmen, die eigenen Motiven, Zielen usw. widersprechen, die die Realisation wichtiger Motive vereiteln. Damit besteht hier aber die Möglichkeit, erhebliche internale Konflikte, internale Belastungen und Spannungen zu erzeugen. Damit besteht auch die Gefahr, eine Selbstregulation, nämlich die Ausrichtung des Handelns nach eigenen Motiven und Zielen, zu beeinträchtigen.

Damit hat man hier einen weiteren Aspekt von Entfremdung: Es besteht die Möglichkeit, daß eine Person gegen ihre eigenen Interessen handelt und dies nicht einmal erkennt. Diese Möglichkeit ist, wie oben ausgeführt, bei Personen mit hoher Reflexionsvermeidung (und geringer Repräsentation des Motivsystems) gegeben. Sie können u.U. eigene und fremdgesetzte Intentionen nicht mehr unterscheiden und können sich damit in ihren Handlungen weit von ihren eigenen Zielen entfernen.

Personen mit hoher Reflexionsvermeidung sind an dieser Stelle, so muß man annehmen, nicht in der Lage, einen „Abgleich" zu schaffen zwischen eigenen Zielen und externen Anforderungen. Sie stehen in der Gefahr, einseitig externalen Anforderungen zu folgen und ihre eigenen Ziele in den Hintergrund treten zu lassen. Damit verlassen sie aber eine „Selbst–Regulation", eine Handlungssteuerung nach eigenen Zielen, Werten usw. und begeben sich in eine „Fremd–Regulation". Diese beeinträchtigt jedoch die interne Belastungs–Regulation: Sie führt dazu, daß externe Belastungen stärker „durchschlagen" oder sie führt dazu, daß zusätzliche interne Belastungen entstehen. D.h.: Reflexionsvermeidung trägt zu einer Störung der Selbstregulation wesentlich bei.

3. Schlußfolgerungen

Die Ausführungen zeigen, daß ein psychologisches Modell die Entstehung extremer, langanhaltender Streßbedingungen ebenso deutlich machen kann wie andere bei psychosomatischen Klienten beobachtete Phänomene. Das Modell macht auch deutlich, daß das Konzept der Inkongruenz, systematisch weitergedacht, die psychologische Funktionsweise einer Störung wie Psychosomatik transparent machen kann: Aus den Grundannahmen der klientenzentrierten Psychotherapie läßt sich systematisch eine Störungstheorie für psychosomatische Störungen ableiten.

Ableiten lassen sich aus dem Modell auch therapeutische Ziele: das Ziel, die Reflexionsvermeidung zu vermindern, den Zugang zum eigenen Motivsystem zu verbessern, die „Entfremdung" aufzuheben. Diese Ziele sind, wie an anderer Stelle ausführlich erörtert (SACHSE, 1991, 1993) zentrale Ziele der Gesprächspsychotherapie. Damit besteht eine grundsätzliche Indikation zur Gesprächspsychotherapie (SACHSE, 1992), d.h. Gesprächspsychotherapie ist eine Therapieform, die sich aus dem Störungskonzept völlig stimmig ableiten läßt. Notwendig ist allerdings bei der Arbeit mit psychosomatischen Klienten eine Adaptation des konkreten Vorgehens an die Möglichkeiten und Schwierigkeiten der Klienten (vgl. SACHSE, 1990; SACHSE & RUDOLPH, 1992b). Diese wird zur Zeit in einem größeren Forschungsprogramm an der Ruhr–Universität erprobt.

4. Literatur

AGATSTEIN, F. C. & BUCHANAN, D. B. (1984). Public and private selfconsciousness and the recall of self–relevant information. *Personality and Social Psychology Bulletin, 10,* 314–325.

ATROPS, A. & SACHSE, R. (1994). Vermeiden psychosomatische Klienten die Klärung eigener Motive? Eine empirische Untersuchung mit Hilfe des Focusing. In: R. SACHSE, M. BEHR, U. ESSER, F. PETERMANN & R. TAUSCH (Hrsg). *Jahrbuch für Personenzentrierte Psychologie und Psychotherapie*. Köln GwG–Verlag (im Druck).

BIRBAUMER, N. (1986). Physiologische Grundlagen. (=Kapitel 4). In: MILTNER, W., BIRBAUMER, N. & GERBER, W. D. (1986). *Verhaltensmedizin*. Berlin: Springer.

BUSS, A. H. (1980). *Self–consciousness and social anxiety*. San Francisco: Freeman.

CARVER, C. S. (1979). A cybernetic model of self–attention processes. *Journal of Personality and Social Psychology, 37*, 1251–1281.

CARVER, C. S., ANTONI, M. & SCHEIER, M. F. (1985). Self–consciousness and self–assessment. *Journal of Personality and Social Psychologie, 48,* 117–124.

CARVER, C. S. & SCHEIER, M. F. (1981). *Attention and self–regulation: A control theory approach to human behavior*. New York: Springer.

CARVER, C. S. & SCHEIER, M. F. (1983). Aspects of self, and the control of behavior. In: B. R. SCHLENKER (Ed.), *The self and social life* (146–174). New York: Mc Graw–Hill.

CARVER, C. S. & SCHEIER, M. F. (1985). Self–Consciousness, expectancies, and the coping process. In: T. M. FIELD, P. M. MCCABE & N. SCHEIDERMANN (Eds), *Stress and Coping* (305–330). Hillsdale, New Jersey: Lawrence Erlbaum.

CHEEK, J. M. & BRIGGS, S. R. (1982). Self–consciousness and aspects of identity. *Journal of Research in Personality, 16,* 401–408.

DE CHARMS, R. (1968). *Personal causation*. New York: Academic Press

DIENER, E. & SRULL, T. K. (1979). Self–awareness, psychological perspective, and self–reinforcement in relation to personal and social standards. *Journal of Personality and Social Psychology, 37,* 413–423.

DUVAL, S. & WICKLUND, R. A. (1972). *A theory of objective self–awareness*. New York: Academic Press.

FENIGSTEIN, A., SCHEIER, M. F. & BUSS, A. H. (1975). Public and private self–consciousness: Assessment and theory. *Journal of Counseling and Clinical Psychology, 43,* 522–527.

FLIEGEL, S., GROEGER, W. M., KÜNZEL, R., SCHULTE, D. & SORGATZ, H. (1981). *Verhaltenstherapeutische Standardmethoden: Ein Übungsbuch*. München: Urban & Schwarzenberg.

FREY, D., WICKLUND, R. A. & SCHEIER, M. F. (1984). Die Theorie der objektiven Selbstaufmerksamkeit. In: D. FREY & M. IRLE (Hrsg), *Theorien der Sozialpsychologie, Band 1: Kognitive Theorien* (192–216). Bern: Huber.

FROMING, W. J, & CARVER, C. S. (1981). Divergent influences of private and public self–consciousnes in a compliance paradigm. *Journal of Research in Personality, 15,* 159–171.

FROMING, W. J., WALKER, G. R. & LOPYAN, K. J. (1982). Public and private self–awareness: When personal attitudes conflict with societal expectations. *Journal of Experimental Social Psychology, 18,* 476–487.

GIBBONS, F. X., SMITH, T. W., INGRAM, R. E., PEARCE, K. & BREHM, S. S. (1985). Self–awareness and self–confrontation: Effects of selffocused attention on members of a clinical population. *Journal of Personality and Social Psychology, 48,* 662–657.

GOFFMAN, E. (1963). Stigma: *Notes on the management of spoiled identity.* Englewood Cliffs, N.J: Prentice–Hall, 1963; (Deutsch: Stigma: *Über Techniken der Bewältigung beschädigter Identität.* Frankfurt: Suhrkamp, 1967)

GOLLWITZER, P. M. (1986). Striving for specific identities: The social reality of self–symbolizing. In: R. F. BAUMEISTER (Ed.), *Public self and private self* (143–159). New York: Springer.

GOLLWITZER, P. M. (1987). Suchen, Finden und Festigen der eigenen Identität: Unstillbare Zielintentionen. In: H. HECKHAUSEN, P. M. GOLLWITZER & F. WEINERT (Hrsg.), *Jenseits des Rubicon: Der Wille in den Humanwissenschaften* (176–190). Berlin: Springer.

HECKHAUSEN, H. (1969). Förderung der Lernmotivation und der intellektuellen Tüchtigkeiten. In: H. ROTH (Hrsg.), *Begabung und Lernen* (193–228). Stuttgart: Klett.

HECKHAUSEN, H. (1977). Motivation: Kognitionspsychologische Aufspaltung eines summarischen Konstrukts. *Psychologische Rundschau 28,* 175–189.

HECKHAUSEN, H. (1980). *Motivation und Handeln: Lehrbuch der Motivationspsychologie.* Berlin: Springer.

HECKHAUSEN, H., GOLLWITZER, P. M. & WEINERT, F. E. (Hrsg.) (1987), *Jenseits des Rubikon: Der Wille in den Humanwissenschaften* (3–9). Berlin: Springer

HERRMANN, T. (1969). *Lehrbuch der empirischen Persönlichkeitsforschung.* Göttingen: Hogrefe.

HEINEMANN, W. (1987). The assessment of private and public self–consciousnes: A german replication. *European Journal of Social Psychology, 9,* 331–337.

HEINEMANN, W. (1983). Die Erfassung dispositioneller Selbstaufmerksamkeit mit einer deutschen Version der Self–Consciousness Scale (SCS). *Bielefelder Arbeiten zur Sozialpsychologie N. 106.*

HULL, J. G., LEVY & A. S. (1979). The organizational functions of the self: An alternative to the Duval and Wicklund model of self–awareness. *Journal of Personality and Social Psychology, 37,* 756–768.

JANKE, W., ERDMANN, G., BOUCSEIN, W. (1985). *Der Streßverarbeitungs–Fragebogen (SVF).* Göttingen: Hogrefe.

KUHL, J. (1983a). *Motivation, Konflikt und Handlungskontrolle.* Berlin: Springer.

KUHL, J. (1983b). Emotion, Kognition und Motivation: I. Auf dem Wege zu einer systemtheoretischen Betrachtung der Emotionsgenese. *Sprache und Kognition, 2 (1),* 1–27.

KUHL, J. & U. BECKMANN (1993). Volition and Personality. Action versus state Orientation. Toronto: Hogrefe

MARCEL, A. J. (1983a). Conscious and Unconscious Perception: An Approach to the Relations between Phenomenal Experience and Perceptual Processes. *Cognitive Psychology, 15,* 238–300.

MARCEL, A. J. (1983b). Conscious and Unconscious Perception: Experiments on Visual–Masking and Word Recognition. *Cognitive Psychology, 15,* 197–237.

MCFARLAND, S. G. & SPARKS, C. M. (1985). Age, education, and the internal consistency of personality scales. Journal of Personality and Social Psychology, 49, 1692–1702.

MERZ, J. (1984). Erfahrungen mit der Selbstaufmerksamkeitsskala von

Fenigstein, Scheier und Buss (1975). *Psychologische Beiträge, 26,* 239–249.

MERZ, J. (1986). SAF: Fragebogen zur Messung dispositioneller Selbstaufmerksamkeit. *Diagnostica, 32,* 142–152.

MEYER, W.–U. (1972). *Überlegungen zur Konstruktion eines Fragebogens zur Erfassung von Selbstkonzepten der Begabung.* Unveröffentlichtes Manuskript, Psychologisches Institut der Ruhr–Universität Bochum.

MEYER, W.–U. (1973). *Leistungsmotiv und Ursachenerklärung von Erfolg und Mißerfolg.* Stuttgart: Klett.

MILTNER, W., BIRBAUMER, N., GERBER, W.–D. (1986) *Verhaltensmedizin.* Berlin: Springer.

MARKUS, H. (1977). Self–schemata and processing information about the self. *Journal of Personality and Social Psychology, 35,* 63–78.

POSNER, M. I. & SNYDER, CH. R. (1975). Attention and cognitive Control. In: R. L. SOLSO (Ed.), *Information processing and cognition. The Loyola Symposium* (55–85). Hillsdale, N.J.: Erlbaum.

ROGERS, C. R. (1959). A theory of therapy, personality, and interpersonal relationships as developed in the client–centered framework. In S. KOCH (Ed.), *Psychology. A Study of a Science. (Vol.3)* (184–256). New York: Mc Graw–Hill. Dt. Übers. (1987). *Eine Theorie der Psychotherapie, der Persönlichkeit und der zwischenmenschlichen Beziehungen.* Köln: GwG–Verlag.

ROGERS, C. R. (1980). Meine Philosophie der interpersonalen Beziehungen und ihre Entstehung. In C. R. ROGERS & R. L. ROSENBERG (Hrsg.), *Die Person als Mittelpunkt der Wirklichkeit* (200–216). Stuttgart: Klett–Cotta.

SACHSE, R. (1990): Schwierigkeiten im Explizierungsprozeß psychosomatischer Klienten: Zur Bedeutung von Verstehen und Prozeßdirektivität. *Zeitschrift für Klinische Psychologie, Psychopathologie und Psychotherapie, 8,* 191–205.

SACHSE, R. (1991): Probleme und Potentiale in der gesprächspsychotherapeutischen Behandlung psychosomatischer Klienten. In: J. FINKE & L. TEUSCH (Hrsg.), *Gesprächspsychotherapie bei Neurosen und psychosomatischen Erkrankungen.* (197–215). Heidelberg: Asanger.

SACHSE, R. (1992). *Zielorientierte Gesprächspsychotherapie.* Göttingen: Hogrefe
SACHSE, R. (1993). Gesprächspsychotherapie mit psychosomatischen Klienten: Eine theoretische Begründung der Indikation. In: J. FINKE & L. TEUSCH (Hrsg.), *Krankheitslehre und Therapietheorie in der Gesprächspsychotherapie.* Berlin: Springer, 1993a
SACHSE, R. (1994). Herzschlagwahrnehmung bei psychosomatischen Klienten. Eine psychophysiologische Untersuchung auf der Basis aufmerksamkeitstheoretischer Modelle. Psychotherapie, Psychosomatik, medizinische Psychologie im Druck.
SACHSE, R.; ATROPS, A. (1991). Schwierigkeiten psychosomatischer Klienten bei der Klärung eigener Emotionen und Motive: Mögliche Konsequenzen für die therapeutische Arbeit. *Psychotherapie, Psychosomatik, Medizinische Psychologie, 1991, 41,* 155–198.
SACHSE, R.; RUDOLPH, R. (1992a): Gesprächspsychotherapie mit psychosomatischen Klienten? Eine empirische Untersuchung auf der Basis der Theorie der objektiven Selbstaufmerksamkeit. *Jahrbuch für Personenzentrierte Psychologie und Psychotherapie, 3,* 66–84
SACHSE, R.; RUDOLPH, R. (1992b). Selbstaufmerksamkeit bei psychosomatischen Patienten. *Zeitschrift für Klinische Psychologie, Psychopathologie und Psychotherapie, 40,* 148–164.
SCHEIER, M. F.; BUSS, A. H. & BUSS, D. M. (1978). Self–consciousness, self–report of aggressivesness, and aggression. *Journal of Research in Personality, 12,* 133–140.
SCHEIER, M. F.; CARVER, C. S. & GIBBONS, F. X. (1979). Self–directed attention, awareness of bodily states, and suggestibility. *Journal of Personality and Social Psychology, 37,* 1576–1588.
SCHIEPEK, G., U. SCHAUB, H. (1989). *Als die Theorien laufen lernten.... Eine Computersimulation zur Depressionsentwicklung.* Memorandum des Lehrstuhls Allgemeine Psychologie II, Universität Bamberg.
SNYDER, M. (1974). Self–monitoring of expressive behavior. *Journal of Personality and Social Psychology, 30,* 526–537.
SNYDER, M.(1979). Self–monitoring processes. In: L. BERKOWITZ (Ed.), *Advances in experimental social psychology (Vol 12).* New York: Academic Press.

SOREMBE, V.-A., WESTHOFF, K. (1985). *Skala zur Erfassung der Selbstaufmerksamkeit (SESA)*. Göttingen: Hogrefe.

SPEIERER, G.-W. (1986). Selbstentfaltung in der Gesprächspsychotherapie. *Zeitschrift für Personenzentrierte Psychologie und Psychotherapie, 5* (2), 165–181.

SPEIERER, G.-W. (1988). Inkongruenz im Zentrum einer Krankheitslehre der Gesprächspsychotherapie. *GwG Zeitschrift, 72,* 52–53.

SPEIERER, G.-W. (1989). Die Krankheitslehre der klientenzentrierten Psychotherapie. In: R. SACHSE & J. HOWE (Hrsg.), *Zur Zukunft der klientenzentrierten Psychotherapie* (37–53). Heidelberg: Asanger.

TURNER, R. G. (1978). Effects of differential request procedures and self–consciousness on trait attributions. *Journal of Research in Personality, 12,* 431-438.

WICKLUND, R. A. (1975). Objective self-awareness. In L. BERKOWITZ (Ed.), *Advances in experimental social psychology, Vol.8,* (233-275). New York: Academic Press.

WICKLUND, R. A. & GOLLWITZER, P. M. (1987). The fallacity or the private-public self-focus distinction. *Journal of Personality, 55, (3),* 492-523.

Anschrift des Verfassers:
PD Dr.Rainer Sachse
Ruhr-Universität Bochum
Fakultät für Psychologie
D-44780 Bochum

Psychopathologie nach dem Differentiellen Inkongruenzmodell der klientenzentrierten Psychotherapie

Gert–Walter Speierer

Psychopathology according to the Differential Incongruence Model of Client-centered Psychotherapy

Summary

An overview of the theoretical positions and empirical findings of client–centered psychotherapy is presented. These form the basis of a genuine theory of disorders – the Differential Incongruence Model (DIM) – developed by the author. The DIM consists of five dimensions. The first dimension comprises conditions of psychic disorders and psychopathologic developments, including social–communicative experiences, bio–neuropsychological dispositions, and life–events. The second dimension concerns itself with significant psychohygienical and psychopathological conditions, as well as with structural and dynamical aspects of the person and the self. The third dimension shows that the theory of incongruence and its different forms are the basis of this client–centered theory of disorder. In the fourth dimension psychopathologic developments are classified according to the DIM into three different types. These include the compensated disorders, the decompensated disorders with partial or dominating incongruence, and disorders without partial incongruence or with only secondary incongruence. The fifth dimension of the model encloses the ten main groups of psychic disorders within the guidelines of the ICD–10. These groups are located both within and beyond the range of the DIM. The nosological system of classification allows theoretically and empirically based decisions on the indication of standard client–centered therapy options, their momentary or enduring nonindication, and the eventual integration of supplementary therapeutic options into a therapeutic plan. Such a plan makes it possible to optimally meet the individual's needs.

Zusammenfassung

Es wird eine Zusammenschau gegeben über theoretische Positionen und empirische Befunde zur klientenzentrierten Psychotherapie. Sie bilden die Grundlage einer eigenständigen Störungslehre der Gesprächspsychotherapie, die mit dem Differentiellen Inkongruenzmodell (DIM) vom Autor entwickelt wurde. Sie thematisiert auf fünf Ebenen 1. als Bedingungen psychopathologischer Störungsentstehung und Fehlentwicklung neben sozialkommunikativen Erfahrungen die bio–/neuropsychologische Disposition und Lebensereignisse. 2. Als psychohygienisch und psychopathologisch bedeutsame Anteile der Person werden das Selbstsubjekt in ausgewählten strukturellen und dynamischen Aspekten herausgestellt. 3. Als psychopathogenetische Modellvorstellungen werden die Inkongruenztheorie und die Inkongruenzformen als Zentrum einer klientenzentrierten Krankheitslehre betrachtet und mit anderen Theorien in Beziehung gesetzt. 4. Die psychopathologischen Entwicklungen werden entsprechend der Inkongruenztheorie in kompensierte und dekompensierte Störungen mit partieller bzw. vorrangiger Inkongruenzbeteiligung sowie in Störungen ohne bzw. mit nachrangiger partieller Inkongruenzbeteiligung eingeteilt. 5. Die zehn Hauptgruppen der psychischen Störungen nach der Internationalen Klassifikation ICD–10 (DILLING et al., 1991) werden im Gültigkeitsbereich des Differentiellen Inkongruenzmodells bzw. an den Grenzen desselben angeordnet. Die Anordnung ermöglicht theoretisch und empirisch begründete Entscheidungen für die Anwendung der gesprächspsychotherapeutischen Standardmethoden, für ihre (zeitweise) Nichtindikation und evtl. für die Notwendigkeit ihrer Ergänzung in einem für das Individuum optimalen therapeutischen Plan.

1. Das Differentielle Inkongruenzmodell: Entstehung, Inhalte, Entwicklung und gegenwärtiger Forschungsstand

Das Differentielle Inkongruenzmodell der Gesprächspsychotherapie (DIM) ermöglicht für die klientenzentrierte Psychotherapie eine allgemeine und eine spezielle Störungstheorie zu formulieren. Im DIM sind vereint sowohl eine für die Gesprächspsychotherapie in dieser Form neue ätiologische Orientierung und eine neue phänomenologische Betrachtung bzw. phänomenologische Ausdifferenzierung dessen, was Inkongruenz ist. Neu ist ferner eine nosologische Ordnung. Sie ermöglicht eine inkongruenztheoretische Einteilung der in der ICD–10 (DILLING et al., 1991) definierten psychischen Störungen. Das DIM postuliert explizit empirisch prüfbare Hypothesen über die Entstehung, den Verlauf und die therapeutischen Änderungen bei GesprächspsychotherapiepatientInnen, deren psychische Störungen mit der ICD–10 klassifiziert sind. Das DIM wurde bis September 1992 durch qualitative und quantitative Auswertung von klientenzentrierten Einzeltherapie– und Gruppentherapiesitzungen bei 33 PatientInnen aus über 6000 transkribierten PatientInnenäußerungen erarbeitet und empirisch überprüft. Das DIM ist grundsätzlich offen gegenüber Veränderungen durch neue Daten.

Es umfaßt entsprechend dem derzeitigen Forschungsstand die Allgemeine Inkongruenzdynamik (SPEIERER, 1986; 1990 a, b; 1992 a, b; Ihr Vorhandensein ist von Bedeutung für eine (positive) Indikation der klassischen Gesprächspsychotherapie bei neurotischen und psychosomatischen Störungen. Ferner wurden störungsspezifische Hypothesen zur Inkongruenzdynamik bei einzelnen Störungen der ICD–10 erarbeitet. Sie betreffen Personen mit psychosomatischen Störungen (SPEIERER, 1989b), psychotherapeutisch behandelbare depressive Syndrome (SPEIERER, 1990a), Angststörungen (SPEIERER, 1991b), Konversionsstörungen (SPEIERER, 1990c) und Zwangsstörungen (SPEIERER,

1992c). Weitere Anwendungen des DIM wurden vorgestellt für die Krisenintervention (SPEIERER, 1992d) und für die psychosomatische Grundversorgung (SPEIERER, 1992e).

Die Überlegungen, von denen die Arbeiten zum DIM ihren Ausgang nahmen (SPEIERER, 1986), entstanden daraus, daß meine MitarbeiterInnen und ich in der psychotherapeutischen Praxis und Supervision immer wieder erfahren hatten, daß das Verstehen des Bezugsrahmens der PatientInnen (BIERMANN–RATJEN et al., 1979) allein nicht ausreichte, daß die PatientInnen die gesprächspsychotherapeutischen Kontakte so beenden konnten, wie sie sich das vorgestellt hatten und wie wir es im Vertrauen auf das Konzept der notwendigen und hinreichenden Bedingungen (ROGERS, 1957) erwarteten.

Die Erfahrung war und ist, Verändern durch Verstehen des PatientInnenbezugsrahmens ist oft nicht genug. Und die Frage war, gibt es eine Möglichkeit innerhalb des klientenzentrierten Konzepts zu verstehen, wie es kommt, daß die therapeutische Trias, d.h. die Basisvariablen, manchmal für therapeutische Veränderungen genug sind, und auch, ob wir aus der Erkenntnis, daß sie manchmal nicht genug sind, differentielle Handlungsmöglichkeiten für die Therapie ableiten können. Und die Maxime oder die Lösung, so wie sie sich jetzt darstellt, ist, wir müssen lernen, das Inkongruenzerleben der PatientInnen differentiell, d.h. einerseits bezugsrahmenbezogen zu verstehen, so wie bisher. Zusätzlich müssen wir jedoch ätiologische, phänomenologische und nosologische Störungserkenntnisse mit einbeziehen, die entsprechend den bisherigen Modellvorstellungen der Gesprächspsychotherapie noch nicht verfügbar waren.

2. Das Differentielle Inkongruenzmodell: Bedingungen gesunder und gestörter Entwicklung

Die erste Ebene des DIM (s. Abb. 1) beinhaltet die Bedingungen gesunder und psychopathologischer Entwicklungen und Störungen. Drei Bereiche werden unterschieden als mögliche Quellen und Schwerpunkte des Inkongruenzerlebens.

differentiellen Inkongruenzmodell der klientenzentrierten Psychotherapie

Abb.1: Psychische Gesundheit und Psychopathologie nach dem Differentiellen Inkongruenzmodell: Die 5 Ebenen des Modells (Überblick)

1. **Bedingungen gesunder u. psychopathologischer Entwicklungen bzw. Störungen**		1.2	(bio/neuropsychologische) Disposition Erfahrungen		1.1	sozialkommunikative	1.3 Lebensereignisse
2. **Psychohygienische und psychopathologisch bedeutsame Anteile der Person**		2.2	Dynamischer Aspekt			Das Selbst (Subjekt) 2.1 Struktureller Aspekt	2.3 Dynamischer Aspekt II
3 **Psychohygienische u. psychopathogenetische Modellvorstellungen**	3.1.	Kongruenztheorie		3.2	Inkongruenztheorie und Inkongruenzformen dispositionelle I., sozialkommunikative I., lebensereignis-bedingte I., konfliktfreie I., konflikthafte I.		3.3 Andere Theorien 3.3.1. biologische Theorien 3.3.2. psychologische Theorien 3.3.3. soziologische Theorien
4. **Gesunde Lebensentwicklung u.Einteilung psychopathologischer Entwicklung(en)**	4.1.	Gesunde seelische Lebensentwicklung		4.2. Psychopathologische Entwicklung(en) mit partieller bzw. vorrangiger Inkongruenzbeteiligung 4.2.1. Kompensierte 4.2.1.2. Dekompensierte 4.2.1.1. Störungen Störungen			4.2.2. ohne bzw. mit nachrangiger u. partieller Inkongruenzbeteiligung Störungen und/oder Defekte betr. kogn., emot. u. Verhaltensfunktionen
5. **Einordnung psychischer Störungen (ICD–10) im DIM**							

F0 organische, einschl. symptomat. psychische Störungen
F1 psychische u. Verhaltensstörungen durch psychotrope Subst.
F2 Schizophrenie, schizotype u. wahnhafte Störungen
F3 **a f f e k t i v e   S t ö r u n g e n**
F34.1 d y s t h y m e   S t ö r u n g e n
F40 phobische Störungen F4 n e u r o t . S t ö r u n g e n
F41 a n d e r e   A n g s t s t ö r u n g e n
F42 Z w a n g s s t ö r u n g e n
F43 Belastungs– und Anpassungsstörungen
F44 Konversionsstörungen F45 s o m a t o f o r m e   S t ö r u n g e n
F48 a n d e r e   n e u r o t i s c h e   S t ö r u n g e n
F5 Verhaltensauffälligkeiten mit körperl.Störungen u. Faktor.
E ß s t ö r u n g e n
F50 n i c h t o r g a n i s c h e   Schlafstörungen
F51 sexuelle Funktionsstörungen, nicht organisch od.krkh.bed.
F52 psychische oder Verhaltensstörungen im Wochenbett
F53 psychische Faktoren oder Verhaltenseinflüsse bei
F54 a.a.O.klass. Erkrankungen (psychosomat.Störungen)
F55 Mißbrauch von Substanzen, die keine Abhängigk.hervorrufen
F59 nicht näher bezeichnete Verhaltensauffälligkeiten bei körperl. Störungen
F6 **P e r s ö n l i c h k e i t s – und Verhaltensstörungen**
F60. 31 emotional instabile Persönlichkeitsstör.Borderlinetypus
F7 I n t e l l i g e n z m i n d e r u n g
F8 **E n t w i c k l u n g s s t ö r u n g e n**
F9 Verhaltens– u. emotionale Störungen mit Beginn in der Kindh.u.Jugend

Das bisherige Störungswissen der Gesprächspsychotherapie betonte bestimmte sozialkommunikative Erfahrungen als einzige Inkongruenzursache. Dazu gab und gibt es Überlegungen zu inkongruenzfördernden gesellschaftlichen Normen und Risikofaktoren. Ich habe dazu 1989 einiges ausgeführt (SPEIERER, 1989a). Die gängige Theorie der Inkongruenzentstehung ist das Basisvariablendefizit. Dieses führt in der Therapietheorie zur Basisvariablentherapie bzw. zum sogenannten Grundhaltungstherapiekonzept. Die sozialkommunikativen Inkongruenzursachen werden im DIM als das gleichsam ätiologische Standardwissen der Gesprächspsychotherapie angesehen. Sie sind im DIM der erste Bereich der Inkongruenzverursachung.

Der zweite Bereich der Inkongruenzverursachung, der im DIM dazukommt, ist die bio–neuro–psychologische Disposition eines Menschen. Die Dispositionshypothese der Inkongruenzentstehung steht im Einklang mit Vorstellungen der Medizin über die Entstehung psychischer Erkrankungen. Dahinter steht die Überzeugung, daß nicht alle Störungen durch die sozialkommunikativen Faktoren notwendig und hinreichend bestimmt sind. In klientenzentrierter Terminologie ausgedrückt sind Empathiedefizite, Wertschätzungsdefizite und Kongruenzdefizite keineswegs erschöpfende Determinanten der psychischen Störungen. Die daraus abgeleitete „Hypothese, daß die gleichen Prinzipien der Psychotherapie bei allen Personen anwendbar seien, unabhängig davon, ob sie als psychotisch, neurotisch oder normal klassifiziert würden" (ROGERS & SANFORD, 1985, S. 1374), ist revisionsbedürftig.

Auch die klientenzentrierte Psychotherapie muß in Theorie und Praxis anerkennen, daß es seelische Störungen gibt, bei denen genetischen und anderen störungsspezifischen Dispositionen eine ursächliche Bedeutung zukommt. Zu nennen sind hier vor allem vererbte Störungen, die sich oft über Gehirnerkrankungen, aber oft auch ohne eindeutig feststellbare Gehirnerkrankungen auf das psychische Befinden auswirken. Zu denken ist hier auch an bestimmte Formen psychotischer Störungen, etwa im Bereich der paranoiden Schizophrenie (ICD–10 F20.0) oder im Bereich der manischen Episoden (ICD–10 F30). Dazu kommen die psychischen Störungen durch exogene Faktoren, das sind psychische Störungen durch Vergiftungen, am allerhäufigsten durch Alkohol–, Drogen– und Medikamentenmißbrauch (ICD–10 F1). Schließlich sind zu nennen die organischen psychischen Störungen (ICD–10 F0), etwa Angstsyndrome durch eine Schilddrüsenüberfunktion. Da ist es nicht sinnvoll und u. U. verhängnisvoll, wenn TherapeutInnen nur sozialkommunikativ arbeiten. Ein Krankheitswissen über derartige Störungen müssen auch GesprächspsychotherapeutInnen haben und berücksichtigen können. Bei Personen, deren Störungen von einem derart dispositionell bedingtem Inkongruenzerleben beherrscht werden, kann es im personbezogenen Gespräch scheinbar so aussehen, als ob sozialkommunikativ bedingte selbstinkongruente Erfahrungen, sowohl lebensgeschichtlich frühe wie spätere, störungsbedeutsam sind. Sie stellen sich den PatientInnen als Auslösefaktoren der Störung dar. Dennoch können sie in ihren vermeintlichen Auswirkungen nicht sozialkommunikativ durch Psychotherapie beeinflußt oder verändert werden. Das Inkongruenzerleben, das krankheitsbedingt entsteht und ebenso, etwa mit dem spontanen oder medikamentös unterstützten Abklingen einer Krankheit verschwindet, wird im DIM als störungsdispositionelle Inkongruenz bezeichnet.

Der dritte Inkongruenzverursachungsbereich des DIM wurde formuliert, nachdem aus der therapeutischen Arbeit deutlich geworden war, daß es nicht nur die (früh)kindlichen Erfahrungen sind, die selbstinkongruentes Krankheitserleben verursachen. Pathogen sind auch die Lebensereignisse, die materiellen und immateriellen Gegebenheiten und Änderungen der Lebenssituation. Sie können psychische Störungen nicht nur auslösen, sondern auch bedingen. Der „Pensionierungsschock" oder depressive Reaktionen auf Arbeitslosigkeit sind dafür beispielhaft. Im Prinzip können jedoch alle Lebensereignisse und Lebenskrisen, die als selbstinkongruent im Sinne von psychosozial existenzbedrohlich oder physisch lebensgefährlich erlebt werden, psychische Störungen auslösen mit und ohne eine (früh)kindliche psychopathogene Vorschädigung.

Die in der klientenzentrierten Psychotherapie bisher exclusiv betonten sozialkommunikativen Bedingungen psychischer Störungen werden im DIM ergänzt durch dispositionelle und lebensereignisbedingte Inkongruenzquellen. Diese differentialätiologische Orientierung des

DIM ist eine Voraussetzung für eine differentielle Störungs- und Therapietheorie und eine aus ihr ableitbare differentielle Praxis der Gesprächspsychotherapie.

3. Im Differentiellen Inkongruenzmodell akzentuierte Anteile der Person und des Selbstsubjekts

Die zweite Ebene des DIM definiert und expliziert die psychohygienisch und die psychopathologisch bedeutsamen Anteile der Person und des Selbstsubjekts, die in der Gesprächspsychotherapie nach dem DIM verwendet werden. Im DIM wird bei den dynamischen Aspekten der Person neben den seit ROGERS (1959) schon bekannten Grundbedürfnissen und Grundfähigkeiten, die er als als jedem Menschen gegeben vorausgesetzt hat, zusätzlich und von ROGERS abweichend angenommen, daß es Menschen gibt, die eine Bereitschaft zeigen, das, was sie erfahren, eher mehr als andere Personen selbstinkongruent oder eher selbstbedrohlich zu erleben bzw. zu bewerten. (Zu den Grundbedürfnissen zählen insbesondere die Bedürfnisse nach Wertschätzung, nach Kongruenz, nach Selbstverständnis, die Fähigkeit zur Selbstkongruenz, mit anderen Worten die Kongruenzfähigkeit).

Wahrnehmungen aus der Körpersphäre erscheinen dabei oft besonders selbstbedrohlich bzw. selbstinkongruent erlebt zu werden. Zu denken ist hier beispielsweise an Personen mit Störungen, die der Psychotherapie jeder Orientierung sehr schwer zugänglich sind, etwa Personen, die an hypochondrischen Störungen (ICD–10 F45.2) leiden.

Personen mit diesen Störungen können offensichtlich Erfahrungen, die jeder andere als mit Gesundheit oder mit psychischer Unbedrohtheit (noch) im Einklang stehend wahrnimmt, nicht selbstkongruent bewerten. Diese menschliche Besonderheit wird im DIM als Inkongruenzanfälligkeit oder Kongruenzunfähigkeit bezeichnet und herausgehoben.

Ferner betont das DIM die Inkongruenztoleranz und die Inkongruenzbewältigungsstrategien als Fähigkeiten des gesunden Selbst einer Person. Wir glauben nicht, daß die gesunde Person, wie man entsprechend dem Konzept der Fully Functioning Person (ROGERS, 1959) meinen könnte, eine immer kongruente Person ist. Sondern das DIM postuliert, und das können wir durch Ergebnisse der Transkriptanalysen zeigen, insbesondere auch an Daten aus Lehrtherapien, daß Personen, die sich psychisch gesund fühlen, d.h. die nicht leiden, sehr wohl Inkongruenzen erleben. Diese Personen erleben Inkongruenzen nicht nur selbstbedrohlich, sondern können sie, wie auch PFEIFFER (1992, mündliche Mitteilung) hervorgehoben hat, als Chance für konstruktive Veränderungen nützen. Gesunde Personen können ein Inkongruenzerleben nicht nur als Ansporn nehmen zu von ihnen erwünschten Änderungen ihres Denkens, Fühlens und Handelns. Sie verfügen auch über Informationsverarbeitungsstrategien, mit denen sie Inkongruenzen bewältigen können. Inkongruenztoleranz und Inkongruenzbewältigungsstrategien sind als Therapieziele daher oft ebenso bedeutsam, wie die Inkongruenzauflösung.

Was die Struktur des Selbst angeht, wird das Selbstkonzept aus unterschiedlichen Anteilen zusammengesetzt gesehen. Jeder Anteil des Selbst hat im DIM auch ein pathogenes Potential, das im Einzelfall zum Verständnis psychischer Störungen beitragen und therapeutisch berücksichtigt werden kann. Die frühen Anteile des Selbst werden im DIM organismische Bewertung genannt. Wir nehmen an, daß die organismische Bewertung nicht sozialer Natur ist. Dieses Bewertungssystem hängt nicht von einer sozialkommunikativen Beziehung oder von sozialkommunikativ vermittelten Symbolisierungen ab. Das DIM postuliert, daß der Organismus durch die Evolution ein Schema dafür hat, was ihm organismisch gut tut und was er vermeiden muß. Verhaltensuntersuchungen zeigen, daß Säuglinge schon in den ersten Lebensstunden auf bestimmte Reize ganzheitlich psychosomatisch mit Annäherung und auf andere mit Abwendung reagieren. Derartige Befunde illustrieren die organismische Bewertung, wie sie im DIM definiert ist.

Die Wertintrojekte bilden im DIM einen zweiten Anteil des Selbstkonzepts. Ihr psychopathogenes Potential ist in der Gesprächspsychotherapie unbestritten seit ROGERS (1959) ihre Entstehung im Zusammenhang mit Defiziten der unbedingten Wertschätzung herausgestellt hat.

Den dritten Anteil des Selbstkonzepts mit psychopathogenem Potential bilden im DIM die Lebenserfahrungs– und Lebensgestaltungskonstrukte. Diese entstanden aus der Einsicht, daß psychopathogene Bedingungen auch nach der frühen Kindheit wirksam sind und spätere Lebenserfahrungen psychische Störungen neu verursachen können. Die Lebenserfahrungskonstrukte und Lebensgestaltungskonstrukte werden lebenslang gebildet und modifiziert. Sie sind im DIM als Aussagen operationalisiert, wie man sich, die Mitmenschen und die Welt aus Erfahrung kennt, wie das Leben beschaffen ist, was man vom Leben hatte und noch erwartet u.ä.. Sie können nicht zuletzt auch als Lebens– und Zukunftsperspektiven das aktuelle Inkongruenzerleben der PatientInnen ebenso beeinflussen wie frühe Erfahrungen und organismische Bewertungen. Es sei hier auch an die Aussagen von SWILDENS (1988) erinnert.

Bei den dynamischen Aspekten des Selbst fehlen im DIM die Konstrukte der Abwehr, der Verdrängung und des Unbewußten als Störungskonstituenten. Das DIM ist so von der psychoanalytischen Störungslehre abgrenzbar. Es postuliert bewußtes Inkongruenzerleben, nicht jedoch ein Konzept des Unbewußten als Quelle psychogener Störungen. Das heißt, zu psychotherapierbaren Störungen kommt es erst, wenn der Organismus, ROGERS (1959) hat das so formuliert, wenigstens am Rande der Gewahrwerdung Inkongruenz erlebt, daß also Erfahrungen selbstinkongruent im Sinne von selbstbedrohlich bewertet werden. Ein bedeutsamer Aspekt der klientenzentrierten Störungslehre des DIM sind die defizienten und intakten Inkongruenzverarbeitungs– oder Inkongruenzbewältigungsstrategien, nicht jedoch der Begriff der Abwehr, der mit den Konzepten des Unbewußten und der Verdrängung in Beziehung steht. Das DIM arbeitet nicht mit den drei letztgenannten Begriffen. Ob man psychische Störungen als Folge unbewußter Konflikte, Ich–Abwehr–Kompromisse oder Verdrängungsfolgen interpretieren kann, ist natürlich eine andere Frage. Sie kann und soll hier nicht diskutiert werden.

4. Die phänomenologische Differenzierung des Inkongruenzerlebens

Die dritte Ebene des DIM differenziert das Inkongruenzerleben. Sie ist die Ebene der phänomenologischen Betrachtung der Inkongruenz. Das DIM definiert Inkongruenz als eine Unvereinbarkeit, Unverträglichkeit, Widersprüchlichkeit oder Bedrohlichkeit von persönlich relevanten dispositionellen, sozialkommunikativen und lebensereignisbedingten Erfahrungsanteilen mit dem aktuellen Selbstkonzept, so wie es sich aus der aktuellen Mischung von organismischer Bewertung, Wertintrojekten und Lebenserfahrungskonstrukten darstellt. Das DIM unterscheidet zwei Inkongruenzformen. Die eine ist die konflikthafte Inkongruenz. Sie entsteht daraus, daß im Selbstkonzept zwischen der organismischen Bewertung, den Wertintrojekten und/oder den Lebenserfahrungskonstrukten Unterschiede bestehen, die unvereinbar sind. Das sind dann die internalen Selbstkonflikte, die schon oft diskutiert worden sind (z.B. PERREZ, 1976), so daß sie hier nicht erneut behandelt werden sollen.

Neu ist im DIM die Konzeptualisierung der klinischen Erfahrung, daß es zahlreiche PatientInnen gibt, die nicht an konflikthaftem Inkongruenzerleben leiden. Sie wird im DIM als konfliktfreie Inkongruenz berücksichtigt. Bei dieser ist das Selbsterleben, so wie es sich in den Transkripten darstellt, nicht in sich widersprüchlich oder es wird von PatientIn nicht widersprüchlich erlebt. Diese PatientInnen leiden nicht an ihrem Selbst. Der Grund ihres Leidens ist vielmehr, daß sie eine Erfahrung machen, die ihr eigenes Verhalten betreffen kann, oder das Verhalten von wichtigen Bezugspersonen oder auch die Konfrontation mit unpersönlichen Lebensereignissen. Das letztgenannte Inkongruenzerleben wird im DIM lebensereignisbedingte Inkongruenz genannt. Sie kann das Selbst, so wie es ist, in einer sehr ganzheitlichen Weise bedrohen und hat nichts von einem konflikthaften Erleben an sich. Die Person zeigt dann auch kein Konfliktverhalten, so wie es die empirische Konfliktforschung beschrieben hat. Diese Inkongruenz wird als konfliktfreie Inkongruenz bezeichnet. Sie ist ein wichtiger Aspekt der Störungstheorie des DIM.

Ferner werden im DIM Theorien und Forschungsergebnisse akzeptiert, die psychische Störungen alternativ erklären oder verstehbar machen sowie therapeutische Veränderungen des Verhaltens ermöglichen können. Letztere können, soweit ihre Postulate und Befunde auch inkongruenztheoretisch interpretierbar sind, in die Gesprächspsychotherapie nach dem DIM integriert werden.

So können die handlungstheoretisch abgeleiteten Therapieoptionen von BENSE (1986), die allgemeinpsychologisch fundierten Explikationshilfen von SACHSE (1992), der Persönlichkeitsmerkmalen gerecht werdende differentielle Einsatz therapeutischer Strategien von TSCHEULIN (1992) sowie der Einsatz lerntheoretisch begründeter therapeutischer Strategien in der Gesprächspsychotherapie von TEUSCH (1993) im DIM als Optionen der Inkongruenzbearbeitung jenseits der Basisvariablen theoretisch stringent in die Gesprächspsychotherapie integriert werden.

5. Die nosologische Ordnung des Differentiellen Inkongruenzmodells"

Die vierte Ebene des DIM ist seine nosologische Ordnung. Sie führt zu einer inkongruenztheoretischen Einteilung der psychopathologischen Entwicklungen und psychischen Störungen in drei Klassen. Die erste Klasse sind die Störungen ohne bzw. mit nachrangiger und partieller Inkongruenzbeteiligung. Dieser Klasse zugeordnet werden Störungen von PatientInnen, die keine Inkongruenz erleben, weil ihre Störung kongruent mit ihrem Selbstbild ist. Ein Beispiel wäre ein Mensch mit einer Verhaltensstörung oder Störung der Impulskontrolle (ICD–10 F63), an der die Bezugspersonen, nicht aber er selbst leidet. Dazu gehören ferner Störungen, deren Symptome sich der persönlichen Erfahrung der Betroffenen entziehen und damit das Selbst nicht in Frage stellen bzw. bedrohen können. Ein Beispiel wäre eine Person mit von ihr selbst nicht bemerkten psychischen Ausfallerscheinungen wie bei der Alzheimerschen Gehirnerkrankung (ICD–10 F00). Hier eingeordnet werden auch Störungen der Grundfähigkeiten, beispielsweise Intelligenzmangelzustände (ICD–10 F7) oder Wahrnehmungsmängel, die organisch bedingt oder vererbt sind, so daß bestimmte Dinge nicht verwirklicht werden können, die ein gesunder Organismus kann.

Wenn bestimmte Erfahrungsbereiche ausfallen, wenn das reflexive Selbst stark beeinträchtigt ist, (seine Intaktheit ist ja die Voraussetzung der Psychopathologie und Psychotherapie im Rahmen der Gesprächspsychotherapie und fast jeder anderen Psychotherapie im engeren Sinne), wenn die Aktualisierung nicht intakt ist und oder keinen psychologischen Veränderungsspielraum hat oder wenn eine Person trotz Inkongruenzerlebens bei einer psychischen Störung keine Krankheitseinsicht hat, besteht kein Ansatzpunkt für eine gesprächspsychotherapeutische Inkongruenzbearbeitung.

Die zweite Klasse der Störungen im DIM sind Störungen mit vorrangiger oder partieller Inkongruenzbeteiligung mit kompensierter Inkongruenz.

Die dritte Klasse der Störungen im DIM sind Störungen mit vorrangiger oder partieller Inkongruenzbeteiligung mit dekompensierter Inkongruenz.

Diese Unterteilung ist unter gesundheitspolitischen „Versorgungsgesichtspunkten" bedeutungsvoll, denn es ist gefordert, zwischen Störungen mit Krankheitswert und Störungen ohne Krankheitswert im Sinne der Reichsversicherungsordnung zu unterscheiden. Die Leistungspflicht der Krankenkassen ist daher nur auf Krankheiten eingeschränkt.

In diesem Sinne werden im DIM die kompensierten Störungen unterschieden. Das sind solche psychischen Beeinträchtigungen, bei denen phänomenologisch Inkongruenzfolgesymptome und Inkongruenzäquivalente bestehen, die entweder nicht als selbstbedrohlich erlebt werden oder durch das Vorhandensein von Inkongruenztoleranz kein seelisches Leiden verursachen. Eine Person, die etwa eine kompensierte phobische Angststörung (ICD–10 F40.2) hat, weiß, daß sie nicht auf hohe Berge steigen darf, aber das ist für ihr gesundes Selbstgefühl erträglich. Sie sagt sich, was brauche ich eigentlich in die Berge zu fahren, ich mache sowieso lieber an der See Urlaub. Also ich fühle mich da nicht krank und das macht mir nichts aus. Eine Person mit krankhafter Akrophobie leidet, denn sie möchte auf die Berge steigen, und sie spürt den Reiz hochzusteigen und oben die

Furcht, runterzuspringen. Soll sie oder soll sie nicht auf den Berg, das ist bei ihr ein ganz anderes Erleben als bei der Person mit kompensierter Phobie, die sagt, ich weiß zwar, daß ich eine Akrophobie habe, aber ich gehe halt nicht dort hin. Es wäre unsinnig, bei derart kompensierten Störungen die Indikation für Psychotherapie zu stellen.

Das entscheidende subjektive Kriterium für die Nicht–Indikation von Psychotherapie ist hier die Inkongruenztoleranz. Inkongruenztoleranz aufzuheben, um das dann dekompensierende Inkongruenzerleben zu behandeln, ist nicht Gegenstand heilkundlicher Psychotherapie.

Die Psychotherapieindikation wird im DIM auf psychogene Störungen mit dekompensiertem Inkongruenzerleben begrenzt. Sie werden in Tab. 1 als dekompensierte Störungen aufgeführt. Bei ihnen ist den PatientInnen ein auch auf ihre eigene Person bezogenes Inkongruenzerleben bewußt. Die PatientIn sagt dann beispielsweise, ich weiß zwar nicht genau, wie es ist, aber irgendwie ahne ich, es hat etwas mit mir zu tun, das und das, was ich nicht kann oder, daß mir das so schwer fällt, oder auch, daß ich ein Magengeschwür habe. Wenn so etwas in den ersten Gesprächen deutlich wird, dann ist ein Ansatzpunkt gegeben für eine Probebehandlung mit Gesprächspsychotherapie. Also das teilweise Gewahrwerden eben der Inkongruenz, der störenden und leidvollen Nichtübereinstimmung von Erfahrung(en) und Selbstkonzept und die persönliche Motivation, es muß was getan werden, so kann's nicht weitergehen, das sind die charakteristischen Inkongruenz(folge)symptome. Sie reichen u.a. von der Erfahrungsvermeidung bis in den psychosomatischen Bereich. PatientIn hat auch in gewisser Weise Inkongruenztoleranz. Sie ist jedoch nicht so groß, daß er/sie das aushalten könnte, was als selbstinkongruent erlebt wird. Auch seine/ihre Inkongruenzbewältigungsstrategien, die er/sie bisher probiert hat, reichen nicht aus. So bemühen sich etwa Personen mit psychosomatischen Störungen vergebens, mit immer mehr Arbeit, durch immer mehr sich aufladen, doch noch die Anerkennung einer bedeutsamen Person zu bekommen oder doch noch irgendwie ihrer Lebensmaxime, ich muß gut sein, um geliebt zu werden, gerecht zu werden. Die Bewältigungsstrategien erlebt PatientIn selber als mangelhaft. Alle Anstrengung war nicht genug. Versuche wie etwa „wollen wir's nicht probieren, daß ich noch etwas fitter werden kann, körperlich, um das auszuhalten", finden sich besonders bei Therapiebeginn. Wenn mit den PatientInnen ein psychotherapeutisch wirksamer Kontakt gelingt, können sie diese Inkongruenzbewältigungsversuche eventuell aufgeben und sagen dann etwa: „Also anstelle der fortwährenden Anstrengung muß ich noch was dazu lernen oder ich muß lernen, gelassener zu werden oder ich muß eine andere Einstellung zu den Dingen bekommen, mit denen ich mich bisher unter Druck setzte." Das Offensein für neue Arten der Inkongruenzbewältigung ist eine bedeutsame Voraussetzung, um mit PatientInnen gut gesprächspsychotherapeutisch arbeiten zu können. Ferner wurde auch als therapeutisch wirksam erkannt, daß die PatientInnen ihre Inkongruenzverstärkungsstrategien erkennen. Diese sind z.B. das selektive Sammeln von selbstabwertenden Informationen oder generalisierendes Denken, das die Inkongruenz vergrößert; etwa einmal bedeutet immer oder eine negative Erfahrung beweist wieder einmal, daß ich überhaupt nichts tauge. Mit solchen Schlußfolgerungen legen sich die PatientInnen selber lahm. Diese Inkongruenzverstärkungsstrategien können kognitiv oder emotional therapeutisch bearbeitet werden.

Das reflexive Selbst ist bei psychotherapierbaren dekompensierten Störungen funktional intakt. Es ist teilweise sekundär, meist psychosozial gestört. Die Selbstentwicklung ist, wie SWILDENS (1988) beschrieben hat, bei den meisten psychotherapierbaren psychischen Störungen blockiert. Die Selbstentwicklung geht zumindest in Teilbereichen nicht weiter, stagniert. In der Terminologie des DIM sind die psychosozial bedingten dekompensierten Inkongruenzsyndrome die psychischen Störungen, für die die Gesprächspsychotherapie in ihrer „klassischen" Form konzipiert wurde.

6. Die Ordnung der psychischen Störungen der ICD–10 im Differentiellen Inkongruenzmodell

Die nosologische Ordnung des DIM erlaubt in der 5. Ebene des Modells die psychischen Störungen, wie sie in der ICD–10 klassifiziert sind, zu ordnen: 1. in Störungen, die häufiger ohne oder mit nachrangiger Inkongruenzbeteiligung vorkommen, 2. in Störungen, die häufiger mit vorrangiger oder teilweiser jedoch kompensierter Inkongruenzbeteiligung einhergehen und 3. in Störungen mit vorrangigem oder teilweisem dekompensiertem Inkongruenzerleben. Bei der dritten Klasse der Störungen kann der Mehrzahl der Betroffenen psychotherapeutisch geholfen werden, bei der zweiten Klasse ist eine psychotherapeutische Hilfe, obwohl möglich, nicht nötig. Bei den Störungen, die in die erste Klasse fallen, ist eine ausschließlich psychotherapeutische Hilfe nicht erfolgreich oder unter bestimmten Bedingungen kontraindiziert. So sind etwa die Störungen mit der Klassifikation ICD–10 F0, das sind die organischen einschließlich den symptomatischen psychischen Störungen, generell selten und im Einzelfall nur dann psychotherapeutisch angehbar, wenn es zusätzlich zu diesen definitionsgemäß körperlich bedingten seelischen Störungen, etwa einem Angstsyndrom bei Schilddrüsenüberfunktion, nach der organmedizinischen Abklärung und Behandlung derselben, noch ein dekompensiertes psychosozial bedingtes Inkongruenzerleben gibt. Dann kann dieser Person eine gesprächspsychotherapeutische Inkongruenzbehandlung mit Aussicht auf Erfolg angeboten werden.

Auch Störungen der ICD–10 Gruppe F1, die durch psychotrope Substanzen, einschließlich Alkohol bedingt sind, lassen sich nicht generell, sondern nur im Einzelfall neben bzw. nach anderen Therapieoptionen auch mit Gesprächspsychotherapie behandeln, wenn das Erleben der PatientInnen der allgemeinen Inkongruenzdynamik des DIM (SPEIERER, 1989a; 1990b) bei neurotischen und psychosomatischen Störungen wenigstens teilweise entspricht. Dies zeigt sich auch in den komplexen und multimodalen Alkoholtherapien, so wie sie heute praktiziert werden.

Für die schizophrenen Störungen der ICD–10 Gruppe F2 und für die affektiven vor allem depressiven Störungen der ICD–10 Gruppe F3 gilt, daß sofern diese PatientInnen an Inkongruenzerleben leiden, sie gesprächspsychotherapeutisch nur im subakuten Zustand behandelt werden können, wenn also die akuten psychosespezifischen Symptome abgeklungen sind und dann noch sozialkommunikative oder lebensereignisbedingte, hier störungsreaktive Erfahrungen In-

differentiellen Inkongruenzmodell der klientenzentrierten Psychotherapie

kongruenzerleben bedingen. Zu denken ist hier an Inkongruenzerleben, z.B. durch Diskriminierung seitens bedeutsamer Bezugspersonen oder die Befürchtung, von allen abgelehnt zu werden, wenn man aus der „Klapsmühle" kommt. Das akute psychosespezifische Störungserleben, etwa eine Verfolgungswahnsymptomatik ist psychotherapeutisch vielleicht durch eine Beziehungsgestaltung, wie sie BINDER & BINDER (1991) beschrieben haben und ohne die Betonung verbalisierender Empathie zu begleiten. Empathisches Verbalisieren kann dann störungsverstärkend wirken, weil es das wahnhafte Erleben des sich verfolgt Fühlens und damit dessen Selbstbedrohlichkeit vergrößern würde. Ein Ergebnis aus dem Wisconsin–Projekt (TRUAX, 1970) war, daß die Empathie, in hohem Ausmaß verwirklicht, bei akuten psychotischen Zuständen den Zustand der PatientInnen verschlechterte.

Die Hauptanwendungsgebiete der Gesprächspsychotherapie sind die dysthymen depressiven Störungen (ICD–10 F34.1), bei denen die endogenen Komponenten relativ gering sind, die Störungen der ICD–10 F4, im einzelnen die phobischen Störungen, die Angststörungen, die Zwangsstörungen, die Belastungs– und Anpassungsstörungen, die Konversionsstörungen und die somatoformen bzw. die Somatisierungsstörungen. Dazu kommen die psychosomatischen Störungen, die in der ICD–10 die Gruppe F54 bilden. Die Voraussetzung erfolgreicher Gesprächspsychotherapie bei jeder einzelnen Person mit einer dieser Störungen ist jedoch, daß eine psychotherapierbare Inkongruenzdynamik vorhanden ist.

7. Konsequenzen für die therapeutische Arbeit

Konsequenzen für das praktische psychotherapeutische Handeln, die sich aus dem DIM ergeben, sind:

1. *Die Redefinition der Gesprächspsychotherapie als Inkongruenzbehandlung.* Die Definition der Gesprächspsychotherapie erfolgt nicht mehr vorzugsweise aus den therapeutischen Bedingungen oder ihren TherapeutInnenmerkmalen, sondern entsprechend den Therapiezielen der Inkongruenzauflösung, Inkongruenzverringe-

rung, Inkongruenzbewältigung und Inkongruenztoleranz.
2. *Die Bereitstellung störungsspezifischen Wissens für die gesprächspsychotherapeutische Praxis.* Aufgrund der ätiologischen, phänomenologischen und nosologischen Erkenntnisse des DIM wurde begonnen, störungsspezifisches Wissen, mit anderen Worten eine spezielle Krankheitslehre der Gesprächspsychotherapie zu erarbeiten. Dazu wurden bei PatientInnen mit ausgewählten ICD–10 definierten psychischen Störungen aus deren Therapietranskripten mit Kriterien, die im Rahmen des DIM operationalisiert wurden, qualitativ und quantitativ die dispositionelle, die sozialkommunikative und lebensereignisbedingte Ätiologie der Inkongruenzanteile untersucht. Das PatientInnenselbst– und das Selbstidealkonzept mit seinen inkongruenzverstärkenden und inkongruenzverringernden Strategien, die selbstinkongruenten Anteile und Bereiche in den aktuellen Erfahrungen und die Inkongruenzäquivalente wurden phänomenologisch beschrieben. Die störungsspezifischen Besonderheiten der Inkongruenzdynamik wurden herausgestellt. Leitthemen der Inkongruenz wurden formuliert. Die derzeitigen Ergebnisse sind Arbeitshypothesen, die nicht nur durch Vergrößerung unserer Stichproben empirisch überprüft werden können. Man kann sie auch als Optionen zum Verstehen und zielorientierten therapeutischen Handeln in der gesprächspsychotherapeutischen Praxis verwenden.
3. *Die Reintegration von diagnostischem Handeln in die Gesprächspsychotherapie in Form der Inkongruenzanalyse.* Sie beinhaltet die Feststellung und Gewichtung von Inkongruenzerleben sowie Inkongruenzfolgesymptomen im individuellen Störungsgeschehen und die Unterscheidung und Gewichtung der drei Inkongruenzquellen. Ihre Ergebnisse ermöglichen die nosologische Einteilung entsprechend dem DIM und die Indikationsstellung der Gesprächspsychotherapie als Inkongruenzbehandlung. Gesprächspsychotherapie im klassischen Sinne ist nur dann indiziert, wenn die sozialkommunikativen Quellen der Inkongruenz in den ersten, etwa fünf Gesprächen, deutlich geworden sind und das Inkongruenzerleben bestimmen.

Jenseits der Indikation für oder gegen eine gesprächspsychotherapeutische Basisvariablentherapie ermöglichen die Ergebnisse der Inkongruenzanalyse die Planung und Verwirklichung inkongruenztheoretisch geleiteter differenzierter und individueller sowie störungsspezifischer Therapieoptionen. Diese können auch zu komplexen therapeutischen Plänen führen.

Für die dispositionellen Inkongruenzquellen sind Optionen jenseits von Psychotherapie zu erwägen. Neben sozialtherapeutischen Interventionen sind es oft auch Medikamente oder andere medizinische Hilfen sowie Rehabilitationsmaßnahmen, die hier in Frage kommen.

Bei den lebensereignisbedingten Inkongruenzquellen ist die Voraussetzung von Psychotherapie, daß die Situation für die betroffene Person zuerst einmal sicher ist. Personen, die an einer traumatischen Erfahrung leiden, beispielsweise durch Krieg oder Folter, müssen zunächst vor weiteren äußeren psychischen und/oder körperlichen Bedrohungen geschützt werden. Bei einer Frau mit einer Inkongruenzreaktion, die zuhause von ihrem alkoholisierten Mann terrorisiert wird, muß erst das häusliche Milieu saniert oder ein Aufenthalt im Frauenhaus ermöglicht werden, bevor man an Psychotherapie denken kann. Die differentiellen Vorgehensweisen des klinischen Handelns sind im DIM theoretisch rekonstruierbar, genauso wie sie bei der Anwendung des DIM theoretisch stringent abgeleitet werden können.

Für eine umfassende Darstellung des DIM als allgemeine und spezielle Störungstheorie der Gesprächspsychotherapie verweise ich auf meine Monografie (SPEIERER, 1994). Sie enthält zu zahlreichen Störungen der ICD–10 exemplarische Therapietranskripte, die inkongruenztheoretisch ausgewertet und kommentiert werden. Sie zeigen die Möglichkeiten und Grenzen der Gesprächspsychotherapie als Inkongruenzbehandlung.

8. Literatur

BENSE, A. (1981). *Klinische Handlungstheorie. Erleben, Verhalten und Handeln in der Klinischen Psychologie.* Weinheim: Beltz.
BENSE, A. (1986). *Das Symptom als Handlung.* München: Profil.

BIERMANN–RATJEN, E.–M., ECKERT, J. & SCHWARTZ, H.–J. (1979). *Gesprächspsychotherapie.* Stuttgart: Kohlhammer.
BINDER, U. & BINDER, H.J. (1991). *Studien zu einer störungsspezifischen klientenzentrierten Psychotherapie.* Eschborn: Klotz.
DILLING, H., MOMBOUR, W. & SCHMIDT, M.H. (1991). *WHO–Internationale Klassifikation psychischer Störungen. ICD–10.* Bern: Hans Huber.
PERREZ, M. (1976). Gesprächspsychotherapie als Therapie internal motivierter Konflikte. In P. JANKOWSKI, D. TSCHEULIN, H.–J. FIETKAU & F. MANN (Hrsg.) *Klientenzentrierte Psychotherapie heute. Bericht über den 1. Europ. Kongreß für Gesprächspsychotherapie in Würzburg 28.9.–4.10.74.* (S. 82–83). Göttingen: Hogrefe.
ROGERS, C. R. (1957). The necessary and sufficient conditions of therapeutic personality change. *Journal of Consulting Psychology, 21,* 95–103
ROGERS, C. R. (1959). A Theory of Therapy, Personality, and Interpersonal Relationships, as developed in the Client–centered Framework. In S. KOCH (Ed.). *Psychology. A Study of a Science.* (pp. 185–252). New York: McGraw Hill (deutsche Übersetzung: Köln: GwG–Verlag, 1987)
ROGERS, C. R. & SANFORD, R. C. (1985). Client–centered Psychotherapy. In H. J. KAPLAN, & B. SADOCK (Eds.), *Comprehensive Textbook of Psychiatry, Vol. IV,* pp 1374–1388. Baltimore: Williams & Wilkins.
SACHSE, R. (1992). *Zielorientierte Gesprächspsychotherapie.* Göttingen: Hogrefe.
SPEIERER, G.–W. (1986). Selbstentfaltung in der Gesprächspsychotherapie. *Zeitschrift für Personenzentrierte Psychologie und Psychotherapie, 5, (2),* 165–181
SPEIERER, G.–W.(1989a). Die Krankheitslehre der klientenzentrierten Psychotherapie (Gesprächspsychotherapie/GPT). In R. SACHSE & J. HOWE (Hrsg.). *Zur Zukunft der klientenzentrierten Psychotherapie.* (S. 37–53) Heidelberg: Asanger.
SPEIERER, G.–W. (1989b) Zur Krankheitslehre der Gesprächspsychotherapie: Krankheits– und therapiespezifische Besonderheiten bei psychosomatischen Störungen. In J. FINKE & L. TEUSCH (Hrsg.) (1993).

Krankheitslehre der Gesprächspsychotherapie. (S. 103–113). Heidelberg: Asanger.

SPEIERER, G.-W. (1990a). Toward a specific illness concept of client–centered therapy. In G. LIETAER et al. (Eds.). *Client–centered and experiential psychotherapy in the nineties.* (pp. 337–359). Leuven: Leuven University Press

SPEIERER, G.-W. (1990b): Eine klientenzentrierte Krankheitstheorie für die Gesprächspsychotherapie. In G. MEYER–CORDING & G.-W. SPEIERER (Hrsg.). *Gesundheit und Krankheit.* (S. 86–114). Köln: GwG–Verlag.

SPEIERER, G.-W. (1990c). Zur Inkongruenzdynamik als spezifischem Indikationskriterium der Gesprächspsychotherapie bei hysterischen Neurosen. In J. FINKE & L. TEUSCH (Hrsg.) (1991). *Gesprächspsychotherapie bei Neurosen und psychosomatischen Erkrankungen.* (S. 59–72). Heidelberg: Asanger.

SPEIERER, G.-W.(1991a). *Uniform or disorder–specific forms of incongruence as guidelines for indication and treatment in client–centered psychotherapy?* Vortrag anl. ICCCEP–Tagung in Stirling/ Schottland v. 1. – 6. 7. 1991. (Deutsche Übers. s. SPEIERER, G.-W. (1992 b) op. cit.).

SPEIERER, G.-W. (1991b). Zur Inkongruenzdynamik bei Angststörungen. In R. SACHSE et al. (Hrsg.) *Jahrbuch für Personzentrierte Psychologie & Psychotherapie.* Köln: GwG–Verlag (im Druck).

SPEIERER, G.-W. (1992a). Zur Krankheitslehre der klientenzentrierten Gesprächspsychotherapie: Neuere Ergebnisse. *Psychologie in der Medizin, 3, (1)* 24–30.

SPEIERER, G.-W. (1992b). Einheitliche oder krankheitsspezifische Inkongruenzformen in der klientenzentrierten Gesprächspsychotherapie? *GwG–Zeitschrift, 85,* 22–26.

SPEIERER, G.-W. (1992c). Zur Krankheitslehre der klientenzentrierten Psychotherapie: Die Inkongruenzdynamik bei Zwangsstörungen. Vortrag anl. Arbeitstagung der Ärztlichen Gesellschaft für Gesprächspsychotherapie (ÄGG) am 25. 9. 1992 in Leipzig. In SPEIERER, G.-W. (1994) *op. cit.*

SPEIERER, G.-W. (1992d). Medizin, Ökologie, Klientenzentrierte Psychologie und Krisenintervention. In U. STRAUMANN (Hrsg.) *Beratung*

und *Krisenintervention.* (S. 55–83). Köln: GwG–Verlag.
SPEIERER. G.–W. (1992e). *Das Differentielle Inkongruenzmodell (DIM) als Hilfe zum Verständnis psychosomatischen Krankseins und der Planung therapeutischer Interventionen in der psychosomatischen Grundversorgung.* Vortrag anl. XIII. Kongress der Ges. für Psychother., Psychosomatik und Med. Psychologie in Leipzig 4.–5. 9. 1992.
SPEIERER, G.–W. (1994). *Das Differentielle Inkongruenzmodell (DIM): Handbuch der Gesprächspsychotherapie als Inkongruenzbehandlung.* Heidelberg: Asanger.
SWILDENS, H. (1988). *Procesgerichte Gesprekstherapie* Leuven: Acco. (Deutsch (1991). Köln: GwG
TEUSCH, L. (1993), KRAMER–ALT, C., BÖHME, H. *Gesprächspsychotherapie und verhaltenstherapeutische Expositionsbehandlung bei Patienten mit Panik und Agoraphobie in einem integrativen stationären Behandlungskonzept. Ergebnisse einer Ein–Jahreskatamnese.* Vortrag anl. Jahrestagung der Ärztl. Ges. für Gesprächspsychotherapie (ÄGG) am 25.9.1993 in Erlangen.
TRUAX, C.B. (1970). Effects of client centered psychotherapy with schizophrenic patients: nine years pretherapy and nine years posttherapy hospitalization. *Journal of Consulting and Clinical Psychology, 3,* 417–422.
TSCHEULIN, D. (1992). Konfrontieren und Nicht–Konfrontieren als Techniken in der differentiellen Gesprächspsychotherapie. In M. BEHR, U. ESSER, F. PETERMANN, W. M. PFEIFFER, R. TAUSCH (Hrsg.). *Jahrbuch für Personzentrierte Psychologie & Psychotherapie.* (S. 55–65) Köln: GwG–Verlag.

Anschrift des Verfassers:
Prof. Dr. med. Dipl.–Psych. G.–W.Speierer
Leiter der Einheit Medizinische Psychologie
der Universität Regensburg
Universitätsstraße 31
D–93053 Regensburg

Grundlagen und Modellvorstellungen für eine personenzentrierte Störungslehre [1]

Dieter Tscheulin

Fundamentals and Concepts of a Person–Centered
Theory of Mental Disorder

Summary

Three components of a person–centered theory of mental disorder are proposed. The first component includes the revision of current hypotheses and the formulation of new principles. These are presented such that a person–centered theory of disorder appears plausible and convincing. The second component discussed is the distinction between action–oriented and self-oriented persons and the establishment of a differential client–centered therapy. This component is mentioned only briefly, as it has already been described and documented in detail (TSCHEULIN, 1992a, 1992b). BENJAMIN'S system of 'Structured Analysis of Social Behavior (SASB)' will be suggested as a third component. The importance and usefulness of this system with respect to a person–centered theory of mental disorder will be described in detail and documented by case studies. SASB used as a model and diagnostic instrument helps the user to understand *and* measure the **P**roblem of the unique Person and his development, as well as the **T**herapyprocess, and the **O**utcome of this process (PTO congruence).

---

[1] Dieser Artikel ist eine Überarbeitung eines Vortrags und einer Tischvorlage. Die Abschnitte 3.2 und 3.4 sind zum Teil übernommen aus TSCHEULIN & GLOSSNER (1993).

Zusammenfassung

Es werden drei Teilstücke einer Personenzentrierten Störungslehre benannt. Ein erster Punkt ist die Revision bisheriger „Hypothesen" und die Formulierung neuer Grundsätze, die eine solche Störungslehre glaubhaft erscheinen lassen. Ein zweiter Punkt ist die Unterscheidung von aktions– und selbstbezogenen Personen und die Grundlegung einer Differentiellen Klientenzentrierten Psychotherapie. Dieser Punkt wird hier nur kurz behandelt, da er bereits ausführlich dokumentiert ist (TSCHEULIN, 1992a, 1992b). Mit dem System der Strukturierten Analyse Sozialer Beziehungen (SASB) von BENJAMIN wird ein drittes Teilstück benannt. Die Bedeutung und Brauchbarkeit dieses Systems für eine Personenzentrierte Störungslehre wird relativ ausführlich dargestellt und an Fallbeispielen dokumentiert. SASB als Modell und als diagnostisches Instrument ermöglicht das Verstehen *und* das Messen des <u>P</u>roblems und seiner Entstehung, des <u>T</u>herapieprozesses und der <u>E</u>ffektivität dieses Prozesses (PTE–Kongruenz).

Im Folgenden wird keine „fertige" Störungslehre vorgelegt. Vielmehr werden wesentliche „Bausteine" zusammengetragen, die den Aufbau einer Störungslehre ermöglichen, an der alle gesprächspsychotherapeutisch arbeitenden Personen – sei es in der Forschung oder in der Praxis – mitwirken können. Auf lange Sicht wird es ohnehin entscheidender sein, ob es gelingt, Ideen in die wissenschaftliche Diskussion zu tragen, die in den verschiedensten wissenschaftlichen Lagern Forschungsaktivitäten zu einer (personenzentrierten!) Störungslehre anregen und die bewirken, daß der „personenzentrierte Ansatz" im Rahmen der schulenübergreifenden Psychotherapieforschung mit Studien zur Diagnose und Erklärung psychischer Störungen wahrgenommen wird.

In diesem Beitrag findet auch keine Auseinandersetzung mit den Kriterien der Psychotherapie–Richtlinien statt (obwohl sie mitbedacht werden). Insofern ist das Folgende vielleicht mehr ein Beitrag zu einer ätiologisch orientierten Diagnostik und personenzentrierten Praxis, die der „Kausalitätsforderung" der Psychotherapie–Richtlinien der kassenärztlichen Bundesvereinigung genügen (vgl. FABER & HAARSTRICK, 1991). Es ist sicherlich ein Beitrag zu einem Forschungsprogramm, das Erkenntnisse für eine Personenzentrierte Störungslehre bringen wird.

1. Grundsätze

1.1 Bisherige Grundsätze und deren Revision

ROGERS kennzeichnet 1980/1983 die klientenzentrierte Psychotherapie mit Grundsätzen, die er auch als „Merkmale" und zum Teil als „Hypothesen" bezeichnet (vgl. 1983, S. 472ff). Er entwickelt seine Störungslehre – ähnlich wie andere Begründer psychologischer Heilmethoden – aus den psychotherapeutischen Erfahrungen heraus (ROGERS, 1959/1987) und nicht von der Entwicklungspsychologie her, wie dies auch möglich wäre (z.B. KRUSE, 1991). Zusammen mit den theoretischen Aussagen von 1964 und 1968 kann seine Position so ausgedrückt werden:

Bisherige Grundsätze:

1. Bestimmte Haltungen (attitudes) von Therapeuten sind die notwendigen und hinreichenden Bedingungen therapeutischer Effektivität. [*Exklusivitäts–Satz 1*]
2. Psychotherapie ist ein Reifungsprozeß und das „medizinische Modell", das eine Diagnose der Störung, die Spezifität der Behandlung und eine Erwünschtheit von Heilung einschließt, ist „im Umgang mit den meisten psychischen Störungen" zurückzuweisen. [*Exklusivitäts–Satz 2*]
3. Dieselben Prinzipien der Psychotherapie gelten für alle Personen („psychotische", „neurotische", „normale"). [*Prinzipien–Uniformität*]
4. Interesse besteht am *Prozeß* der Persönlichkeitsveränderung und „weniger an der Struktur der Persönlichkeit". Die Theorie ist „eher eine Feldtheorie als eine genetische Theorie", eher eine Prozeß-

theorie als eine Theorie der Entwicklung. [*Prozeß–Priorität*]
5. Psychotherapie ist ein besonderer Fall konstruktiver zwischenmenschlicher Beziehung im allgemeinen (Generalisierungsmöglichkeit jeglicher Erkenntnis aus Psychotherapie).
[*Generalisierungs–Satz*]
6. Theoretische Aussagen sind nur aufgrund von Erfahrung („experience") zu entwickeln; sie sind offen für ständige Weiterentwicklung. [*Erfahrungs–Priorität*]
7. In der Therapie– und Persönlichkeitstheorie ist der Inkongruenz– bzw. Kongruenzbegriff zentral (Verbindung mit allen Grundbegriffen). [*Inkongruenztheorie*]
8. Die klientenzentrierte Störungslehre ist nicht nur eine *intrapersonale* „phänomenologische Theorie" (Ausgangspunkt: Selbsterleben, Subjektivität), sondern auch eine *interpersonale Störungstheorie* (die Prozesse werden als Interaktionen zwischen zwei oder mehr Personen verstanden und objektiviert).

Vorschläge zur Revision der bisherigen Grundsätze:

Die folgenden Vorschläge zur Revision der bisherigen Grundsätze greifen das Vorgehen ROGERS' auf, von den Erfahrungen des therapeutischen Prozesses auszugehen, orientieren sich aber auch an den Erkenntnissen der Psychologie, speziell der Entwicklungs– und Sozialpsychologie, und vor allem an den neueren Erkenntnissen theoretischer und empirischer Psychotherapieforschung. Berücksichtigt eine Revision auch diese Forschungsseite, dann wird dies (a) sowohl zur Beibehaltung und Differenzierung des heute noch Gültigen, als auch (b) zu einer Reduzierung führen, dort nämlich, wo in den bisherigen Grundsätzen zu viel ausgesagt wurde. So müßte Grundsatz 1 um die Aussage der *hinreichenden* Bedingungen reduziert werden. Grundsatz 2 ist richtig, muß aber erweitert werden durch einen Optimierungs– und genetischen Interaktionssatz (s.u.). Grundsatz 3 (Prinzipien–Uniformität) muß hinterfragt und durch differenzierende Bedingungen modifiziert werden. Zentrales Konzept dafür ist die Definition von Psychotherapie als Therapeutisches Basisverhalten und Differentielle Psychotherapie (s. Abschnitt 1.3).

und Modellvorstellungen für eine personenzentrierte Störungslehre

Zur Formulierung einer Störungslehre ist der Gesprächspsychotherapie sicherlich eine Konzeption naheliegender, die auf Persönlichkeitsunterschiede abzielt, wie sie aus sozialen Beziehungsverhältnissen heraus entstehen, statt von psychopathologischen Klassifizierungen (nach Art psychiatrischer Störungslehren) auszugehen. Es werden deshalb für eine Revision die folgenden ergänzenden Grundsätze vorgeschlagen:

1. Eine Personenzentrierte Störungslehre baut auf der Inkongruenztheorie (ROGERS, 1959) auf *und* geht in solchen spezifischen Punkten über sie hinaus, die eine Differenzierung nosologischer Kategorien und eine Optimierung der Wirksamkeit gestatten (*Optimierungs–Satz*).
2. Eine Personenzentrierte Störungslehre ist auf die einzelne (einzigartige) Person P, auf die Situation S dieser Person und auf deren Geschichte G gerichtet, die als eine Funktion f der Beziehungsverhältnisse zu wichtigen Bezugspersonen Bp aufgefaßt wird (*genetischer Interaktions–Satz*): $G = f (P \times Bp1 \times S;\ P \times Bp2 \times S;\ ...)$
3. Eine Personenzentrierte Störungslehre ist offen für den Austausch mit anderen Theorien: Ohne sich in den engen Rahmen einer etablierten Theorie zu begeben, läßt sie sich durch empirische Befunde modifizieren und versucht andere aufgrund ihrer Empirie zu modifizieren. Ziel ist die Erklärung und Beschreibung gestörten Erlebens und Verhaltens mit einer offenen Theorie auf der Basis personenzentrierter Grundsätze (*Empirie–Priorität*).
4. Eine Personenzentrierte Störungslehre ist in ihren Aussagen und ihrer Begrifflichkeit auf die psychologische Erfahrungswissenschaft bezogen. Sie ist insbesondere offen für entwicklungs–, sozial– und persönlichkeitspsychologische Überprüfungen (*Erfahrungswissenschaftliche Verankerung*).
5. Eine Personenzentrierte Störungslehre ist auf die Beschreibung einer Störung (Diagnostik) und der damit kohärenten Erklärung ihrer Entstehung (Ätiologie) und Bewältigung (Therapie) gerichtet. Sie ist gleichzeitig eine psychodiagnostische und psychotherapeutische Methodik (*Integration von Diagnostik und Therapie*; Verbindung einer ätiologischen Theorie mit einer kontrollierten

Praxis). Dieser Satz soll für die wissenschaftlich fundierte Praxis wie für die wissenschaftliche Forschung gelten. Er konkretisiert sich in der *PTE–Kongruenz* (engl.: PTO): Konzepte und Instrumente zur Problemerfassung (Psychodiagnostik), zur Therapieprozeßerfassung und zur Effektdetermination (Outcome) müssen zusammenpassen, müssen kongruent sein. Beobachtungs– und Handlungskategorien müssen sich besser entsprechen als bisher.

1.2 Störungsbegriff und sozial–kommunikative Ätiologie

Im Folgenden soll vom Störungsbegriff des DSM–III–R ausgegangen werden, das „keine genauen Grenzen für den Begriff der 'Psychischen Störung' festlegt" und nicht Personen, sondern nur Störungen klassifiziert. Die dort genannten und rein deskriptiv anhand von Verhaltenskriterien bestimmten Störungen werden als Merkmalsmuster („psychische Syndrome") verstanden. Ein Merkmalsmuster ist durch folgende Punkte gekennzeichnet:

1. Es geht bei einer betroffenen Person in typischer Weise einher mit (a) entweder unangenehm erlebten Beschwerden oder (b) mit einer Behinderung oder (c) mit einem stark erhöhten Risiko, zu sterben oder Beschwerden oder Behinderungen oder einen „tiefgreifenden Verlust an Freiheit" zu erleiden.
2. Es ist „nicht ausschließlich eine verständliche Reaktion auf ein bestimmtes Ereignis wie etwa der Tod eines geliebten Menschen" („ursprünglicher Grund").
3. „Unabhängig von dem ursprünglichen Grund muß gegenwärtig eine verhaltensmäßige, psychische oder biologische Dysfunktion bei der betroffenen Person bestehen." (WITTCHEN, SASS, ZAUDIG & KOEHLER, 1989, S. 10)

Die Verwendung des DSM–III–R ermöglicht die Vermeidung des Krankheitsbegriffes und gestattet doch entsprechende Störungsmuster als „Störungen mit Krankheitswert" zu postulieren. In bezug auf die ätiologische Erklärung ist das DSM–III–R „atheoretisch" oder vielleicht besser „pantheoretisch". Bis auf wenige Ausnahmen (bei denen die organische bzw. psychosoziale Verursachung wegen der geklärten

Ätiologie schon im Begriff enthalten ist) ist es offen für konkurrierende psychologische, soziale oder biologische Erklärungen oder für Erklärungen, die ein Wechselspiel aus diesen Faktoren nachzuweisen vermögen (vgl. das „Biopsychosoziale Modell" bei BASTINE, 1984; und das „Differentielle Inkongruenzmodell" von SPEIERER, 1992).

Der vorliegende Ansatz zur ätiologischen Erklärung psychischer Störungen ist rein psychologisch (*Sozial–kommunikative Ätiologie*). Der Autor will herausfinden, inwiefern Merkmalsmuster psychischer Störungen aus entwicklungs– und sozialpsychologischen („lebensgeschichtlichen") Prozessen und mit (persönlichkeitspsychologischen) Strukturen des sozialen, emotionalen und kognitiven Verhaltens erklärt werden können und wie dadurch psychotherapeutische Prozesse besser verständlich gemacht werden können.

Ausgangsbasis ist die Inkongruenztheorie (1959), die – ähnlich wie bei SPEIERER (1994) – differenziert und mit interpersonalen Struktur–Aspekten verbunden wird. Die wissenschaftstheoretische Position ist stark von ROGERS' Thesen geprägt, die fordert, daß sowohl der subjektive, wie der objektivierende und interpersonale Erkenntnisweg zu verwenden sei und alle drei aufeinander bezogen sein müssen (ROGERS, 1964).

Kritik: Die Untersuchungen des Autors waren nicht explizit als ätiologische Studien, sondern als Arbeiten zur Grundlegung einer Differentiellen Gesprächspsychotherapie angelegt, die notwendigerweise ätiologische Aussagen implizieren.

1.3 Definition von Psychotherapie

Jede Weiterentwicklung und Erweiterung einer wissenschaftlich fundierten Methodik des Heilens muß ihre neuen Erkenntnisse sowohl in den bestehenden Grundlagen verankern, als auch offen sein für weitere Veränderungen. Eine dazu geeignete Begrifflichkeit wird mit der Definition von Psychotherapie als *Therapeutischem Basisverhalten und Differentieller Psychotherapie* erreicht (für Details vgl. TSCHEULIN, 1992a).

Das Therapeutische Basisverhalten umfaßt – sehr vereinfacht ausgedrückt – die „klassische klientenzentrierte Psychotherapie" und vermutlich kann das, was in seinen Bereich fällt, für 85% – 90% der

Effektivität von Psychotherapie verantwortlich gemacht werden. Es ist aber nicht spezifisch für Psychotherapie. Für psychische Heilbehandlung spezifisch ist eine Differentielle Psychotherapie, die eine Adaptation an sehr unterschiedliche Problemsituationen und damit eine Optimierung der Effektivität ermöglicht. Das ist sozusagen die Quintessenz der empirischen Untersuchungen zum Beispiel von HEINERTH (1982), LIETAER & NEIRINCK (1986), DIERICH & LIETAER (1992), MITTAG (1987), SACHSE & MAUS (1991), SCHULZ (1981), SPEIERER (1992), TSCHEULIN (1992a,b) und von anderen, die hier nicht alle genannt werden können. Es ist nach Meinung des Autors auch die Quintessenz der ätiologisch orientierten und phänomenologischen Beschreibungen z.B. von FINKE (1994), PFEIFFER (1994) und SWILDENS (1991), die auf reichen praktischen Erfahrungen basieren. Und es ist auch die Quintessenz der Botschaft jener Autoren, die die interpersonale Dimension oder den interaktionellen Ansatz in die Gesprächspsychotherapie integriert haben, wie z.B. VAN KESSEL & VAN DER LINDEN (1993), deren Arbeit jetzt von PFEIFFER übersetzt wurde und damit auf deutsch zugänglich ist.

Entscheidend ist, daß für beide Bereiche die gleiche und insofern zentrale „Gesetzmäßigkeit" psychotherapeutischer Veränderung angenommen werden kann, nämlich die *Klient–Therapeut–Komplementarität*. Wiederum sehr vereinfacht ausgedrückt: Im Bereich des Therapeutischen Basisverhaltens trifft die hilfesuchende Person, die sich schlecht verstehen und akzeptieren kann und im inneren Zwiespalt lebt, auf eine Person, die sie sehr wohl zu verstehen und zu akzeptieren vermag und dabei in ihrer Art Hilfe zu bieten selbstkongruent ist und zu bleiben vermag. Diese reziprok–komplementäre Ergänzung gilt auch im Bereich der Differentiellen Psychotherapie auf ähnliche Art und auf sehr vielfältige und unterschiedliche Weise, was an einigen Beispielen im Folgenden noch verständlich werden könnte.

Die Bereiche und vor allem die Verknüpfung des Therapeutischen Basisverhaltens mit der Differentiellen Psychotherapie können in der Modellgrafik des sogenannten *„Komponenten–Modells"* (vgl. die Abbildung 1; aus TSCHEULIN, 1992a, S. 162, bzw. ORLINSKY & HOWARD, 1987, p. 454) zusammenfassend dargestellt werden. Im oberen Teil erscheinen die beiden Bereiche des Therapeutischen

und Modellvorstellungen für eine personenzentrierte Störungslehre

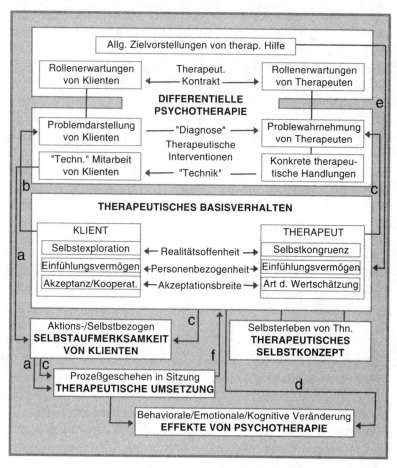

(a: Differentielle Effekte, b: Grundlagen–Funktion des Therapeutischen Basisverhaltens, c: Kohäsions–Funktion, d: Direkte Therapeutische Funktion. b/c/e : Direkte Verknüpfung bzw. Integration von Therapeutischem Basisverhalten und Differentieller Therapie, [a–f]/[c–f]: Indirekte Verknüpfung.)

Abbildung 1: *Komponenten des therapeutischen Prozesses; Therapeutisches Basisverhalten und Differentielle Therapie (aus TSCHEULIN, 1992a, S. 162)*

Basisverhaltens und der Differentiellen Psychotherapie mit ihren direkten Verknüpfungen (Pfade b, c, e). Das Therapeutische Basisverhalten hat direkte Auswirkungen auf die Problemdarstellung von Klienten (Pfad b) und die Problemwahrnehmung von Therapeuten (Pfad c). Und der engere Bereich der Heilbehandlung (die Differentielle Psychotherapie) wirkt sich – speziell über die Zielvorstellungen von therapeutischer Hilfe, die in einer Gesellschaft bestehen – auf die Wechselwirkungsprozesse des Therapeutischen Basisverhaltens aus (Pfad e).

Im folgenden Abschnitt soll der Blick zunächst auf die Komponente «Selbstaufmerksamkeit von Klienten» und damit auf die indirekte Verknüpfung (Pfade a–f und c–f) gelenkt werden. Im darauf folgenden Abschnitt, der am meisten Raum einnehmen wird, soll an Hand von einem oder zwei Beispielen die Komponente «Therapeutische Intervention» mit „Diagnose" und „Technik" verdeutlicht werden. In beiden Fällen werden die ätiologisch–theoretischen wie die daraus folgenden therapeutisch–praktischen Implikationen („Kausalitätsforderung") skizziert.

2. Unterschiedliche Selbstaufmerksamkeit und Differentielle Psychotherapie

Die Komponente «Selbstaufmerksamkeit von Klienten» liefert eine ätiologische Erkenntnis für eine eher basale Unterscheidung, die differentielles Vorgehen ermöglicht und rechtfertigt. Diese Erkenntnis kann in folgendem Satz formuliert werden:

Unterschiedliche Selbstaufmerksamkeit führt zu unterschiedlichen Arten gestörten Erlebens und Verhaltens, die der Differentiellen Psychotherapie bedürfen.

Diese Aussage ist mit folgenden Implikationen und Belegen zu präzisieren (für Details vgl. TSCHEULIN, 1992a):
1. *Bezug zu nosologischen Kategorien:* Patienten mit dysthymischen bzw. depressiven und solche mit phobischen Störungen bzw. Angstsyndromen sind vorwiegend *selbstbezogen*. Aufgrund des häufig sie kennzeichnenden Zustandes von Selbstaufmerksamkeit,

und Modellvorstellungen für eine personenzentrierte Störungslehre

in dem sie auf ihr Selbst als Objekt bezogen sind, sind sie auch ihren Inkongruenzen sozusagen ausgeliefert.
Dagegen sind Patienten mit Konversionsstörungen und viele mit Suchtsyndromen und mit psychosomatischen Störungen (DSM–III–R 316.00), mit Borderline und zwanghaften Persönlichkeitsstörungen, aber auch „testnormale" Patienten vorwiegend *aktionsbezogen*. Aufgrund des Zustandes von periferer „Selbstaufmerksamkeit", in dem sie sich häufig befinden und in dem sie *nicht* auf ihr Selbst, sondern auf die Ziele ihrer Handlungen gerichtet sind, besteht bei ihnen ständig das Problem, daß sie gefährliche Inkongruenzen gar nicht wahrnehmen können.
Bei aktions– und selbstbezogenen Patienten ist ein differentielles Vorgehen indiziert, um eine Optimierung der Effektivität zu erreichen (vgl. oben «Optimierungssatz»).

2. *Ätiologisch–theoretische Implikation:* Zustände unterschiedlicher Selbstaufmerksamkeit werden (außer durch dispositionelle Faktoren wie Introversion–Extraversion) vor allem durch die soziale Situation determiniert: durch die Art der beruflichen Arbeit und durch die Art der familiären oder anderer sozialen Beziehungsverhältnisse. Es sind vor allem sozialpsychologische Untersuchungen, die das Entstehen der unterschiedlichen Störungsarten erklären (vgl. oben «Empirie–Satz»).

3. Die *therapeutisch–praktische Implikation* wird durch die «Indikationsregel» und die darin formulierte «Klient–Therapeut–Komplementarität» deutlich.

Indikationsregel
- Den *aktionsbezogenen* Patienten, die es schwer haben, sich selbst zu erleben, und deshalb Widersprüchliches bei sich übersehen, stellen sich Therapeuten mit einem *erlebnisfördernden* evokativen Vorgehen komplementierend zur Verfügung. Z.B.: Erlebnis–Konfrontation; „Zwei–Stuhl–Technik".
- Den überstark *selbstbezogenen* und dadurch in ihrer Handlungsmöglichkeit eingeschränkten Patienten stellen sich Therapeuten mit einem *handlungsaktivierenden* anleitenden Vorgehen komplementierend zur Verfügung. Z.B.: Aufgaben setzen (homework assignments; event. mit „Reizkonfrontation"); beharrliches Ansprechen kritischer Alltagsbereiche im „nichtwertenden Dialog".

4. *Empirische und theoretische Bezüge:* Diese Indikationsregel steht in Übereinstimmung mit den o.g. empirischen Arbeiten z.B. von HEINERTH (1982), LIETAER & NEIRINCK (1986), MITTAG (1987), SACHSE & MAUS (1991) und SCHULZ (1981).
Theoretische Bezüge bestehen nicht nur zur Selbstaufmerksamkeitstheorie von DUVAL & WICKLUND (DUVAL & WICKLUND, 1972; DRINKMANN, 1986), sondern auch zur Theorie der Handlungs– und Lageorientierung (KUHL, 1983). Es gibt hierzu stützende Befunde sowohl aus der Gesprächspsychotherapie (SACHSE & RUDOLPH, 1992) wie aus der Verhaltenstherapie (HARTUNG, SCHULTE & WILKE, 1992). („Reizkonfrontation" ~ Aktivierungsmethode bei Selbstbezogenen.)
Clusteranalytische Untersuchungen aufgrund gängiger diagnostischer Verfahren (FPI, Gießen–Test, MMPI) erbringen unabhängig voneinander Klassifikationen von fünf Patientengruppierungen, bei denen die Mitglieder von zwei Clustern prototypisch als aktions– und als selbstbezogen bezeichnet werden können. Es besteht ein (möglicherweise kreisförmiges) Kontinuum von (a) „testnormalen" (aber leidenden!) Personen, über (b) aktionsbezogene, (c) dysthymische, (d) selbstbezogene zu (e) im Test extrem gestört erscheinenden Personen (113 ambulante Patienten bei SCHULZ, 1981; 300 stationäre Patienten bei TSCHEULIN & TROUW, 1992). In einer Untersuchung von MESTEL an 349 Klinikpatienten gehören 57% der Personen mit der Diagnose Borderline– oder Schizotypische Persönlichkeitsstörung in eine Gruppe von als aktionsbezogen zu bezeichnenden Personen (nur 3% haben die Diagnose dysthymisch gestört), in die Gruppe der Selbstbezogenen fallen 26% mit der Diagnose dysthymisch gestört (und nur 15% mit der Borderline–Diagnose).
5. Die Unterscheidung von Störungsformen auf Grund unterschiedlicher Zustände der Selbstaufmerksamkeit oder Self–Relatedness ist eher von *grundsätzlicher Bedeutung* für einen differentiellen klientenzentrierten Ansatz. Nach Meinung des Autors hat das sprachtheoretische Modell von SACHSE (1992, 1993) zusammen mit seinem „Explikationsmodell", wie er es am Konzept der „Alexithymie" deutlich macht (SACHSE, 1993), eine ähnlich grund-

legende Bedeutung für eine Differentielle Gesprächspsychotherapie.

6. Der *Nachteil* solch grundlegender Konzeptionen liegt darin, daß sie zu wenig an der Geschichte der einzigartigen Person orientiert sind (d.h. zu wenig den «genetischen Interaktions–Satz» berücksichtigen) und relativ wenig einer Verbindung von diagnostischen, ätiologischen und therapeutischen Aussagen gerecht werden (vgl. oben «Integration Diagnostik–Therapie»). Ihr *Vorteil* liegt darin, daß sie die Weiterentwicklung zur Differentiellen Gesprächspsychotherapie ermöglichen, ohne in die Sackgasse des sog. „Präskriptiven Eklektizismus" zu führen. Es geht *nicht* um die „Paarung" von nosologischen Kategorien und therapeutischen Techniken, wie manche die Differentielle Psychotherapie mißzuverstehen scheinen, die auf der Suche nach immer neuen Patientenunterschieden und differentiellen Techniken sind.

Bei einer personenzentrierten Störungs– und differentiellen Therapietheorie geht es um eine Verbesserung der Problemerfassung, um ein besseres Verstehen von Patienten durch ätiologische Aufklärung – auch mit Hilfe psychodiagnostischer Instrumente – und es geht um eine dadurch mögliche Optimierung der Effektivität der Behandlung. Wie das konkret aussehen kann, möchte der nächste Abschnitt an Beispielen deutlich machen.

3. Strukturierte Analyse Sozialen Beziehungsverhaltens als diagnostisches Instrumentarium in einer Personenzentrierten Störungslehre

Eine Störungslehre der Gesprächspsychotherapie muß, wie oben im Abschnitt 1.1 gefordert, auf die einzelne einzigartige Person (P), auf die Situation (S) dieser Person und auf deren persönliche Geschichte (G) gerichtet sein, die eine Geschichte (eine Funktion f) der Beziehungsverhältnisse zu wichtigen Bezugspersonen (Bp1 bis n) ist. Dies kann als „genetischer Interaktions–Satz" bezeichnet und symbolisch so ausgedrückt werden:

$G = f (P \times Bp1 \times S; P \times Bp2 \times S; ...)$.

Das interpersonale Modell von L.S. BENJAMIN ermöglicht eine Orientierung gemäß diesem Grundsatz. Andere Zirkumplexmodelle, wie das von KIESLER (vgl. KIESLER, 1992), dessen Namen mit der Klientenzentrierten Therapie stärker verknüpft ist (vgl. ROGERS, GENDLIN, KIESLER & TRUAX, 1967), könnten auch verwendet werden. Das Modell der Strukturierten Analyse Sozialen Beziehungsverhaltens (SASB) erscheint dem Autor jedoch differenzierter und ist empirisch stärker belegt.

Das *Ziel* dieses Abschnittes (bzw. dieses „Bausteins") ist das folgende: „Inkongruenz" als zentraler explikativer Begriff einer Personenzentrierten Störungslehre soll nicht nur *intra*personell (als Widerspruch zwischen organismischem Selbsterleben und Selbstkonzept) gefaßt werden, sondern auch als Widersprüchlichkeit, die sich im gesamten beobachtbaren Sozialverhalten zeigt. Damit wird Inkongruenz gleichzeitig ein brauchbarer deskriptiver Begriff zur Verdeutlichung des spezifischen Beziehungsverhaltens, das man zu sich selbst und zu anderen entwickelt: (a) Beim Umgang mit sich selbst als *intra*psychischer Konflikt, (b) beim aktiven Umgang mit anderen als *inter*personelles widersprüchliches (Doppelbindungs-) Verhalten und (c) – mehr reaktiv – in der Art, wie man sich anderen gegenüber widersprüchlich gibt, als *ambivalentes* Verhalten. So können Inkongruenzformen differenziert werden, die es erlauben, unterschiedliche Störungsmuster zu beschreiben *und* zu erklären. Auf diese Weise sollten auch Diagnostik und Therapie miteinander verbunden werden können. Wie muß man sich dies vorstellen?

Um diese Frage beantworten zu können, auch wenn dies nur am Beispiel erfolgt, müssen zunächst einige wichtige Merkmale des SASB–Systems vorgestellt bzw. in Erinnerung gerufen werden. Danach folgen zwei Beispiele. Das erste soll bei einer alkoholkranken Patientin mit einer paranoischen Persönlichkeitsstörung zeigen, wie sich deren frühkindliche Erfahrungen auf ihr intrapsychisches und interpersonelles Verhalten auswirken und wie diese frühkindlichen Erfahrungen ihre Störung verständlich machen und ätiologisch aufklären können. Das zweite Beispiel will die Differenzierungsmöglichkeit der Inkongruenz als intrapsychische Konflikthaftigkeit bei einer Person mit psychosomatischen Störungen aufzeigen.

und Modellvorstellungen für eine personenzentrierte Störungslehre

3.1 Grundbegriffe und Entwicklungsnormen

Es kann hier keine systematische oder gar erschöpfende Darstellung ätiologischer Erklärungen mit dem SASB–Modell geboten werden. Diese finden sich bei BENJAMIN (1981, 1982, 1993). SASB beschreibt Verhalten auf drei Ebenen und erklärt die Entstehung von Verhaltensmustern, die die einzelne Person charakterisieren, mit komplementären und antithetischen interpersonalen Prozessen. Was bedeuten diese Begriffe?

Verhaltensebenen und Verhaltenskategorien (vgl. Abbildung 2):
– Im SASB–System werden drei Ebenen, zwei Ebenen des interpersonellen Verhaltens und eine Ebene des Intrapsychischen unterschieden. Interpersonelles Verhalten ist einmal *transitiv*, dann nämlich wenn man die andere Person fokussiert und bei ihr etwas bewirken will, und *intransitiv*, wenn man sich in einem bestimmten Zustand zeigt. Deshalb auch die Kurzbezeichnungen „Fokus: Andere" und „Fokus: Selbst". Das intrapsychische Verhalten sagt, wie wir mit uns selbst umgehen. Es ist – entsprechend psychoanalytischer Erkenntnis und empirischer Befunde aus den verschiedensten Lagern – die Introjektion des Verhaltens unserer wichtigsten Bezugspersonen. Deshalb das Kürzel „Introjekt". So wie wichtige Andere mit uns umgingen, so neigen auch wir mit uns umzugehen.

Einzelne gut unterscheidbare konkrete Verhaltensweisen sind hier in diesem Modell erst einmal nur als Punkte aufgeführt. Der Logik der Zirkumplexmodelle und der Empirie entsprechend korrelieren nebeneinander liegende Items sehr stark positiv und dann immer weniger, je weiter sie auseinanderliegen. Im rechten Winkel zueinander stehende korrelieren nicht miteinander; und genau gegenüberliegende Punkte korrelieren maximal negativ. Sie stellen gegensätzliches Verhalten dar. Jeweils vier bis fünf Verhaltensweisen sind hier zu Verhaltenskategorien, sog. *Verhaltens–Clustern* zusammengefaßt und für sie gilt die gleiche Zirkumplexlogik. Am Beispiel erläutert: «Autonomie gewähren» geht enger zusammen mit «Bestätigen, verstehen» als mit «Helfen, beschützen» und ist entgegengesetzt zu «Kontrolle ausüben». «Autonomie gewähren» und «Kontrollieren» sind entgegengesetzte Pole der vertikalen Autonomie–Dimension. Beide korrelieren nicht mit «Umsorgen, pflegen» (als liebevoller

Zuwendung), aber auch nicht mit «Zurückweisen». Diese sind ihrerseits entgegengesetzte Pole der Zuneigungs–Dimension, die zur Autonomie–Dimension orthogonal steht.

Komplementarität des Verhaltens: – Transitive und intransitive Verhaltensweisen sind komplementär. Und in psychotherapeutischen Prozessen zeigt sich die Klient–Therapeut–Komplementarität darin, daß Klienten sich vorwiegend intransitiv geben, indem sie ihr Selbst fokussieren, und Therapeuten vorwiegend transitiv handeln, indem sie auf die Klienten ausgerichtet sind. Der wichtigste Prozeß ist der, den die Theorie und Empirie der Klientenzentrierten Therapie ROGERS' betont: Durch «Bestätigen, verstehen» können Personen «Sich öffnen, offenbaren». Und erleben Patienten in ausreichendem Maße und immer wieder, daß sie verstanden und akzeptiert werden, dann vermögen sie in zunehmendem Maße auch wieder «Sich selbst annehmen und verstehen».

Als sehr einfaches Beispiel für die Entstehung von Problemen mag folgender komplementärer Prozeß dienen: Das Kind, dessen Verhalten grob mit «Ausweichen, sich verschließen» gekennzeichnet werden kann, nimmt das Verhalten seiner Bezugsperson(en) wahr als «Ignorieren, vernachlässigen». Und wir Menschen neigen dazu, eine andere Person, die sich verschließt, die sich abschottet und immer wieder ausweicht, schließlich wirklich zu ignorieren oder zu vernachlässigen. Im therapeutischen Prozeß darf genau dies nicht passieren. Bei allen Verhaltensweisen der „linken Seiten", das sind solche, die mehr oder weniger stark von feindseliger Gesinnung geprägt sind, ist in der Psychotherapie das *antithetische Verhalten* nötig. Gelingt es Therapeuten, auf das Ausweichverhalten und die Verschlossenheit von Patienten nicht mit Vernachlässigung und Wegsehen zu reagieren, sondern – im Gegenteil – mit «Helfen, beschützen», z.B. mit einer sinnvollen Erklärung des Verhaltens, dann werden diese zu «Vertrauen, sich verlassen auf» gelangen.

und Modellvorstellungen für eine personenzentrierte Störungslehre

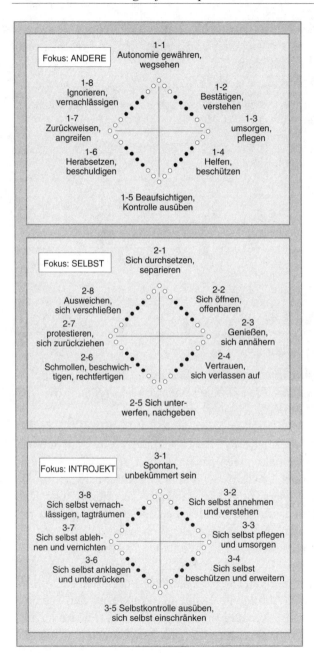

Abbildung 2:
Die drei Ebenen (Foki) mit den jeweils acht Verhaltenskategorien (Cluster) im Modell der Strukturanalyse Sozialen Beziehungsverhaltens (SASB) nach L. S. BENJAMIN

Anmerkung:
Die Ziffer vor dem Bindestrich bezeichnet die Ebene (1= transitiv interpersonales, 2= intransitiv interpersonales, 3= intrapsychisches Verhalten)

Entwicklung des Verhaltens: – Der unterschiedliche Aufbau bzw. die unterschiedliche Entwicklung von transitivem und intransitivem Verhalten zeigt die Abbildung 3.

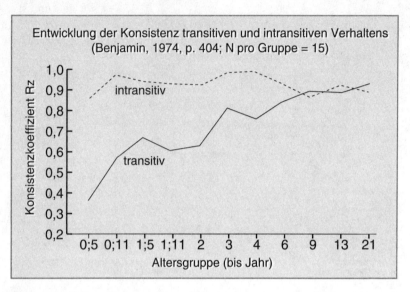

Abbildung 3: *Entwicklung transitiven und intransitiven Verhaltens bis zum 21. Lebensjahr (Ein ähnlicher Kurvenverlauf findet sich bei deutschen Stichproben).*

Die Kurvenverläufe zeigen, daß bei Kindern (etwa bis zum Schulalter) das transitive Verhalten weniger konsistent vorhanden ist. Es ist mehr ein Eltern– oder Erwachsenenverhalten. Nur wenige transitive Verhaltensweisen stehen den Kleinkindern zur Verfügung. Dies könnte als Erklärungsgrundlage dafür genommen werden, daß das spätere intrapersonale Verhalten im wesentlichen das gelernte und auf sich selbst gerichtete transitive Elternverhalten ist (Introjekt).
Verhaltens–Items: – Die Struktur–Karten in Abbildung 4 zeigen in Kurzformulierungen die einzelnen Verhaltens–Items, wie sie im obigen Cluster–Modell (Abbildung 2) nur als Punkte, in den späteren Fallbeispielen aber als Verhaltensinhalte erscheinen. (Für die ausformulierten Items der verschiedenen SASB–Fragebogen und für die

und Modellvorstellungen für eine personenzentrierte Störungslehre

```
Rater: Wie eine BEZUGSPERSON mit mir umgeht. Sie ...          Fokus: ANDERE
                                          • 120 läßt mir Freiheit
          läßt mich gewähren, sieht weg 128 •   • 118 ermutigt mich zu Eigenständigkeit
          vergißt und beachtet mich nicht 127 •  • 117 'Du machst das schon richtig'
          ignoriert, läßt links liegen 126 •    • 116 hört mir sorgfältig zu
          vernachlässigt Bedürfnisse 125 •      • 115 achtet persönliche Eigenart
          verhält sich unsinnig 124 •           • 114 versteht mich genau
          läßt mich im Stich 123 •              • 113 schätzt, mag mich sehr
          läßt mich 'verhungern' 122 •          • 112 wendet s. mir liebev. zu
          stößt mich zurück 121 •               • 111 nimmt mich liebev. auf
          quält, zerstört m. 130 •——————————————• 110 liebkost m.
          bedroht und verletzt 131 •            • 141 bietet mir Nähe an
          schröpft mich 132 •                   • 142 ist fürsorglich
          bestraft, übt Rache 133 •             • 143 steht bei, beschützt mich
          führt mich in die Irre 134 •          • 144 erklärt sinnvoll
          beschuldigt mich 135 •                • 145 regt konstruktiv an
          setzt mich herab 136 •                • 146 ist umsichtig u. verwöhnt mich
          blockiert und schränkt mich ein 137 • • 147 ermahnt mich in bester Absicht
          bevormundet mich 138 •                • 148 bestimmt, was für mich gut ist
                                          • 140 führt und kontrolliert mich

Rater: Wie ICH mich einer Bezugsperson gegenüber gebe. Ich ...    Fokus: SELBST
                                          • 220 handle unabhängig
          gehe eigenen, getrennten Weg 228 •   • 218 verfolge selbstbewußt eigene Ziele
          trotze, mache Gegenteil 227 •        • 217 vertrete eigenen Standpunkt
          bin allein auf mich bezogen 226 •    • 216 teile eigene Sichtweise mit
          verschließe mich vor 225 •           • 215 öffne und offenbare mich
          reagiere unangemessen 224 •          • 214 drücke mich klar aus
          sondere m. verbittert ab 223 •       • 213 zeige mich herzlich
          wehre wütend Hilfe ab 222 •          • 212 entspannt in Nähe
          fliehe voller Angst 221 •            • 211 nähere mich freudig an
          wehre m. verzweif. 230 •—————————————• 210 genieße mit Hingabe
          hab Angst, angespannt 231 •          • 241 halte Nähe aufrecht
          opfere mich betont auf 232 •         • 242 nehme gerne Hilfe an
          verteidige mich jammernd 233 •       • 243 vertraue, zähle auf
          mißtraue, aber stimme zu 234 •       • 244 gehe auf Vorschläge ein
          unterdrücke Wut aus Angst 235 •      • 245 nehme Rat an, lerne von
          gebe schmollend nach 236 •           • 246 verlasse mich ganz auf Fürsorge
          füge mich hilflos 237 •              • 247 bin überangepasst
          befolge Regeln ohne nachzudenken 238 • • 248 verschmelze mit zugedachter Rolle
                                          • 240 beuge und unterwerfe mich

Rater: Wie ICH mit mir SELBST umgehe. Ich ...                 INTROJEKT
                                          • 320 handle frei und sorglos
          lebe in den Tag hinein 328 •         • 318 entfalte eigene Persönlichkeit
          nutze nicht, verwerfe Chancen 327 •  • 317 bin zuversichtlich und spontan
          gebe mich Tagträumen hin 326 •       • 316 bejahe m. in Stärken u. Schwächen
          vernachlässige Fähigkeiten 325 •     • 315 achte auf meine Gefühle
          beachte nicht wie ich bin 324 •      • 314 verstehe mich wie ich bin
          gefährde m. leichtsinnig 323 •       • 313 mag mich so wie ich bin
          mißachte Grundbedürfn. 322 •         • 312 bin gut zu mir selbst
          lehne mich ab 321 •                  • 311 genieße Alleinsein
          quäle, zerstöre mich 330 •———————————• 310 liebe, schätze mich
          bedrohe mich selbst 331 •            • 341 suche was mir gut tut
          verausgabe, überlaste m. 332 •       • 342 sorge für mich
          bestrafe mich streng 333 •           • 343 stehe mir selbst bei
          verrate u. betrüge m. selbst 334 •   • 344 erforsche u. analysiere mich
          beschuldige m. selbst 335 •          • 345 arbeite an Selbstentwicklung
          erniedrige mich, zweifle an m. 336 • • 346 bin stark um Wohlergehen besorgt
          schränke mich ein 337 •              • 347 passe auf, daß ich richtig handle
          zwinge mich korrekt zu sein 338 •    • 348 arbeite hart an idealem Selbst
                                          • 340 kontrolliere mich stark

Die 1. Ziffernstelle: Fokus 1-3;   2. Stelle: Quadrant I-IV;   3. Stelle: Themen d. Verhaltensweisen:
0 = Eindeutige Grundhaltung       1 = Annäherung/Vermeidung    2 = Bedürfnisbefried. (Kontakt etc.)
3 = Emot. Bindung (attachment)    4 = Logik u. Kommunikation   5 = Beachtung d. persönl. Eigenart
6 = Gleichgewicht d. Beziehung    7 = Nähe-Distanz             8 = Identität
```

Abb. 4: *Itemkurzformulierungen i. d. Auswertungs-Software* MAKEMAPS *(V.9/90; © BENJAMIN & TSCHEULIN) und Themen i. d. Verhaltensweisen.*

Auswertungsmaterialien vgl. TSCHEULIN & GLOSSNER, 1993: „Die deutsche Übertragung der *Intrex* 'Longform Questionnaires': Validität und Auswertungsgrundlagen der SASB Fragebogenmethode.")

Was im obigen groberen Cluster–Modell von Abbildung 2 in «Bestätigen, verstehen» zusammengefaßt ist, erscheint hier in den konkreten einzelnen Verhaltensweisen des «sorgfältigen Zuhörens» (116), der «Achtung persönlicher Eigenart» (115), des «genauen Verstehens» (114) und des «Wertschätzens» (113). Und komplementär dazu: «eigene Sichtweise mitteilen» (216), «sich öffnen und offenbaren» (215), «sich klar ausdrücken» (214) und «sich herzlich zeigen» (213). Durch solche Prozesse kann auch ein anderes Introjekt erreicht werden. Es ist leicht ersichtlich, wie diese komplementären Prozesse in Kurzform die Essenz der Therapie nach Carl ROGERS widerspiegeln.

3.2 Das Konzept des Introjekts im SASB System

Die Theorie der Strukturierten Analyse Sozialen Beziehungsverhaltens postuliert, daß die Art, wie wir mit uns selbst umgehen, sich aus dem Verhalten ableitet, mit dem uns eine oder mehrere unserer wichtigsten Bezugspersonen begegnet sind oder noch begegnen. Die Items der Ebene des intrapsychischen Verhaltens sind dementsprechend in Anlehnung an die der Ebene des transitiven Verhaltens formuliert und als „action inwards" bzw. nach FERENCZI (1909) als Introjektion bezeichnet worden: So wie eine wichtige Bezugsperson mit uns umging, so gehen wir auch jetzt mit uns um. Dies hat sich in mehreren amerikanischen Arbeiten bestätigen lassen (vgl. BENJAMIN, 1984ab, für Literaturbelege und Falldarstellungen).

TSCHEULIN & KOHLMANN (1990) überprüften diesen Sachverhalt mit den deutschen SASB–Fragebogen Form A und Form C (gegenwärtiges intrapsychisches und erinnertes Beziehungsverhalten) bei 61 Frauen und 39 Männern im Alter zwischen 20 und 75 Jahren (Median = 28). Sie stellten die Hypothesen auf, daß das intrapsychische Verhalten einer Person („Wie ich mit mir selbst umgehe" oder Introjekt–Rating) mit dem transitiven *und* intransitiven Verhalten korreliert, – und zwar mit dem Verhalten von Mutter *und* Vater, wie die Person es für das Alter von 5 bis 10 Jahren erinnert (Rating des erinnerten Elternverhaltens). Sie postulierten, daß die Zusammenhänge mit dem transitiven Verhalten stärker sind als mit dem intransitiven und die Zusammenhänge mit dem erinnerten mütterlichen Verhalten stärker als mit dem väterlichen. Sie prüften darüber hinaus die Hypothese, daß das „Introjekt" als aktives intrapsychisches Verhalten auch mit der Art korreliert, wie Menschen mit sich selbst reden und wie dies mit dem „Inventar zur Selbstkommunikation" (TÖNNIES, 1982) erfaßt werden kann.

Die hypothetischen Zusammenhänge zwischen Introjekt–Ratings und Ratings des erinnerten Verhaltens von Mutter und Vater (als die Probanden 5 bis 10 Jahre alt waren), konnten bestätigt werden (vgl. Tabelle 1). Die Zusammenhänge gelten für das erinnerte mütterliche *und* das väterliche Verhalten und sind, wie postuliert, für das transitive Elternverhalten signifikant größer.

Tabelle 1:
Durchschnittliche Korrelationen der vier Zusammenhänge zwischen dem intrapsychischen Verhalten (Introjekt) des Raters und dem erinnerten transitiven und intransitiven Elternverhalten.

Zusammenhang zwischen	$m(r_z)$	s_r	signifikante Differenzen
1 Introjekt - transitives Verhalten der Mutter	.77	.55	$t = 3.10$
2 Introjekt - intransitives Verhalten der Mutter	.62	.46	$p < .001$
3 Introjekt - transitives Verhalten des Vaters	.75	.53	$t = 4.22$
4 Introjekt - intransitives Verhalten des Vaters	.52	.40	$p < .001$

Anmerkungen: $m(r_z)$ = Mittelwert z-transformierter r-Koeffizienten.
Diff.zw. 2 u.4: $t = 1.82$ $p = .05$

Auch die Hypothese, daß der aktive „Umgang mit sich selbst" (Introjekt) und die Art der Selbstkommunikation miteinander korrelieren, konnte bestätigt werden (vgl. Tab. 26 in TSCHEULIN & GLOSSNER, 1993, S. 146). Dies ist eine Kreuzvalidierung des Introjekt–Konzeptes mit einem deutschen Inventar, das auch Aussagen über die Art macht, wie Personen (verbal) mit sich selbst umgehen.

Die Theorie, daß Menschen mit sich selbst so umgehen, wie sie das transitive Verhalten von ihren Eltern erfahren haben (insbesondere von ihren Müttern) wurde in dieser retrospektiven Studie bestätigt. Aber die Korrelationsmethode, die in ihr zur Anwendung kam, sowie die Verwendung von Ratings des erinnerten Verhaltens müssen als kritische Punkte betrachtet werden: Eine kausale Interpretation würde eine prognostische Längsschnittstudie verlangen.

3.3 Zwei Fallbeispiele (zur „Differentiellen Inkongruenz")

1. Beispiel: Patientin mit Alkoholabhängigkeit und Paranoider Persönlichkeitsstörung (DSM–III–R 303.90, Achse II 301.00; ICD 303; auch ICD E 950.3 Zustand nach Suizidversuch mit Tranquilizern)

Patientin ist 33 Jahre, geschieden, angestellt, hat keine Kinder. Direkt nach der Geburt an Tante und Onkel als Pflegeeltern gegeben. Wurde von leiblicher Mutter (die wieder geheiratet und einen Sohn bekommen hatte) kurz vor der Einschulung (nach 5 Jahren) „brutal" wieder weggeholt: der Halbbruder wurde bevorzugt. Sie reagierte mit Trotz und Zorn und wurde im Umgang mit anderen Menschen immer schwieriger.

Nachdem ihre Mutter noch eine Tochter bekam, wurde sie (mit 10 Jahren) wieder zu den Pflegeeltern zurückgebracht, von da an „habe sie nie wieder einen spannungsarmen Kontakt zu anderen Menschen herstellen können". Sie wurde von den Pflegeeltern stark leistungsorientiert erzogen. „Erfüllte sie die Erwartungen nicht, dann hätten die Eltern mit Vorwürfen, Vorhaltungen und Liebesentzug reagiert." Das trifft sie besonders stark, als sie sich vom Ehemann trennte und das Studium abbrach: Es folgt der erste Suizidversuch und eine erste Psychotherapie, die sie aber abbrach, „als ihre Ängste vor Emotionalität und Nähe zu stark wurden".

Die Suchtentwicklung steht im Zusammenhang mit ihrer Beziehung zu ihrem (späteren) Ehemann, der selber exzessiv getrunken hatte. Sie trank, um dies und ihre Ängste zu ertragen und sich zu betäuben. Ein typischer Satz aus den verschiedenen Anamnesen: Patientin „fühlt sich immer wieder von anderen Menschen bedroht".

Das erinnerte Elternverhalten der Patientin und wie diese mit sich selbst umgeht:
In den folgenden Textboxen finden sich die SASB „Struktur–Karten" (Maps), wie sie nach der Auswertung der entsprechenden SASB–Fragebogen vorliegen. Das gemeinsame Betrachten und Besprechen dieser Karten zusammen mit den Patienten stellt die Grundlage für das dar, was mit „Integration von Diagnostik und Therapie" nach einer personenzentrierten Störungs– und Therapielehre gemeint ist. Die Betrachtung dieser Karten klärt auf, verdeutlicht die Beurteilungen der Patienten und bringt in der Folge davon die therapeutische Beziehung und die sog. „technische Zusammenarbeit" (vgl. Abbildung 1) weiter: die persönliche Geschichte und ihre Folgen, sowie die benötigten Lernerfahrungen werden Patienten *und* Therapeuten gemeinsam deutlicher.

Wie die Struktur–Karten zu lesen sind: In den Fragebogen hatte die Patientin beurteilt, wie (a) sie mit sich selbst umgeht und wie (b) ihre Mutter und (gesondert) ihre Pflegemutter sich ihr gegenüber verhalten hatten. Sie tat dies wie das generell bei der Beurteilung von Beziehungen mit Hilfe der SASB–Fragebogen gemacht wird: Sie gab bei jedem Item an, wie oft das entsprechende Verhalten vorkommt bzw. vorkam und wie stark es deshalb zutreffend ist bzw. war, und verwendete eine 11–stufige Skala von 0 (= Nie / Völlig unzutreffend) bis 100 (= Immer / Völlig zutreffend) zur Abstufung.

In den Strukturkarten erscheinen die Items in Kurzformulierung und in ihrer Zirkumplexordnung und mit den vergebenen Einstufungen. Statt 100 wird allerdings die 99 ausgedruckt. Auch erscheinen nur die Items mit einem Wert größer als der Median, um das individuelle Bild besser erfassen zu können. Unter den Rauten erscheinen die wichtigsten Parameter (normalerweise ohne Abkürzungen). Im Folgenden bedeuten:

(a) GZAV: „Gewichteter Zuneigungs–Autonomie–Vektor"; er gibt an, wo der Schwerpunkt des Verhaltens liegt (–: Einheiten nach links, bzw. nach unten); (b) Md: Median; (c) Rz: Koeffizient der internalen Konsistenz; (d) 180°: 180°–Koeffizient (*gegensätzliches Verhalten*); (e) 90°: 90°–Koeffizient (*gespanntes Verhalten*); und (f) die Clustermittelwerte für Verhaltens–Kategorie 1 bis 8. Besonders zu beachten–

de Werte sind hier in den Rauten und in den Parameterbalken mit Unterlegung hervorgehoben. Gegensätzliches transitives Verhalten (Fokus: Andere) bedeuten Double–binds, gegensätzliches intransitives Verhalten (Fokus: Selbst) zeigen Ambivalenzen und gegensätzliches intrapsychisches Verhalten (Introjekt) markiert intrapsychische Konflikte.

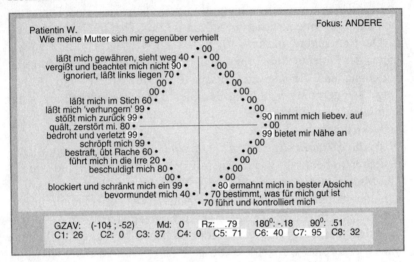

Karte 1.1: Das (transitive) Erziehungsverhalten der Mutter von Patientin W. (Abkürzungen sind im Text vor dieser Karte 1.1 erklärt).

Was die Struktur–Karten der Patientin zeigen: – Die höchsten Werte finden sich in den Clustern 1–7, 1–5, und 1–6. Die Patientin erlebte bzw. erinnert eine geradezu sadistische (1–7), kontrollierende (1–5) und herabsetzende (1–6) Erziehung bei der Mutter *und* bei der Pflegemutter. Die Karte 1.1 zeigt, wie sie das Verhalten der Mutter erinnert. Die Pflegemutter verhielt sich aber sehr ähnlich. Ihre Erziehung hat die Patientin zwar als weniger feindselig (1–7), dafür als stärker kontrollierend (1–5) und herabsetzend (1–6), aber auch ein bißchen liebevoll erlebt (vgl. Karte 4; die beiden Karten korrelieren mit r = .68). Das mütterliche Verhalten enthält einige Double–binds (vgl. unterlegte Items). Die Karte 2 spiegelt das reaktive Verhalten

und Modellvorstellungen für eine personenzentrierte Störungslehre

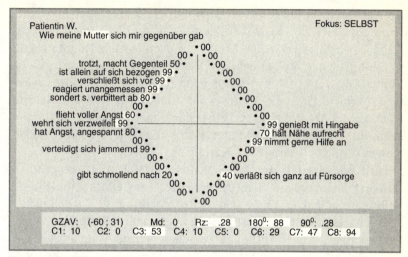

Karte 1.2: *Wie die Mutter sich der Patientin W. gegenüber gab (Abkürzungen sind im Text vor Karte 1.1 erklärt).*

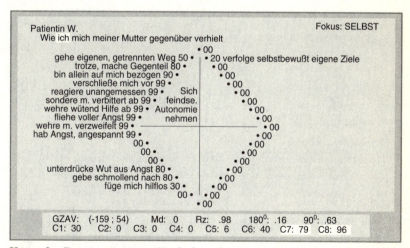

Karte 2: *Das intransitive Verhalten der Patientin W. gegenüber ihrer Mutter*

der Patientin, ihr intransitives Verhalten gegenüber ihrer Mutter. Es ist gekennzeichnet von haßerfülltem Rückzug (2–7) und Mißtrauen (2–8): es ist eine feindselige Art der Autonomienahme. Vertrauen (2–4) fehlt gänzlich. Sie meidet das «Vertrauen, sich verlassen auf» die Mutter. Sie würde dafür vermutlich nur mißachtet (1–8) oder bestraft (1–7) werden. Oder die Mutter würde *ambivalent* mit feindseligem Rückzug (2–8) und eigener Hilfsbedürftigkeit reagieren und damit auch die (Hilfe bietende) Mutter–Rolle in eine (Hilfe annehmende) Kindes–Rolle verkehren (vgl. Karte 1.2).

Die Karte 3 zeigt, wie die Patientin mit sich selbst umgeht, ihr Introjekt. Hier wird vor allem ein hohes Maß an Selbstkontrolle (3–5), Selbsteinschränkung (3–6) und Selbstzerstörung (3–7) deutlich, – aber auch eine starke Selbstbeschützungs– und Selbsterweiterungstendenz (3–4). In der Spannung zwischen Selbsterweiterungs– (3–4) und Selbsteinschränkungstendenz (3–6) dokumentiert sich die spezifische Art ihrer akuten Inkongruenz und deren Folgen (Gefahr selbstdestruktiver Handlungen, Kopfschmerzen etc. *und* Bemühungen um psychotherapeutische Hilfe).

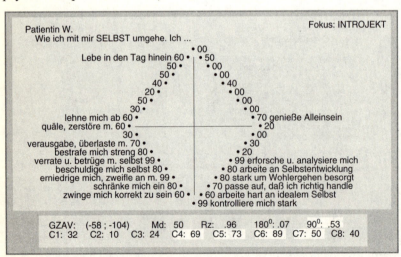

Karte 3: Das INTROJEKT der Patientin W.
(Abkürzungen s. Text vor Karte 1.1).

und Modellvorstellungen für eine personenzentrierte Störungslehre

Daß bei der Patientin «Sich selbst beschützen und erweitern» (3–4) als eine wichtige Ressource zur Verfügung steht, ist wahrscheinlich ein Ausdruck der bisherigen therapeutischen Erfahrungen, geht aber vermutlich ebenso auf das Erziehungsverhalten der Pflegemutter

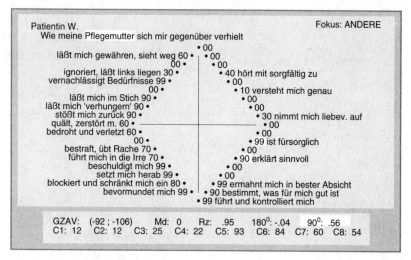

Karte 4: Das Erziehungsverhalten der Pflegemutter von Patientin W. (Abkürzungen s. Text vor Karte 1.1).

zurück, das die Karte 4 wiedergibt. Zwar war ihr Umgang mit der Patientin (in deren Erinnerung) auch feindselig (1–7), extrem kontrollierend (1–5) und erniedrigend (1–6), aber es gibt bei ihr doch auch Fürsorgliches (Item 142) und Helfendes (Item 144: Sie «erklärt sinnvoll»). Die Abbildung 5 zeigt die Cluster–Mittelwerte von Introjekt und transitivem Verhalten der Pflegemutter als «Struktur–Kurven», wie sie von *Makemaps*, der Auswertungs–Software, ausgegeben werden können. Der Zusammenhang (r=.75) zwischen der Art „wie wir mit uns selbst umgehen" und „wie wichtige Bezugspersonen mit uns umgingen" wird so in diesem Beispiel auch graphisch augenfällig.

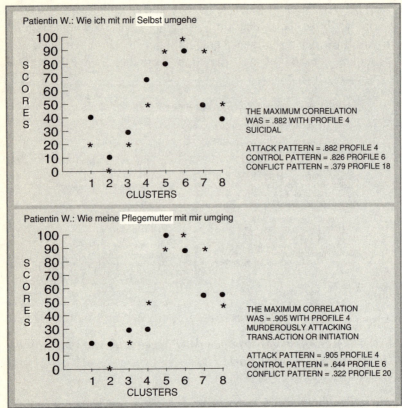

Anmerkung: Die theoretischen Kurven sind mit Sternchen (*) und die empirischen mit Kreisen (•) ausgedruckt. Wenn beide Werte gleich sind, erscheint nur der Kreis (•). Die Kurven für das transitive Verhalten der Erziehungsperson und das Introjekt der Patientin korrelieren mit r = .75 signifikant miteinander (vgl. TSCHEULIN & GLOSSNER, 1993, für Details).

Abbildung 5: Die INTROJEKT–Struktur–Kurve der Patientin W. und die Struktur–Kurve des Erziehungsverhaltens ihrer Pflegemutter.

BENJAMIN (1991/1993) beschreibt die Entstehung dieser Paranoiden Persönlichkeitsstörung und die Konsequenzen für das therapeutische Vorgehen aufgrund ihrer Erfahrung als Psychiaterin und mit Hilfe von SASB wie es unten als geschlossenes Textzitat wiedergegeben ist

und Modellvorstellungen für eine personenzentrierte Störungslehre

(1991, S.1; Übers. vom Autor). «Geschichte» und «Folgen» liefern die ätiologische Erklärung und «Benötigte Lernerfahrung» weist auf die therapeutischen Implikationen hin. Die in eckigen Klammern stehenden Zahlen kennzeichnen wieder Verhaltens–Ebenen und – Kategorien; 1 für transitives, 2 für intransitives und 3 für intrapsychisches Verhalten (Introjekt); nach dem Bindestrich folgt die Cluster–Nummer.

Paranoide Persönlichkeitsstörung
Geschichte: Sadistische [1–7], erniedrigende [1–6], kontrollierende [1–5] Erziehung. Harte Bestrafung [1–7] für Vertrauen [2–4]. Offen und verdeckt herabsetzende Vergleiche mit anderen, von Groll getragen (grudge carrying) [1–6].
Folgen: Erwartet Angriff und Mißhandlung [1–7] und entwickelt komplementär die Bereitschaft zu haßerfülltem Rückzug [2–7], Mißtrauen und Verschlossenheit [2–8, 3–5]. Meidet das Verlassen auf andere [2–4] und widmet sich ganz der Aufgabe, Autonomie zu bewahren [2–1]. Identifiziert sich mit dem Angreifer um andere zu kontrollieren [1–5], bloßzustellen [1–6] und zu mißhandeln [1–7].
Zusammenfassung: Grundeinstellung ist kontrollieren [1–5], beschuldigen [1–6], angreifen [1–7], protestieren und sich zurückziehen [2–7], sich verschließen [2–8], sich durchsetzen [2–1], sich selbst einschränken [3–5].
Wünsche: Bestätigung zu erhalten [1–2] oder, falls dies mißlingt, Autonomie gewährt bekommen [1–1] und/oder Nachgiebigkeit [2–5].
Ängste: Angriff [1–7], Demütigung [1–6] und Kontrolle [1–5]

Die Angst ist, daß andere angreifen, um zu verletzen, herabzusetzen und zu kontrollieren. Der Wunsch ist, daß andere bestätigen und verstehen, aber falls dies mißlingt, daß die anderen sie in Ruhe lassen und/oder sich unterwerfen. Die Grundeinstellung ist feindselige Zurückweisung und Autonomienahme mit einem hohen Grad an Selbstkontrolle. Wenn die Autonomie gefährdet ist, wird angegriffen um selbst die Kontrolle zu übernehmen und/oder Distanz zu gewinnen. Das Angreifen, Zurückziehen und Kontrollieren wird als Selbstschutz betrachtet.

Benötigte Lernerfahrung für therapeutische Veränderung: Lernen, daß die Erwartung von Angriff und Kontrollmißbrauch verständlich ist, da sie aus früheren Erfahrungen resultieren. Lernen, daß diese Erwartungen nicht immer angemessen sind, da nicht jede Umwelt gleich ist. Sensitivität gegenüber Schwachheit lernen, sowie daß die Erwartung von Mißhandlung oft Mißhandlung nach sich zieht. Lernen in der therapeutischen Beziehung zu vertrauen und sich zu öffnen und lernen, wann und wo es außerdem angebracht ist zu vertrauen. Lernen, daß das Verlangen nach feindseliger Kontrolle und der Groll eine Identifikation mit dem Aggressor und eine Bestätigung seines Verhaltens darstellt. Den Wunsch aufgeben, entweder kontrollieren zu können oder Distanz zu halten. Sich vom Aggressor (und/oder seiner/ihrer inneren Repräsentation) differenzieren und mit ihm Frieden schließen. Lernen, daß der Aggressor seine eigene Geschichte hat, aber daß es keinen Sinn macht, sie über Generationen weiterzuführen. (BENJAMIN, 1991, S.1)

2. Beispiel: Patient mit einer psychosomatischen Störung (DSM–III–R 316.00 Achse III: Migräne; Achse II „zwanghafte Züge" ohne 301.40)

Patient C. ist 45 Jahre alt, verheiratet und von Beruf Kaufmann. Er leidet unter verstärkter Migräne und Schlaflosigkeit nach notwendiger Berufsaufgabe (Aussteigen aus gemeinsamem Unternehmen mit Kompagnon).

Die wichtigsten anamnestischen Daten in Stichworten: Mit 20 Jahren, nach Tod des überaus strengen und perfektionistischen Vaters, Major Depression und Behandlung mit Elektroschocks (in England). Übersiedlung nach Deutschland; zunächst als Musiklehrer tätig, dann kaufmännische Ausbildung „on the job" und später sehr erfolgreiche unternehmerische Tätigkeit. Der Beginn seines akuten Leidens steht im Zusammenhang mit dem notwendigen Aussteigen aus gemeinsamem Unternehmen mit Kompagnon.

und Modellvorstellungen für eine personenzentrierte Störungslehre

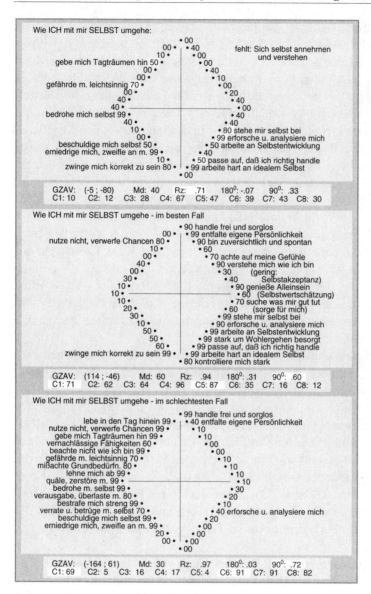

Karte(n) 5: Das INTROJEKT von Patient C. in dreierlei Situationen: "insgesamt" sowie im besten und im schlechtesten Fall (Abkürzungen s. Text vor Karte 1.1 von Patientin W.

Bei diesem kurzen Beispiel soll nur das Konzept des *Introjekts* verwendet werden, um leichter auf die Differenzierungsmöglichkeiten der „Inkongruenz" als intrapsychischen Konflikt aufmerksam machen zu können (vgl. Karte(n) 5). Eine vollständige ätiologische Aufklärung der Störung würde in diesem Fall vor allem die Darstellung des Beziehungsverhältnisses zum Vater in der Pubertät und im Jugendalter erfordern. Dort liegen – in den interpersonalen Konflikten – die Wurzeln der speziellen Art, wie dieser Klient mit sich selber umgeht. Die Konzentration auf das *Introjekt* erfolgt, um das Prinzip der Differenzierung des Intrapsychischen in den „besten" und „schlechtesten Zeiten", also in Interaktion mit unterschiedlichen Situationen oder Verfassungen deutlich machen zu können.

Würde man nur das generelle Ausmaß der Konflikthaftigkeit belegen wollen, dann würde man auf die geringe interne Konsistenz des „Introjekts im Normalfall" hinweisen ($Rz = .71$) und auf die geringe Ausprägung der Verhaltensweisen im Quadranten I («Das Selbst freundlich annehmen»). Die speziellen Konflikthaftigkeiten sind durch Unterlegung der entsprechenden gegensätzlichen Itempunkte gekennzeichnet.

Kennzeichnend für diesen Menschen mit seinen spezifischen Problemen sind auch die anderen Konfliktparameter: (a) Der „Umgang mit sich selbst – im besten" und „im schlechtesten Fall" sind fast spiegelbildlich (sie korrelieren mit $r = -.80$ miteinander); aber (b) selbst im besten Fall stehen dem Klienten «Selbstakzeptanz», «Selbstwertschätzung» und «Selbstfürsorge» kaum zur Verfügung; und (c) sowohl „im besten" wie „im schlechtesten Fall" steht der Klient in der Spannung zwischen «Selbstkontrolle» und «Spontaneität» (90°–Koeffizienten sind .60 bzw. .72); „im schlechtesten Fall" ist das Selbstkontrollverhalten ein «Sich selbst anklagen und unterdrücken» und der Zwang zum Perfektionismus ist Teil des „Introjekts im besten Fall".

3.4 Forschungsbeispiel: Beschreibung von Bulimikerinnen mit Hilfe von SASB–Fragebogen

Als Beispiel dafür, wie auf Gruppenebene mit Hilfe der SASB–Fragebogenmethode ätiologische Hinweise zu erhalten sind, kann die Untersuchung von Tscheulin & Dinsing (1991) genommen werden, in der 20 Bulimikerinnen und 20 Frauen ohne Eßstörung miteinander verglichen wurden. Dabei wurden wieder der Introjekt- Fragebogen und die Form C zur Erfassung der erinnerten Eltern- Tochter- Beziehung (im Alter von 12–18 Jahren) verwendet. Die Frauen von Untersuchungs- und Kontrollgruppe waren im Mittel 26 Jahre alt. (Für statistische Belege und Literatur vgl. TSCHEULIN & DINSING, 1991; TSCHEULIN & GLOSSNER, 1993, S.147–151).

Verschiedene Untersuchungen zur Persönlichkeit von Bulimikerinnen identifizieren bisher vor allem zwei Merkmale: Eine Labilität im Affekt sowie ein geringes Selbstwertgefühl. Insbesondere scheinen überangepaßte und leistungsorientierte junge Frauen im Rahmen konflikthafter und instabiler familiärer Bedingungen eine affektiv labile Persönlichkeit mit geringem Selbstwertgefühl zu entwickeln. Mit *Labilität im Affekt* ist gemeint, daß Bulimikerinnen Schwierigkeiten haben, Gefühle überhaupt zu identifizieren und zu artikulieren. Sie berichten von starken Stimmungsschwankungen und Depression, neigen vermehrt zu impulsivem Verhalten und haben doch eine geringe Frustrationstoleranz und hohe Ängstlichkeit. Für ein *geringes Selbstwertgefühl* der Bulimikerinnen spricht, daß sie vermehrt Gefühle wie Minderwertigkeit, Hilflosigkeit, Ineffektivität, Schuld, Selbstkritik und Selbstabwertung sowie Angst vor Ablehnung zum Ausdruck bringen.

Im Vergleich zu Kontrollgruppen geben Bulimikerinnen weniger enge Kontakte an, bzw. sie vermeiden zu intime Kontakte oder ziehen sich zurück. Sie fühlen sich ihren Eltern nicht nahe und beschreiben das Verhältnis als distanziert. Ebenfalls scheinen Bulimikerinnen im Vergleich zu nichtgestörten Frauen zwanghafter und perfektionistischer zu sein. Einige dieser Merkmale können mit dem „Eating Disorder Inventory (EDI)" von GARNER, OLMSTED und POLIVY (1983; deutsch: THIEL & PAUL, 1988) erfaßt werden.

Diese Persönlichkeitsmerkmale spiegeln sich im *Introjekt* deutlich wider (vgl. Tabelle 2): Man kann sagen, daß Frauen mit Eßstörungen (im Gegensatz zu „normalen" Frauen) erwartungsgemäß (a) sich selbst nicht oder sehr wenig akzeptieren und nicht in der Lage sind ihre Gefühle zu identifizieren (niedrige Werte in 3–2 «Sich selbst annehmen und verstehen»), auch sich nur wenig selbst zu schätzen und für sich zu sorgen wissen (niedrige Werte in 3–3 «Sich selbst pflegen und umsorgen»); genauso sind sie (b) sich selbst gegenüber anklagend, verleugnend und verneinend; es besteht eine selbstdestruktive Tendenz (hohe Werte in Clustern 3–6, 3–7, 3–8 und Attack–pattern); und sie tendieren dazu, (c) sich selbst zu kontrollieren *und* ihren Neigungen nachzugeben (der positive ATK–Koeffizient bedeutet: Selbstkontrollkonflikt).

Tabelle 2:
INTROJEKT–Cluster–Mittelwerte und Patternkoeffizienten von N = 20 Bulimikerinnen und N = 20 Nicht–Eßgestörten ("Wie ich mit mir selbst umgehe")

Cluster u.Koeff.	Eßgestörte M	SD	Kontrollgruppe M	SD	Signif.-Prüfung P	α-adj.
3-1	30.6	12.6	34.2	9.7	.319	
3-2	33.1	25.7	57.2	19.9	.002**	*
3-3	40.4	22.4	64.8	16.6	.000***	*
3-4	63.4	16.0	70.9	17.3	.166	
3-5	54.1	18.1	38.5	19.8	.013*	
3-6	48.9	19.1	26.6	18.8	.001**	*
3-7	38.7	20.4	14.7	15.8	.000***	*
3-8	35.7	17.4	19.2	12.9	.002**	*
CLF	.265	.196	.118	.173	.017*	
ATK	.252	1.230	-1.269	.836	.000***	*

Anmerkungen: *** p ≤ 0.001; ** p ≤ 0.01; * p ≤ 0.05 CLF: Conflict-Pattern-Koeffizient (bei pos. Vorzeichen: Selbstkontrollkonflikt); ATK: Attack-Pattern-Koeffizient; Pattern-Koeffizienten: Fishers Z-Werte; für multivariate Testung vgl. Tabelle 28 in TSCHEULIN & GLOSSNER, 1993.

Dementsprechend ist die Einschätzung der Beziehung zu Mutter und zu Vater in der Adoleszenz. Niedrige Werte in den Clustern 2–2 «Sich öffnen, offenbaren» und 2–3 «Genießen, sich annähern» bei den Einschätzungen aller Mutter–Tochter– und Vater–Tochter–Beziehungen zeigen eine gestörte Kommunikation und Interaktion: Die Töchter fühlen sich von der Mutter wenig verstanden oder bestätigt

und Modellvorstellungen für eine personenzentrierte Störungslehre

Tabelle 3:
Interkorrelationen zwischen Parametern des Eating Disorder
Inventory (EDI) und des intrapsychischen Verhaltens nach SASB
(s. TSCHEULIN & GLOSSNER, *1993)*

	Cl.3-1	Cl.3-2	Cl.3-3	Cl.3-4	Cl.3-5	Cl.3-6	Cl.3-7	Cl.3-8
EDI 1	-.24	-.66**	-.74**	-.49**	.39*	.52**	.60**	.50**
EDI 2	-.11	-.58**	-.62**	-.39*	.49**	.55**	.62**	.53**
EDI 3	-.08	-.63**	-.67**	-.60**	.35	.53**	.54**	.47*
EDI 4	-.12	-.64**	-.78**	-.53**	.34	.52**	.67**	.51**
EDI 5	-.15	-.38*	-.46*	-.19	.47*	.43*	.48**	.31
EDI 6	-.27	-.57**	-.61**	-.34	.40*	.52**	.58**	.33
EDI 7	-.21	-.66**	-.73**	-.46*	.46*	.55**	.65**	.50**
EDI 8	-.20	-.50**	-.50**	-.44*	.16	.31	.39*	.27

Anmerkungen: N der Fälle: 40   1-tailed Signif: * p = .01   ** p = .001

EDI 1 = Drang dünn zu sein
EDI 2 = Bulimia
EDI 3 = körperliche Unzufriedenheit
EDI 4 = Ineffektivität
EDI 5 = Perfektionismus
EDI 6 = Zwischenmenschliches Mißtrauen
EDI 7 = Interozeptive Wahrnehmung
EDI 8 = Angst vor Erwachsenwerden

Cl.3-1 = Spontan, unbekümmert sein
Cl.3-2 = Sich selbst annehmen und verstehen
Cl.3-3 = Sich selbst pflegen und umsorgen
Cl.3-4 = Sich selbst beschützen und erweitern
Cl.3-5 = Sich selbst kontrollieren, einschränken
Cl.3-6 = Sich selbst anklagen und unterdrücken
Cl.3-7 = Selbstablehnung, Selbstvernichung
Cl.3-8 = Sich selbst vernachlässigen, tagträumen

und zeigen kaum sich öffnende und offenbarende Verhaltensweisen. Die eßgestörten Frauen berichten, daß sie sich der Mutter selten freudig oder genießend annäherten und die Mutter als wenig fürsorglich und liebevoll erlebten. Die Mütter ihrerseits zeigten wenig entspannte oder eindeutig freundliche Verhaltensweisen. Das Ansprechen von Emotionen ist nicht erwünscht und wird kaum gefördert (niedrige Werte in 1–2 «Bestätigen, verstehen» und 1–3 «Umsorgen, pflegen»).

Eine Kreuzvalidierung erbrachte die Korrelation zwischen Eating Disorder Inventory (EDI) und Introjekt (SASB): Cluster 3–2, 3–3 und 3–7 korrelierten erwartungsgemäß am stärksten mit EDI Dimensionen, Cluster 3–1 überhaupt nicht (vgl. Tabelle 3).

4. Schlußbemerkung

In den obigen Abschnitten wurde das Thema „Grundlagen und Modellvorstellungen einer personenzentrierten Störungslehre" so behandelt, daß drei wichtige und zentrale Teilstücke herausgegriffen, in kurzer dichter Form benannt und als „Bausteine" dargestellt wurden, die beim Aufbau oder bei der Weiterentwicklung, in der Forschung oder in der Praxis, verwendet werden können. Der Autor verknüpft damit die Hoffnung, daß die längst fällige Diskussion um die Gültigkeit bestehender Grundsätze angeregt, der weitere Ausbau einer Differentiellen Gesprächspsychotherapie vorangetrieben, und ein neuer Impuls zur Formulierung einer personenzentrierten Psychodiagnostik gesetzt wird, von der gesagt werden kann, daß sie integrativer Bestandteil der Heilbehandlung ist und daß ihr Instrumentarium gleichermaßen zur Problemerfassung, zur Therapieprozeßkontrolle und zur Ergebnismessung taugt.

5. Literatur

BASTINE, R. (1984). *Klinische Psychologie. Band 1: Grundlagen und Aufgaben Klinischer Psychologie. Definition, Klassifikation und Entstehung psychischer Störungen.* Stuttgart: Kohlhammer.

BENJAMIN, L. S. (1981). A psychosocial competence classification system. In J. D. WINE & M. D. SMYE (Eds.), *Social competence* (pp.189–231). New York: Guilford.

BENJAMIN, L. S. (1982). Use of Structural Analysis of Social Behavior (SASB) to guide intervention in psychotherapy. In J. C. ANCHIN & D. J. KIESLER (Eds.), *Handbook of interpersonal psychotherapy* (pp.190–212). New York: Pergamon.

BENJAMIN, L. S. (1984a). Adding social and intrapsychic descriptors to axis I of DSM–III. In T. MILLON & G. L. KLERMAN (Eds.), *Contemporary directions in psychopathology* (pp.599–637). New York: Guilford.

BENJAMIN, L. S. (1984b). Principles of prediction using structural analysis of social behavior. In R. A. ZUCKER, J. AARONOFF & A. J. RABIN (Eds.), *Personality and the prediction of behavior* (pp.121–174). New York: Academic Press.

BENJAMIN, L. S. (1991). *Mit SASB codierte interpersonelle frühere Erfahrungen und deren Folgen bei Personen mit Persönlichkeitsstörungen nach Achse 2 des DSM–III–R. Ätiologische Hinweise, psychologische Konsequenzen und Behandlungsimplikationen.* Unveröff. Papier 1991, University of Utah, Salt Lake City. (Deutsche Übersetzung vom Autor: Institut für Psychologie der Universität, Würzburg).

BENJAMIN, L. S. (1993). *Interpersonal Diagnosis and Treatment of Personality Disorders.* New York: Guilford.

DIERICH, P. & LIETAER, G. (1992). Therapeutische Faktoren in der Gruppentherapie und in Entwicklungsgruppen. In M. BEHR, U. ESSER, F. PETERMANN, W. PFEIFFER & R. TAUSCH (Hrsg.), *Jahrbuch 1992 für Personenzentrierte Psychologie und Psychotherapie* (Bd.3, S. 38–54). Köln: GwG–Verlag.

DRINKMANN, A. (1986). *Private und öffentliche Self–consciousness: Eine Zwischenbilanz ihrer empirischen Bewährung.* (Diskussionspapier Nr. 50). Heidelberg: Psychologisches Institut der Universität.

DUVAL, S. & WICKLUND, R. A. (1972). *A theory of objektive self awareness.* New York: Academic Press.

FABER, F. R. & R. HAARSTRICK (1991). *Kommentar Psychotherapie–Richtlinien* (2., neu bearb. Auflage). Neckarsulm: Jungjohann.

FINKE, J. (1994). Die Angstneurose. In S. SCHMIDTCHEN, G.–W. SPEIERER & H. W. LINSTER (Hrsg.), *Die Entwicklung der Person und ihre Störung, Band 2: Theorien und Ergebnisse zur Grundlegung*

einer klientenzentrierten Krankheitslehre. Köln: GwG–Verlag.
HARTUNG, J., SCHULTE, D. & WILKE, F. (1992). Reizkonfrontation und Handlungskontrolle in der Angstbehandlung – Was macht Reizkonfrontationsverfahren so effizient? In L. MONTADA (Hrsg.), *Bericht über den 38. Kongreß der DGfPs in Trier* (S. 688f). Göttingen: Hogrefe.
HEINERTH, K. (1981). Neuere psychotherapeutische Verfahren und ihre Indikation. In W.–R. MINSEL & R. SCHELLER (Hrsg.), *Psychotherapie (Brennpunkte der Klinischen Psychologie)* (Bd.1, S. 126–148). München: Kösel.
HEINERTH, K. (1982). Effektivität unterschiedlichen Therapeutenverhaltens: Die Auswirkungen einzelner Interventionen auf Selbstexploration und Selbsterleben von Klienten. In J. HOWE (Hrsg.), *Therapieformen im Dialog* (S. 55–92). München: Kösel.
KIESLER, D. J. (1992). Interpersonal Circle Inventories: Pantheoretical Applications to Psychotherapy Research and Practice. *Journal of Psychotherapy Integration, 2*, 77–99.
KRUSE, O. (1991). *Emotionsentwicklung und Neurosenentstehung – Perspektiven einer Klinischen Entwicklungspsychologie.* Stuttgart: Enke.
KUHL, J. (1983). *Motivation, Konflikt und Handlungskontrolle.* Heidelberg: Springer.
LIETAER, G. & NEIRINCK, M. (1986). Client and therapist perceptions of helping processes in client–centered/experiential psychotherapy. *Person–Centered Review, 1*, 436–455.
MESTEL, R. (1992). *Psychodiagnostische Erfassung der Borderlinepersönlichkeitsstörung mit Hilfe psychometrischer Testverfahren und Psychotherapieevaluation langzeitig behandelter Borderline Patientinnen.* Unveröff. Diplom–Arbeit an der Sozialwissenschaftlichen Fakultät der Universität (Fachgruppe Psychologie), Konstanz.
MITTAG, O. (1987). Die Klassifikation von Therapeuten und Patienten nach ihrem perzipierten Interaktionsverhalten in psychotherapeutischen Anfangskontakten... (Kurzfassung der unveröff. Diss.). *GwG Zeitschrift, 69*, 63–65.
PFEIFFER, W. (1994). Überlegungen zu einer Störungslehre aus interaktioneller Perspektive. In S. SCHMIDTCHEN, G.–W. SPEIERER & H. W.

LINSTER (Hrsg.), *Die Entwicklung der Person und ihre Störung, Band 2: Theorien und Ergebnisse zur Grundlegung einer klientenzentrierten Krankheitslehre.* Köln: GwG–Verlag.

ROGERS, C.R. (1959/1987). *Eine Theorie der Psychotherapie, der Persönlichkeit und der zwischenmenschlichen Beziehungen; Entwickelt im Rahmen des klientenzentrierten Ansatzes.* Köln: GwG–Verlag. (Original erschienen 1959: A theory of therapy, personality, and interpersonal relationships as developed in the client–centered framework. In S. KOCH (Ed.), Psychology. A Study of a Science (Vol.3, pp. 184–256). New York: McGraw Hill.

ROGERS, C. R. (1964). Toward a Science of the Person. In T. W. WANN (Ed.), *Behaviorism and Phenomenology* (pp. 109–140). Chicago,Ill.: University of Chicago Press.

ROGERS, C. R. (1968). Some Thoughts Regarding the Current Presuppositions of the Behavioral Sciences. In W. R. COULSON & C. R. ROGERS (Eds.), *Man and the Science of Man* (pp. 55–72). Columbus, Ohio: Merrill.

ROGERS, C. R. (1983). Klientenzentrierte Psychotherapie. In R. J. CORSINI (Hrsg.), *Handbuch der Psychotherapie* (Bd.1, S. 471–512). Weinheim: Beltz. (Orig. ersch. 1980: In H. KAPLAN, B. J. SADOCK & A. M. FREEMAN, (Eds.), Comprehensive textbook of psychiatry, III, pp. 2153–2168. „Client–centered psychotherapy". Baltimore: Williams)

ROGERS, C. R., GENDLIN, E. T., KIESLER, D. J. & TRUAX, CH. B. (Eds.) (1967). *The therapeutic relationship and its impact.* Madison: University of Wisconsin Press.

SACHSE, R. (1992). *Zielorientierte Gesprächspsychotherapie.* Göttingen: Hogrefe.

SACHSE, R. (1993). Gesprächspsychotherapie mit psychosomatischen Klienten: Die Explizierung der Krankheitslehre der Gesprächspsychotherapie auf der Ebene eines sprachpsychologischen Modells. In L. TEUSCH & J. FINKE (Hrsg.), *Krankheitslehre der Gesprächspsychotherapie* (S. 173–193). Heidelberg: Asanger.

SACHSE, R. & MAUS, C. (1991). *Zielorientiertes Handeln in der Gesprächspsychotherapie.* Stuttgart: Kohlhammer.

SACHSE, R. & RUDOLPH, R. (1992). Gesprächspsychotherapie mit psychosomatischen Klienten? Eine Untersuchung zur Indikation auf der Basis der Theorie der Selbstaufmerksamkeit. In M. BEHR, U. ESSER, F. PETERMANN, W. PFEIFFER & R. TAUSCH (Hrsg.), *Jahrbuch 1992 für Personenzentrierte Psychologie und Psychotherapie* (Bd.3, S. 66–84). Köln: GwG–Verlag.

SCHULZ, W. (1981). Klassifikation und Indikation in der Gesprächspsychotherapie. In W.–R. MINSEL & R.SCHELLER (Hrsg.), *Psychotherapie* (S. 184–207). München: Kösel.

SPEIERER, G.–W. (1992). Einheitliche oder krankheitsspezifische Inkongruenzformen in der klientenzentrierten Gesprächspsychotherapie? *GwG–Zeitschrift, 85,* 22–26.

SPEIERER, G.–W. (1994). Psychopathologie nach dem differentiellen Inkongruenzmodell der klientenzentrierten Psychotherapie. In S. SCHMIDTCHEN, G.–W. SPEIERER & H. LINSTER (Hrsg.), *Die Entwicklung der Person und ihre Störung, Band 2: Theorien und Ergebnisse zur Grundlegung einer klientenzentrierten Krankheitslehre.* Köln: GwG–Verlag.

SWILDENS, H. (1991). *Prozeßorientierte Gesprächspsychotherapie.* Köln: GwG–Verlag.

TRESS, W. (Hrsg.) (1993). *SASB – Die Strukturale Analyse Sozialen Verhaltens. Ein Arbeitsbuch für Forschung, Praxis und Weiterbildung in der Psychotherapie.* Heidelberg: Asanger.

TSCHEULIN, D. (1992a). *Wirkfaktoren psychotherapeutischer Intervention.* Göttingen: Hogrefe.

TSCHEULIN, D. (1992b). Konfrontieren und nicht–konfrontieren als Techniken in der differentiellen Gesprächspsychotherapie. In M. BEHR, U. ESSER, F. PETERMANN, W. PFEIFFER & R. TAUSCH (Hrsg.), *Jahrbuch 1992 für Personenzentrierte Psychologie und Psychotherapie* (Bd.3, S. 55–65). Köln: GwG–Verlag.

TSCHEULIN, D. & DINSING, S. (1991). *Vergleich von Frauen mit und ohne Eßstörung (Bulimie).* Unveröff. Bericht, Institut für Psychologie der Universität, Würzburg.

TSCHEULIN, D. & GLOSSNER, A. (1990a). *Makemaps 9/90 – Programme zur Auswertung der SASB–Fragebogen von L. S. BENJAMIN.* Unveröff. Software, Institut für Psychologie der Universität, Würzburg. (Copyright 1988 BENJAMIN; Copyright 1990 TSCHEULIN & GLOSSNER)

TSCHEULIN, D. & GLOSSNER, A. (1993). Die deutsche Übertragung der Intrex „Longform–Questionnaires": Validität und Auswertungsgrundlagen der SASB–Fragebogenmethode. In W. TRESS (Hrsg.), *SASB – Die Strukturale Analyse Sozialen Verhaltens. Ein Arbeitsbuch für Forschung, Praxis und Weiterbildung in der Psychotherapie* (S. 123–155). Heidelberg: Asanger.

TSCHEULIN, D. & KOHLMANN, W. (1990). *Das Konzept des Introjekts im SASB–System: Eine Validierungsstudie.* Unveröff. Bericht, Institut für Psychologie der Universität, Würzburg.

TSCHEULIN, D. & TROUW, C. (1992). *Differentielle Effektforschung an der Hochgrat–Klinik: I. Subjektive Erfolgsbeurteilung bei unterschiedlichen Patientengruppen.* Unveröff. Bericht, Institut für Psychologie der Universität, Würzburg.

VAN KESSEL, W. & VAN DER LINDEN, P. (1993). Die aktuelle Beziehung in der Klientenzentrierten Psychotherapie: der interaktionelle Aspekt. *GwG–Zeitschrift, 90,* 19–32.

WITTCHEN, H.U., SAß, H., ZAUDIG, M., & KOEHLER, K. (Hrsg.) (1989). *Diagnostisches und Statistisches Manual Psychischer Störungen (DSM– III–R) – Deutsche Bearbeitung und Einführung.* Weinheim: Beltz.

Anschrift des Verfassers:
PD Dr. Dieter Tscheulin
Institut für Psychologie der
Universität Würzburg
Ludwigstraße 6
97070 Würzburg

Klientenzentrierte Ätiologie und Diagnostik von psychischen Erkrankungen im Kindesalter

Stefan Schmidtchen

Client–centered Etiology and Diagnosis of Mental Disorders in Childhood

Summary

After the discussion of the differences between child and adult psychotherapy, the concept of the development of self–experience and self is analysed on the base of the actualizing tendency. Next, the goals of the social and emotional development of self-competences are conceptualised in the form of self-schemata. These schemata (scripts) are emotional und cognitive structures of the self–concept primarily learned in the interaction with parents. Because of this, mental disorders are interpreted as disturbed or faulty child-parent interactional experiences occuring in early childhood and manifested in self-schemata. Next, child behaviour is conceptualized in notions of action theory and interactional behaviour in notions of optimal parenting (child caring). A catalogue of these important parenting procedures is presented. Finally, the concepts of incongruence, symptom communication and etiology of psychical disorders are discussed and exemplified.

Zusammenfassung

Nachdem einleitend auf die Besonderheiten eines kindertherapeutischen Vorgehens in Abhebung zur Erwachsenenpsychotherapie hingewiesen wird, folgen Überlegungen zur Bedeutung der Aktualisierungstendenz, insbesondere zur Entwicklung des kindlichen Selbsterlebens und Selbstkonzeptes. Diese Annahmen führen zur Erstellung eines Kataloges von Entwicklungsaufgaben für ein- bis fünfjährige Kinder auf der Basis eines Schema- bzw. Skriptkonzeptes. Die Aufgaben müssen von den Eltern- bzw. Bezugspersonen vermittelt werden und stellen die Grundlagen eines gesunden Selbsterlebens dar; Störungen und Mängel in den Grundskripten können zu gestörten Selbstannahmen und damit zu gestörten Erlebens- und Verhaltensweisen führen.

Es folgen dann Aussagen zum individuellen und interaktionalen Verhaltenskonzept, wobei das individuelle Verhalten handlungsorientiert und das interaktionelle Verhalten entwicklungs- und kommunikationsfördernd gesehen wird. Für den letztgenannten Aspekt wird ein Katalog von elterlichen und therapeutischen Förderungsmaßnahmen vorgestellt. Zum Abschluß wird das Inkongruenz-, Symptom- und Störungskonzept diskutiert und an einem Fall exemplifiziert.

1. Einleitung

Im folgenden möchte ich Gedanken und Konzepte für eine klientenzentrierte Lehre über psychische bzw. psychosomatische Störungen bei Kindern entwickeln. Da viele Störungen des Erwachsenenalters wahrscheinlich auf belastende Erfahrungen in der Kindheit zurückgehen, dürften diese Überlegungen auch Bedeutung für die Ätiologie von Störungen bei Erwachsenen haben. – Forschungsmäßig empfiehlt es sich, die Pathologiekonzepte über seelische Störungen bei Kindern im wesentlichen auf der Basis direkter Beobachtungen von Verhaltensabläufen von Kindern in ihren Umwelten zu entwickeln und nicht aufgrund der Befragung von erwachsenen Psychotherapieklienten über ihre Kindheit.

Der Altersbereich der Kindheit, für den ich im folgenden Aussagen machen möchte, bezieht sich auf die Zeit von der Geburt bis zum Beginn des Jugendlichenalters (ca. 13. bis 14. Lebensjahr). Aussagen über die Ätiologie von psychischen Störungen bei Jugendlichen möchte ich hier nicht machen, da diese einer eigenständigen Betrachtung bedürfen. Beginnen möchte ich mit einer Definition von psychischen Störungen (bzw. Krankheiten).

1.1 Definition von psychischen Störungen

Seelische Krankheit ist eine krankhafte Störung der Wahrnehmung, des Verhaltens, der Erlebnisverarbeitung, der sozialen Beziehungen und der Körperfunktionen. Es gehört zum Wesen dieser Störungen, daß sie der willentlichen Steuerung durch die Patienten nicht mehr oder nur z.T. zugänglich sind.

„Krankhafte Störungen können durch seelische und körperliche Faktoren verursacht werden; sie werden in seelischen und körperlichen Symptomen und den krankhaften Verhaltensweisen erkennbar, denen aktuelle Krisen seelischen Geschehens, aber auch pathologische seelische und körperliche Strukturen und Funktionen zugrunde liegen können.

Als seelische Strukturen werden die anlagemäßig disponierenden und lebensgeschichtlich erworbenen Grundlagen des seelischen Geschehens verstanden, die direkt beobachtbar oder indirekt erschließbar sind.

Beziehungsstörungen können nur dann als seelische Krankheit gelten, wenn ihre ursächliche Verknüpfung mit einer krankhaften Veränderung der erwähnten seelischen oder körperlichen Strukturen oder Funktionen eines Menschen als wahrscheinlich anzunehmen ist." (s. MEYER et al., 1991, S. 26 f).

BASTINE (1984, S. 91), weist in seiner Definition des weiteren darauf hin, daß die psychischen Störungen „...von der Person selbst oder ihrer sozialen Umgebung als negativ bewertet und auf die Person zurückgeführt werden." Der Störungsbegriff beinhaltet also nicht nur eine Beeinträchtigung von psychischen und/oder körperlichen Funktionen, sondern auch einen in der Regel negativen sozialen und individuellen *Bewertungsaspekt*. Durch die Herausstellung des Bewertungsaspektes wird deutlich, daß die Zuteilung eines Störungsetikettes von Normen abhängig ist, die u.a. von statistischer, gesetzlicher, sozialer, idealer, subjektiver und funktionaler Art sein können (s. BASTINE, S. 92 ff; SCHMIDTCHEN, 1989, S. 17 ff).

1.2 Definition von Kinderpsychotherapie

Die Behandlung von seelischen Störungen bei Kindern geschieht durch eine Kinderpsychotherapie. Diese wird bei SCHMIDTCHEN (1989, S. 14 ff) wie folgt definiert:

„Die Kinderpsychotherapie ist ein strukturierter und überprüfter interaktioneller Prozeß zur Behandlung von seelischen und seelisch-körperlichen Störungen von Kindern. Die Behandlung geschieht durch *psychologische Mittel* (Maßnahmen) und wird von einem in der Mittelanwendung ausgebildeten Psychotherapeuten durchgeführt. Die psychologischen Mittel beziehen sich auf die heilende Beeinflussung von Erlebens-, Denk- und Verhaltensprozessen des Kinderklienten und dessen Bezugspersonen.

Die Ziele der Therapie ergeben sich aus einer Konsensbildung aller für den Klienten verantwortlichen Personen (d.s. Eltern, Kind, Erzieher, Therapeut etc.) und betreffen den Aufbau von störungsersetzenden und entwicklungs- und reifungsfördernden Verhaltensweisen. – Als Störungsverursachungsfaktoren werden psychologische, biopsychologische, soziale und ökologische Einflüsse angesehen. Sie sind im diagnostischen Analyseprozeß aufzudecken und hinsichtlich ihres möglichen Verursachungswertes gegeneinander abzuwägen.

Die Zielpersonen der Kinderpsychotherapie sind der Kinderklient als Störungsträger und die familiären Bezugspersonen oder Sozialpartner als mögliche Mitverursacher der Störung."

Bekanntermaßen lassen sich seelische Störungen durch verschiedene Konzepte erklären, die z.T. miteinander konkurrieren. So gibt es nach BASTINE (1984, S. 48 ff) organismische, psychoanalytische, humanistische, konditionstheoretische, kognitive und interpersonale Störungsmodelle. Durch die ätiologischen Rahmenvorgaben in Form der sogenannten „Psychotherapie-Richtlinien" ergibt sich die Notwendigkeit, daß ein nach gesetzlicher Anerkennung strebendes Therapieverfahren eine deutliche Affinität zum organismischen (medizinischen) und psychoanalytischen Ätiologiemodell haben muß. Obwohl kritisch zu fragen ist, inwieweit eine solche Setzung für die Erstellung einer klientenzentrierten Störungslehre sinnvoll ist, möchte ich die Forderungen der „Psychotherapie–Richtlinien" in der folgenden Darstellung im großen und ganzen akzeptieren.

Als wesentlich erscheint mir jedoch die *Herausstellung einiger Grundannahmen*, die den psychosozialen Aspekt, also die psychologische Seite des Störungsgeschehens, markieren. Dieses sind folgende Annahmen (s. BASTINE, 1984, S. 52):

1. Kontinuitätsannahme: Zwischen normalen und gestörten psychischen Aktivitäten besteht ein fließender Übergang.
2. Äquivalenzannahme: Normale und gestörte psychische Aktivitäten unterliegen den gleichen Veränderungsbedingungen (z.b. durch Lernen).
3. Annahme der Kontextbedingtheit: Psychische Prozesse befinden sich in ständiger Wechselwirkung mit ihrer (sozialen) Umgebung. So wirkt sich z.b. der soziale Kontext bereits bei der Definition einer psychischen Störung aus.
4. Multikausalitätsannahme: Bei der Entstehung von psychischen Störungen ist von einer Vielfalt von Aspekten auszugehen, die bestehen können aus:
   - psychischen, sozialen, somatischen etc. Verursachungsfaktoren;
   - speziellen Gewichtungen dieser Faktoren (z.B. Vorrang von somatischen Faktoren vor sozialen Faktoren bei einer bestimmten seelischen Störung) oder
   - unterschiedlichen zeitlichen Betrachtungsweisen, die sich auf prädisponierende, auslösende oder zukünftige Aspekte der Störung beziehen können.

2. Unterschiede zwischen der klientenzentrierten Erwachsenen– und Kinderpsychotherapie

So wie man nicht aus der Erinnerung von Erwachsenen auf die

wirklichen Entwicklungsprozesse von Kindern schließen kann, so kann man auch nicht davon ausgehen, daß die Kinderpsychotherapie eine modifizierte Erwachsenentherapie ist. Vielmehr sind die Unterschiede fundamental. Sie beziehen sich auf:

- die Art der Therapieziele;
- die Art des Therapiemediums;
- die Art der bevorzugten Lernform;
- das Ausmaß der Mündigkeit des Klienten;
- die Anzahl der Behandlungspersonen;
- die Anzahl der Psychotherapeuten sowie:
- den zeitlichen Abstand zur Störungsentstehung.

Die genannten Unterschiede sollen im folgenden verdeutlicht werden:

Art der Therapieziele: In der Kinderpsychotherapie sind bei der Zielsetzung neben der Notwendigkeit des *Störungsabbaus* immer *Entwicklungsaspekte* zu berücksichtigen (s. SCHMIDTCHEN, 1991; SCHMIDTCHEN, HENNIES & ACKE, 1993). Diese Berücksichtigung ist notwendig, da sich das Kind in einem beständigen Entwicklungsprozeß befindet und da es die gesellschaftliche und gesetzliche Aufgabe der Eltern und sozialen Gemeinschaft ist, ihm bei dieser Entwicklung Hilfestellung zu geben.

Art des Therapiemediums: Das bevorzugte Therapiemedium ist in der Kinderpsychotherapie das Spiel. Es nimmt selbst bei 10 bis 13–jährigen Kindern ca. 95 % der Kontaktzeit ein und beträgt durchschnittlich ca. 42 Minuten von 45 Minuten Therapiezeit. Gespräche werden im wesentlichen parallel zum Spiel geführt und betragen ca. 9 bis 10 Minuten (s. SCHMIDTCHEN, 1991, S. 6).

Das Spiel erfüllt in der Spieltherapie zwei Funktionen: Erstens dient es als ein Mittel der *Informationsübertragung und Erlebnisgestaltung* zwischen Klient und Therapeut und Klient und Klient (in Gruppentherapien) und zweitens ist es eine besondere Form der nichtverbalen *Selbstkommunikation* des Klienten.

Als Mittel der *Informationsübertragung und Erlebnisgestaltung* wird die Spielhandlung (neben der Sprache) dazu verwendet, dem

Spielpartner wichtige Erlebnisse, Gedanken, Erkenntnisse, Bedeutungen, senso–motorische Fertigkeiten, Phantasien etc. mitzuteilen. – Als Mittel der nichtverbalen *Selbstkommunikation* kann der Klient das Spiel dazu verwenden, in heilungsfördernder Weise unangenehme Erfahrungen zu verarbeiten und/oder realistischere Anpassungsformen an Außen– und Innenweltforderungen zu finden. Er kann im Spiel seine internen Welt– und Teilkonzepte des Selbst an die Anforderungen der Außenwelt anpassen oder umgestalten, wenn sie fehlerhaft sind. PIAGET (1969) nennt diese beiden Verarbeitungsformen: Assimilation und Akkommodation.

Im freigewählten Spiel der Spieltherapie können Kinder gemäß ihrer aktuellen Bedürfnisse (Motive) die Spielformen und Spielthemen wählen, die für sie bedeutsam sind. Das können Funktions– bzw. Übungsspiele sein, in denen primär sensomotorische Kompetenzen erprobt und geübt werden oder Gestaltungsspiele, in denen soziale, instrumentelle, kognitive oder andersartige Geschehnisse konzeptgemäß geordnet werden können.

Dabei hat es sich als günstig erwiesen, wenn die Gestaltung in szenisch–analoger Art mit grosser Gefühlsbeteiligung stattfindet. Durch diese besondere nichtsprachliche Form der Informationsverarbeitung können Erfahrungen eines „lebendigen", mit den Personen und Dingen der Umgebung eng verbundenen Seinserlebens bzw. Handelns gespeichert werden, die für das gesunde Leben von Menschen höchst notwendig sind.

Im folgenden sollen die wichtigsten **Aspekte eines heilungsfördernden Spieles** kurz zusammengefaßt werden (s. SCHMIDTCHEN, 1991, S. 9 ff):

1. Freiheit und Eigenverantwortlichkeit der Spielwahl, der Spielgestaltung und der Spannungs–regulation.
2. Spontaneität und intrinsische Motiviertheit von Spielhandlungen, in deren Verlauf Schemata zur Bedürfnisbefriedigung und Problemlösung entwickelt und korrigiert werden können.
3. Eine anregende Spielstimmung, die durch Gefühlsoffenheit, geistiges Interesse und erhöhte Akzeptanz unangenehmer Gefühle gekennzeichnet ist.

4. Bevorzugung von Phantasiefähigkeiten zur Reproduktion innerer und äußerer Problemsituationen.

Art des bevorzugten Lernens: Das in der Spieltherapie bevorzugte Lernen entspricht dem ROGERSschen Konzept des erfahrungsmachenden und bedeutungsschaffenden Lernens. Es ist vergleichbar mit dem Konzept des selbstentdeckenden Lernens von PIAGET (1972). Die wichtigsten **Aspekte des erfahrungsmachenden Lernens** nach ROGERS (1974, S. 13) sind:

1. Persönliches Engagement: Die ganze Person steht im Lernvorgang.
2. Selbst–Initiiertheit: Sogar dann, wenn der Antrieb oder Reiz zum Lernen von außen herrührt, kommt das Gefühl des Entdeckens, des Hinausgreifens, Ergreifens und Begreifens von innen.
3. Durchdringung des ganzen Menschen.
4. Selbstbewertung: Nur der Lernende weiß, ob die Lernhandlung seine Bedürfnisse trifft und ob das zu erkundende Lernthema Klarheit in seine Unwissenheit bringt.
5. Sinnhaftigkeit: Da die Ausgangsmotivation des Lernens eine Sinn– bzw. Bedeutungsschaffung von Erfahrungen ist, findet ein diesbezüglich zielorientierter und rückmeldungsgeleiteter innerer Erfahrungsvorgang statt.

Ausmaß der Mündigkeit des Klienten: Während erwachsene Klienten vom Gesetz und von der gesellschaftlichen Erwartungshaltung her eine volle Mündigkeit besitzen, liegt diese bei Kindern nicht vor. Kinder können nur nur *psychologisch mündig* bzw. autonom sein und dies auch nur relativ. Diese psychologische Mündigkeit ist vom Alter und von der Entwicklung der Kinder abhängig sowie von der Erwartungshaltung der Eltern und der Gesellschaft.

Wegen der Unmündigkeit des Kinderklienten sind die Eltern bzw. Erziehungsberechtigten gesetzliche Vertragspartner des Therapeuten und für alle wichtigen Entscheidungen zuständig. – Außerdem sind in der direkten Arbeit mit dem Kinde die gesetzlichen Bestimmungen des Kontaktes mit Minderjährigen zu beachten, die besagen, daß der

Kindertherapeut eine auch gesetzlich definierte Fürsorgepflicht für den Klienten hat.

Anzahl der Behandlungspersonen: Wegen der gesetzlichen Verantwortung der Eltern für das Kind und ihrer Mitverantwortung für die Störungsentstehung und Störungsbeseitigung, ist eine kindzentrierte Therapie immer *Teil eines familienzentrierten therapeutischen Ansatzes*. Aus diesem Grunde bestehen die Settings der Kindertherapie aus Familienkontakten, Elternkontakten und kindzentrierten Kontakten. Letztere sind immer in Familienkontakte einzubetten. Normalerweise beginnt eine Kinderpsychotherapie mit Diagnostikkontakten im Familienverband und einigen gemeinsamen Therapiesitzungen in der Familie, bevor eine Trennung zwischen einer kindzentrierten Spieltherapie und parallelen Elterntherapie stattfindet. Bei Bedarf werden gemeinsame Kontakte aller Familienmitglieder durchgeführt (s. SCHMIDTCHEN, 1991).

Das therapeutische *Medium in der Familientherapie* ist im wesentlichen das Gespräch, das mit freien und gelenkten Spielelementen (z.B. Rollenspielen) vermischt wird. Wichtig für die Kommunikation der Erwachsenen im Beisein des Kindes ist, daß diese möglichst anschaulich, spielerisch und aktionsgeleitet und nicht sprachlich abstrakt stattfindet.

Anzahl der Psychotherapeuten: Wegen des zu behandelnden großen Personenkreises und der Trennung in kind–, eltern– und familienzentrierte Behandlungssettings, wird die Kindertherapie im allgemeinen von zwei Therapeuten durchgeführt. Diese teilen sich die Arbeit zwischen dem Kind und dem Elternpaar auf und handeln im Rahmen der gemeinsamen Familienkontakte als Co–Therapeuten.

Zeitlicher Abstand zur Störungsentstehung: Der Vorteil einer Kindertherapie besteht darin, daß im allgemeinen kein großer zeitlicher Abstand zur Störungsentstehung vorliegt, sodaß die Störungsursachen im allgemeinen noch deutlich erkennbar und deshalb schneller und einfacher therapierbar sind. Daraus ergibt sich häufig auch eine andere Einstellung der Eltern und Gesellschaft zur Kinderpsychotherapie. Der Kindertherapeut wird im allgemeinen mit weniger Vorurteilen wie der Erwachsenentherapeut gesehen, weil die Entstehungsbedingungen der Probleme für alle Beteiligten ohne viel „Psychologisiererei" direkt nachvollziehbar sind. Vorteilhaft ist auch, daß von ihm Vorschläge für eine generelle seelische Gesundheitsvorsorge und Erziehungsberatung erwartet werden, so daß er seine Tätigkeit nicht nur auf die Störungsbeseitigung konzentrieren muß.

3. Überlegungen zu einer klientenzentrierten Störungslehre aus kindertherapeutischer Sicht

Obwohl ROGERS in seinem ersten Buch „Clinical treatment of the problem child" (1939) kindertherapeutische Positionen vertreten hat, hat er in seinen späteren Schriften keine empirisch fundierten Bezüge mehr zur Kindertherapie und Entwicklungspsychologie von Kindern hergestellt. Dies ist insofern erstaunlich, da das Konzept einer psychologischen *Entwicklung der Person* im Zentrum seiner Theorie steht. Woanders als bei Kindern hätte er die Bedingungen dieser Entwicklung untersuchen können. Statt dessen hat ROGERS aufgrund der Erfahrungen mit Erwachsenenklienten retrospektive Aussagen über die Bedeutung der Kindheit gemacht und den seelischen Wachstumsprozeß empirisch–wissenschaftlich nur bei Erwachsenen, primär Psychotherapieklienten, untersucht.

Da der Erwachsene jedoch immer auch ein Kind gewesen ist und da viele psychische Störungen von Erwachsenen ihre Grundlagen in der Kindheit haben, empfiehlt es sich, die Störungskonzeption in der Kindheit beginnen zu lassen und den gesamten Entwicklungsverlauf vom Säugling bis zum Erwachsenen zu untersuchen (s.a. BIERMANN–RATJEN, 1989).

Im folgenden soll unter diesem Gesichtspunkt zu vier zentralen Themen der klientenzentrierten Gesundheits– und Störungslehre Stellung genommen werden: zur generellen *Verwirklichungstendenz*; zum *Selbstkonzept*; zum *Verhaltenskonzept* und zum *Störungskonzept*.

3.1 Annahmen zur generellen Verwirklichungstendenz

Obwohl ROGERS die generelle Verwirklichungstendenz (Aktualisierungstendenz) des menschlichen Organismus zur zentralen Grundannahme seiner Entwicklungspsychologie gemacht hat, hat er leider keine empirisch–wissenschaftlich fundierten Aussagen über die spezifischen Ziele und Bedingungen des psychologischen Wachstums von Kindern vorgelegt; dies gilt auch für seine Nachfolger. Insofern stehen wir heute vor der Situation, die sehr allgemein formulierten entwicklungspsychologischen Annahmen von ROGERS auszudeuten und durch die empirischen Befunde der modernen Entwicklungspsychologie zu ergänzen. Inwieweit diese Ergänzungen jedoch die Billigung von ROGERS gefunden hätten, bleibt offen; zu bedenken ist nämlich, daß viele der im folgenden gemachten Aussagen bereits zu Lebzeiten von ROGERS vorgelegen haben und daß er diese nicht in sein Konzept integriert hat.

Die *generelle Fähigkeit des Menschen zur Aktualisierung* ist das einzige theoretische Axiom, auf das ROGERS seine Gesundheits– und Störungslehre aufgebaut hat. Diese Fähigkeit bezieht sich auf alle Lebensprozesse des Organismus, und gilt für die Zelle wie für die Selbst–Verwirklichung. Das *Selbst* besitzt nach ROGERS keine eigenständige Verwirklichungskraft, sondern seine Kraft „ist nur eine mögliche Erscheinungsform der generellen organismischen Tendenz, die den Organismus erhält und entwickelt." – Das *Bedürfnis nach Wachstum* reicht weit über verschiedene Teilaspekte psychologischer Motivationstheorien (wie z.B. die nach einer Bedürfnisbefriedigung oder einem Spannungsabbau etc.) hinaus und beinhaltet alle Tendenzen, die zur Entwicklung eines Menschen als notwendig angenommen werden; z.B. die „Suche nach freudvoller Spannung; die Tendenz zur Kreativität; die Tendenz, mühsam gehen zu lernen, wo doch krabbeln müheloser zur selben Bedürfnisbefriedigung führen würde etc. (...). Es beinhaltet nicht nur das, was MASLOWS (1954) Begriff „deficiency needs" umfaßt, nämlich die Grundbedürfnisse nach Luft, Nahrung, Wasser u.ä., sondern darüber hinausgehend auch allgemeinere Aktivitäten. Der Begriff beinhaltet die Tendenz des Organismus zur Differenzierung seiner Selbst und seiner Funktionen, er beinhaltet Erweiterung im Sinne von Wachstum, die Steigerung der Effektivität durch den Gebrauch von Werkzeugen und die Ausweitung und Verbesserung durch Reproduktion. Dies meint die Entwicklung hin zur Autonomie und weg von Heteronomie oder der Kontrolle durch äußere Zwänge" (ROGERS, 1987, S. 21–22).

Ergänzend fügt ROGERS (S. 22) hinzu, daß die generelle Verwirklichungstendenz synonym mit dem Konzept des Lebens verwendet werden kann. Leben wird dabei als ein „autonomes Ereignis" angesehen, „das sich zwischen dem Organismus und dem Umfeld abspielt" und das nicht nur Leben erhält, sondern in dem Sinne transzendiert, „daß sich die Prozesse kontinuierlich ausdehnen und ihre autonome Bestimmung auf immer umfassendere Ereignisse erstrecken."

SATIR & BALDWIN (1988, S. 139) betonen in ihrer *Interpretation der Aktualisierungstendenz*, daß beim Wachstumsmodell „die Identität des Einzelnen durch seine Existenz als Person bestimmt (wird). Jeder Mensch wird mit einem Potential geboren, das sich während seiner Existenz auf diesem Planeten erfüllen kann. Dieses Potential ist von Mensch zu Mensch unterschiedlich, aber größere Fähigkeiten geben keinem Menschen eine Vorrangstellung vor anderen. (...)

Im Wachstumsmodell ist der Mensch potentiell gut. Das heißt nicht, daß er unschuldig oder gut zur Welt kommt, sondern daß es eine Art „körperlicher Weisheit" gibt und daß sich deshalb Kinder genauso wie Pflanzen unter angemessenen Bedingungen aller Wahrscheinlichkeit nach zu gesunden Lebewesen entwickeln können. (...) Im Wachstumsmodell wird Veränderung als permanenter Lebensprozeß betrachtet, der sich auf der Ebene des Mikro– wie des Makrokosmos abspielt. Veränderung wird hier als Möglichkeit begrüßt, neue Bereiche zu entdecken. Es entsteht eine Bewußtheit dafür, daß Veränderung neue Möglichkeiten und Entscheidungswege eröffnet, die nie gefunden werden können, wenn man sich an den status quo klammert. Natürlich sind Veränderungen auch beängstigend, weil neue Bereiche, unbekannte Territorien, auch neue Risiken mit sich bringen."

Da vom Axiom der Aktualisierungstendenz alle Zusatzannahmen zur Erklärung von psychisch gesundem und gestörtem Verhalten abzuleiten sind, sind neben Annahmen zur gesunden und gestörten Selbstverwirklichung auch *Annahmen zu gesunden und gestörten Personen– und Umweltverhaltenssystemen* zu machen, die die Entwicklung des kindlichen Selbsts fördern: im wesentlichen zum Eltern– bzw. Familienverhaltenssystem.

Im **Eltern– bzw. Familienverhaltenssystem** (s.a. SCHMIDTCHEN, 1983) werden die fürsorgerischen, gemeinschaftsbindenden und sinngebenden Impulse für die Lebens- und Entwicklungsförderung eines Kindes gegeben. Es wird auf die Elternschaft vorbereitet und es werden die Aufgaben der Mutter- und Vaterrolle für die verschiedenen Entwicklungsabschnitte eines Kindes definiert. Auf die Postulierung weiterer Systeme (wie z.B. des Kindergarten- oder Schulsystemes) und ihrer Aufgaben soll hier verzichtet werden; ihre entwicklungsfördernde Bedeutung müßte aber auch von dem Axiom der Aktualisierungstendenz abgeleitet werden.

Als *fördernde Entwicklungs- und Kommunikationshilfen* werden im klientenzentrierten Eltern- bzw. Familienverhaltenskonzept eine Vielzahl von Empfehlungen gegeben, die sich auf die klassischen ROGERS-Ratschläge einer • bedingungslosen positiven Wertschätzung; • empathischen Wahrnehmung des inneren Bezugsrahmens des Kindes und • möglichst geringen Zahl von Bewertungsbedingungen sowie auf weitere Hilfen beziehen (s. Kapitel 3.3). Allen Empfehlungen liegt zugrunde, daß mit ihnen gegenwärtige und zukünftige Entwicklungsziele angestrebt werden sollen, weil sich die generelle Verwirklichungstendenz auf die Gegenwart und Zukunft bezieht. KRIZ (1989, S. 169) sieht die Aktualisierungstendenz deshalb auch als ein „finales Entwicklungsprinzip."

Im folgenden möchte ich einige Ausführungen zur exakteren Definition von seelischem Wachstum (bzw. seelisch-körperlicher Entwicklung) und zur Formulierung von Entwicklungsaufgaben (bzw. Entwicklungszielen) für die Sozialisation von Kindern machen.

MONTADA (1987, S. 3ff) definiert **psychologische Entwicklung** unter Bezugnahme auf SCHMIDT (1970, S. 20) wie folgt: „Wir bezeichnen solche psychophysischen Veränderungsreihen als Entwicklung, deren Glieder existentiell auseinander hervorgehen (d.h. in einem natürlichen inneren Zusammenhang stehen), sich Orten in einem Zeitbezugssystem zuordnen lassen und deren Übergänge von einem Ausgangszustand in einen Endzustand mit Hilfe von Wertkriterien zu beschreiben sind."

Ich gehe im Sinne dieser Definition davon aus, daß die Entwicklung, z.B. der Erfahrungen des Selbsterlebens, aus einer Vielzahl von „Veränderungsreihen" besteht, die sich auf die unterschiedlichsten Erfahrungen des Selbst in verschiedenen Alters- und Situationsabschnitten beziehen und daß die unterschiedlichen Selbsterfahrungen „existentiell auseinander hervorgehen".

Des weiteren gehe ich davon aus, daß die Definition der Übergänge von einem Entwicklungsabschnitt zum anderen von *Bewertungsannahmen* abhängig ist, die angeben, ob eine Entwicklungssequenz als beendet angesehen werden kann oder noch weiter (in Richtung auf eine bestimmte Norm) ausgebildet werden muß. In diese Bewertungsannahmen gehen normative Erwartungen der unterschiedlichsten Form ein; sie können von statistischer, idealer, funktionaler oder legaler Art sein (s. BASTINE, 1984). – Als besonders wichtig erscheint es mir zu dem, sich vorzustellen, wie die einzelnen „Glieder" der Veränderungsreihen aussehen könnten. Die Klärung dieser Frage ist besonders für die Formulierung von konkreten Teilzielen von Entwicklungsabläufen erforderlich. Leider gibt es zu dieser Frage, außer vielleicht zu senso–motorischen Entwicklungsabläufen (s. HOLLE, 1993), bisher nur bruchstückhafte Antworten. Dies dokumentiert sich besonders an den Aussagen zur Entwicklung des Selbsterlebens. (s.a. Kapitel 3.2)

Von herausragender Bedeutung für die nähere Beschreibung von Zielen der Aktualisierung erscheint mit das Konzept der **Entwicklungsaufgaben**. Es geht auf HAVIGHURST (1972) zurück und hat mittlerweile in der empirischen Entwicklungspsychologie eine breite Akzeptanz gefunden. So definiert OERTER (1987, S. 119ff) in sehr enger Anlehnung an HAVIGHURST (1972, S. 2) eine Entwicklungsaufgabe wie folgt:

> „Eine Entwicklungsaufgabe ist eine Aufgabe, die sich in einer bestimmten Lebensperiode des Individuums stellt. Ihre erfolgreiche Bewältigung führt zu Glück und Erfolg, während Versagen das Individuum unglücklich macht, auf Ablehnung durch die Gesellschaft stößt und zu Schwierigkeiten bei der Bewältigung späterer Aufgaben führt."

HAVIGHURST und OERTER unterscheiden drei Aspekte, die bei der Erstellung einer Entwicklungsaufgabe zu berücksichtigen sind.
1) Die physische Reife bzw. Leistungsfähigkeit des Individuums,

2) die gewählte soziokulturelle Entwicklungsnorm und
3) die individuelle Zielsetzung und Norm in den einzelnen Lebensabschnitten.

Die Formulierung von Entwicklungsaufgaben ist ein sehr aufwendiges Unterfangen, weil alle drei Aspekte berücksichtigt werden müssen und weil immer wieder beachtet werden muß, für welchen Entwicklungszeitraum die Aufgaben zu formulieren sind. Um Entwicklungsaufgaben für möglichst alle Selbstverwirklichungsbereiche erstellen zu können, sollten zumindest folgende *Inhalts– bzw. Kompetenzbereiche* berücksichtigt werden:

1. Gesundheit und körperliches Wohlbefinden (Befriedigung von Grundbedürfnissen).
2. senso–motorische Funktionen.
3. soziale Beziehungen und Fertigkeiten.
4. Beherrschung der dinglichen und abstrakten Umwelt.
5. Fertigkeiten zur nichtverbalen und verbalen Kommunikation.
6. Fertigkeiten zur generellen und moralischen Urteilsbildung.
7. Fertigkeiten zur Erstellung eines Selbst– und Weltkonzeptes etc.

Auch der von mir zusammengestellte *Katalog von Kompetenzen zur Befriedigung von Grundbedürfnissen* (s. SCHMIDTCHEN, 1991, S. 20ff) kann hier angeführt werden. In diesem Katalog sind Entwicklungsziele verschiedener Autoren (u.a. ERIKSON, 1966; MASLOW, 1981 und ROGERS, 1987) eingegangen. Die Kompetenzen lauten wie folgt:

1. Kompetenzen zur Befriedigung von physiologischen Bedürfnissen.
2. Kompetenzen zur Befriedigung von Sicherheits– und Ordnungsbedürfnissen.
3. Kompetenzen zur Befriedigung von Bedürfnissen nach Empathie, Bindung und Liebe.
4. Kompetenzen zur Befriedigung von Bedürfnissen nach Wertschätzung und Eigenständigkeit.
5. Kompetenzen zur Befriedigung von Bedürfnissen nach Leistung und Ich–Wirksamkeit (bzw. Kontrolle).

6. Kompetenzen zur Befriedigung von Bedürfnissen der Konzeptbildung über sein Selbst und seine Außenwelt sowie über metaphysische Erklärungen wichtiger Phänomene.

Da die Entwicklungsaufgaben nicht als „absolute" Verhaltensweisen anzusehen sind, sondern immer im Bezug zu alters- und kulturgemäßen Umwelten und Erwartungen stehen, ist ein umfassender Geltungsbereich z.B. im Sinne des ROGERSschen Konzeptes einer „fully functioning person" nicht möglich; vielmehr muß für jedes Alter und jede Umgebung bestimmt werden, was jeweils die Termini „fully" und „functioning" bedeuten.

3.2 Annahmen zur Entwicklung des Selbstkonzeptes

Das Selbst wird von ROGERS (1987, S. 26) als eine organisierte, in sich geschlossene Gestalt gesehen, die das innere Wahrnehmungsfeld umfaßt, das vom Individuum als „Ich", „Mein" oder „Selbst" bezeichnet wird. Diese Gestalt „beinhaltet die Wahrnehmungscharakteristika des Ich; die Beziehungen zwischen dem Ich und anderen und die Beziehungen zu verschiedenen Lebensaspekten, einschließlich der mit diesen Erfahrungen verbundenen Werte."

Die Erfahrungen, die ein Kind im Erlebnis der Ich–Haftigkeit macht, stellen die Grundlagen des Selbsterlebens dar, die langfristig so entwickelt werden müssen, daß ein eigenständiges, außen und innen trennendes, gemeinschaftsfähiges Selbst entsteht. WINNICOTT (1973, S. 37) beschreibt die *Entstehung dieser Selbstgestalt* wie folgt:

> „Für mich ist das Selbst (...) die Person, welche ich bin, die nur ich bin, und die eine Totalität hat, welche auf dem Wirken von Reifungs- und Entwicklungsprozessen basiert. Gleichzeitig hat das Selbst Teile – besteht genau gesagt aus Teilen. Diese fügen sich (...) im Verlauf des Wirkens der Reifungs- und Entwicklungsprozesse zusammen; gestützt, wie es nicht anders sein kann (im Anfang maximal), von der menschlichen Umwelt, die hält und behandelt und auf eine lebendige Art fördert.
> Das Selbst befindet sich im Körper des Kindes, aber es kann unter gewissen Umständen auch in den Augen und in dem Gesichtsaus-

druck der Mutter oder im Spiegel (...) vom Kind dissoziiert sein. Im Laufe der Entwicklung gelangt das Selbst zu einer signifikanten Beziehung zwischen dem Kind und der Summe der Identifikationen, welche (...) zur Form einer inneren, lebendigen Realität organisiert worden sind. Diese Beziehung (...) kann je nach den Erwartungen verändert werden, die Vater, Mutter und alle diejenigen Personen zeigen, die im äußeren Leben des Kindes wichtig sind."

Die Struktur des *Selbst* entwickelt sich aus der allgemeinen *Aktualisierungstendenz*, wobei zwischen beiden nach ROGERS (1987, S. 22) folgende Beziehung besteht: „Wenn das Selbst und die Erfahrung des Organismus verhältnismäßig kongruent sind, dann bleibt die Aktualisierungstendenz ebenfalls verhältnismäßig ungespalten. Wenn aber Selbst und Erfahrung inkongruent sind, dann kann die allgemeine Aktualisierungstendenz des Organismus mit diesem Subsystem, nämlich der Tendenz zur Entfaltung des Selbst, im Widerspruch stehen."

Es sollte also das Ziel einer gesunden Selbstbildung und elterlichen Förderung dieser Entwicklung sein, daß die allgemeine Aktualisierungstendenz und die Selbstverwirklichungstendenz „verhältnismäßig ungespalten" bleiben. Da dies bei unangemessenen Sozialisationspraktiken nicht immer der Fall sein kann, unterscheiden viele Autoren (wie z.B. WINNICOTT, 1973 oder MILLER, 1983) zwischen einem „wahren" und einem „falschen" Selbst; wobei das „wahre" Selbst mit der allgemeinen Aktualisierungstendenz verhältnismäßig kongruent ist und das „falsche" Selbst von ihr abgespalten ist.

Ich werde später bei der Vorstellung des Störungskonzeptes (s. Kap. 3.4) deutlich machen, daß nach Sicht von ROGERS psychische Störungen immer dann auftreten, wenn „falsche" Selbstkonzeptannahmen gebildet worden sind bzw. wenn eine Spaltung zwischen der Aktualisierungstendenz und der Selbstverwirklichungstendenz vorliegt.

Eine weitere begriffliche Klärung des Selbsterlebens nimmt NEUBAUER (1976, S. 36 f) vor, indem er darauf hinweist, daß das *Selbstbild* oder *Selbstkonzept* als Gesamtkonzept die „kognitive Repräsentanz der eigenen Person", nämlich das „Selbst als Objekt" oder das "phänomenale Selbst" abbildet. "Es umfaßt alle jene gespeicherten Informationen, die sich in Relation zur eigenen Person in den manigfaltigsten Erfahrungsbereichen ergeben haben, insbesondere Informationen über den eigenen Körper, über eigenen Fähigkeiten und Kenntnisse, über eigene Besitztümer, über eigene Verhaltensweisen, Interaktionspartner u.a.(...)."

Des weiteren sollte berücksichtigt werden, daß der Begriff "Selbstkonzept" irreführend ist, weil er suggeriert, daß es ein zusammenhängendes Einheitskonzept gibt. Dies stimmt nicht, denn das Selbstkonzept besteht – insbesondere bei Kindern – aus einer Fülle von Teilkonzepten, die darüber hinaus noch sehr unterschiedlich entwickelt sein können. – Zu ergänzen ist auch, daß sich alle Teilkonzepte des Selbst durch den permanenten Gewinn neuer Erfahrungen verändern können, sodaß man nie von einer endgültigen bzw. abgeschlossenen Konzeptbildung ausgehen kann.

Im folgenden möchte ich einige Aussagen über die mögliche Art der **kognitiven Repräsentation** von Selbstkonzeptannahmen machen. Diese Aussagen sind notwendig, weil ich aus ihnen im Kapitel 3.4 Störungserklärungen ableiten will. Es sind im wesentlichen Aussagen zur kognitiven Repräsentation von Erfahrungen, die Kinder im Rahmen ihres Strebens nach Selbstverwirklichung gemacht haben.

DENEKE (1989, S. 592) meint, daß in den vielen Teilkonzepten des Selbsts hauptsächlich *die* Erfahrungen festgehalten werden, die Antworten auf folgende Fragen geben: Wer bin ich? und: Welche Eigenheiten machen mich zu dieser spezifischen einmaligen Person, als die ich mich erlebe? – DENEKE stellt sich vor, daß die Antworten in Form von Verhaltensmustern abgebildet werden, die immer aus der Ich–Perspektive erstellt werden und die in etwa folgende Struktur haben: "Der Mensch erlebt irgendeine Art von Bedürfnis mit daraus resultierendem Motiv und wählt einen Weg oder hat eine Vorstellung davon, wie das Motiv erreicht werden kann. Zu diesem Zweck tritt er in eine Interaktion mit den Objekten seiner Umwelt ein. Das Motivziel wird erreicht oder nicht erreicht; in jedem Fall wird das erlangte Ergebnis kognitiv und affektiv bewertet".

In Weiterführung dieser Gedanken wird von anderen Autoren (u.a. BRETHERTON, 1984, S. 5f) der *Schema– oder Skriptbegriff* eingeführt.

Ätiologie und Diagnostik von psychischen Erkrankungen im Kindesalter

Schemata oder Skripten sind „skeletthafte Rahmen" in denen die wichtigsten Erfahrungen des Individuums beim Anstreben seiner Bedürfnisse abgebildet werden. In diesen Rahmen werden kausale Raum–Zeitverbindungen zwischen den vom Kind erlebten Handlungspersonen, Empfängern und Objekten in isomorpher Weise widergegeben. Die Rahmen oder Schemata sind im Verlauf von sich wiederholenden Erfahrungen aufgebaut worden und leiten das Wiedererkennen und Verständnis der Erfahrungen. Durch sie wird die Realität interpretiert und als repräsentatives Muster abgebildet.

Das **Schemakonzept** hat in meiner Ätiologiekonzeption eine herausragende Bedeutung, weil ich psychische Störungen im wesentlichen auf unvollständige oder fehlerhafte Schemata des Selbsterlebens zurückführe (s. Kapitel 3.4). Da der Beginn des Schemaerwerbs in der frühesten Kindheit liegt, ist die Erforschung der Entstehungsbedingungen solcher Urmuster von großer Bedeutung für die Erklärung aller späteren Verhaltensweisen. Insofern muß eine Pathologie immer entwicklungsorientiert sein und in der Zeit der *Urmusterbildung* beginnen. – Interessant ist, daß Urmuster nicht nur aufgrund von Alltagserfahrung entstehen können, sondern auch aufgrund von Spieltätigkeiten, Geschichten anhören und – erzählen und anderen Formen der kindlichen Phantasietätigkeit. Dabei hat der Wechselbezug zwischen Phantasie– und Realitätstätigkeit eine herausragende Bedeutung, weil in der Phantasie durch visionäre Gestaltungskräfte der allgemeinen Aktualisierungstendenz „make believe" Skripten (*Phantasieskripten*) entstehen können, deren Anstreben zum Ziel des realitätsorientierten Verhaltens werden kann.

Um einen Einblick in die möglichen Inhalte von Schemata zur Selbstentwicklung zu geben, möchte ich im folgenden einen Katalog von frühkindlichen Grunderfahrungsmustern vorstellen. Dieser Katalog geht auf Forschungen von SPITZ (1965); ERIKSON (1966); WINNICOTT (1984); MAHLER, PINE & BERGMAN (1978); WATERS & SROUFE (1983) und KELLER (1989) zurück. Die Grunderfahrungen sind kindzentriert zu lesen; in ihnen sind die individuellen Erfahrungen der Kinder abgeleitet, die diese im Rahmen der Befriedigung ihrer Bedürfnisse mit ihren Bezugspersonen gemacht haben. Deshalb dürfen die Erfahrungen auch nicht „objektiv", d.h. von außen oder von den Eltern her, betrachtet werden. – Die Schemata sind idealtypisch formuliert worden; Störungen können sich aus einem Abweichen von diesem Ideal ergeben.

Katalog von frühkindlichen Grunderfahrungsmustern (Schemata):

1. Schema über eine zuverlässige und volle Befriedigung von **physiologischen Grundbedürfnissen** durch Bindungspersonen im Zustand der Unfähigkeit zur Selbstbefriedigung (Ich–Stärke; Vertrauen auf Versorgungssicherheit etc.).
   Störungsformen: Diffuse Angst vor der Vernachlässigung durch Bezugspersonen; Beeinträchtigung des Erlebens von organismischen, körperbezogenen Erfahrungen; Ich–Schwäche; diffuse Angst vor Umweltgefahren; Fixierung an Bezugspersonen wegen der Angst vor einer Mangelversorgung etc.
2. Schema über eine **sichere Unterstützung** durch Bindungspersonen in Bedrohungs– und Angstsituationen (Vertrauen auf eine sichere Bindung und Behütung in Notsituationen etc.).
   Störungsformen: Angst und Zusammenbrüche in Bedrohungssituationen; Vermeiden von Bedrohungssituationen; Ablehnungs– oder Ambivalenzgefühle gegenüber Bezugspersonen; soziales Rückzugsverhalten; Angst vor Bindungen; eingeschränkte Lern– und Lebensfähigkeit etc.
3. Schema über eine **eigenständige Spannungs– und Angstbewältigung** in Erregungssituationen (Vertrauen auf die Fähigkeit zur Selbstregulation von Spannungen und Ängsten etc.).
   Störungsformen: Überflutung mit Spannungen und Ängsten; Unfähigkeit zur Selbstberuhigung und Selbstkontrolle; Aufbau von Spannungen in verschiedenen Bereichen des Körpers etc.
4. Schema über ein **abgegrenztes und abgrenzungsfähiges Selbsterleben** (passive und aktive Abgrenzungsfähigkeit etc.).
   Störungsformen: Symbiotische Verschmelzung des Selbsterlebens mit dem Erleben anderer; Nichtspüren von Ich–Gefühlen (Entfremdungserlebnisse und Wahnvorstellungen); gespaltenes Selbst etc.
5. Schema über ein **anerkanntes (geliebtes) Selbst** und über die

Fähigkeit, andere zu schätzen bzw. zu lieben (Selbstliebe und Liebe zu anderen etc.).

Störungsformen: Mangelhafte Selbstwertschätzung (Selbsthaß; Autoaggressionen); Minderwertigkeitsgefühle; Einsamkeit; Depression; Projektionen; Liebesphantasien bzw. –wahn etc.

6. Schema über eine explorative **Umwelterforschung** und manipulative **Umweltbeherrschung** (Vertrauen in seine Selbstwirksamkeit etc.).

Störungsformen: Unselbständigkeit; Störungen der Intelligenz und des Spiel– und Arbeitsverhaltens; Schulleistungsstörungen etc.

7. Schema zum **Lernen** durch a) Imitation von Vorbildern; b) erfahrungsgeleitetes Ausprobieren (z.B. im Spiel) und c) problemlösendes Schlußfolgern (differenzierte Ausbildung von Lern– und Problemlösungsfähigkeiten etc.).

Störungsformen: Verschiedene Formen der geistigen und intellektuellen Behinderung; Lernstörungen etc.

8. Schema zum **dialogischen Austausch** von Informationen (Dialogfähigkeit etc.).

Störungsformen: Mangelhafte Empathie und Responsivität für Signale des Interaktionspartners; Verweigerung von dialogischer Interaktion; Probleme mit dem Gefühlsaustausch und dem Austausch von verbalen Signalen; Störungen beim Spracherwerb; Störungen des Sprechens etc.

9. Schema über die Art und Bedeutung der eigenen **Geschlechtlichkeit** und der Geschlechtsrollen von Mädchen, Junge, Mann und Frau (klare Geschlechtsidentität; klares Geschlechtsrollen–Wissen etc.).

Störungsformen: Unsicherheiten oder Störung der Geschlechtsidentität und des –rollenerlebens; sexuelle Erlebnisstörungen; sexuelle Funktionsstörungen etc.

Allen Schemata ist gemeinsam, daß die in ihnen angesprochenen Erfahrungen in einer engen Wechselbeziehung des Kleinkindes mit zentralen Bezugspersonen (meistens der Mutter und/oder dem Vater) gelernt worden sind, denn die Kinder sind wegen ihrer „zu frühen" Geburt, der Anthropologe PORTMANN (1941) spricht von einem längeren „extrauterinem Stadium", in ihren ersten Lebensangelegenheiten stark von ihren Bezugspersonen abhängig. Störungen in den frühen Grundmustern sind also auch immer ein *Ausdruck von Beziehungsstörungen* zwischen dem Kind und seinen Eltern.

3.3 Annahmen zum Verhaltenskonzept

ROGERS (1987) hat mit seiner Formulierung von Zielsetzungs–, Wahrnehmungs–, Bewertungs–, Symbolisierungs– und Rückmeldungsprozessen eine globale Verhaltenskonzeption vorgelegt, die die Kriterien einer modernen **Handlungstheorie** erfüllt. Zu diesen Kriterien gehört es, daß die einzelnen Komponenten einer Handlungsfolge nicht als isolierte Ereignisse gesehen werden dürfen, sondern in einem zielorientierten, organisierten und rückmeldungsbezogenen Zusammenhang stehen. Wichtig ist auch, daß die Komponenten immer einen Bezug zu einem Kontext aufweisen, der die Bedeutung der Handlung mitbestimmt. Dieser Kontext kann aus Außen– und Innenweltbedingungen bestehen (s.a. SCHWEMMER, 1986; LINSTER, 1989, S. 154 ff).

In der Praxis sieht es im allgemeinen so aus, daß die Menschen ihre Handlungen aufgrund von Außen– und Innenweltbedingungen organisieren, die beide durch einen Katalog von *Schemata* im Gedächtnis abgebildet worden sind, so daß die Schemata einen herausragenden Wert für die Handlungssteuerung und Bedeutungsgebung des Individuums haben (s.a. GRAWE, 1987). Dabei sei noch einmal betont, daß ich Schemata in meinen bisherigen Ausführungen nicht vorrangig als „allgemeine Wissensstrukturen" dargestellt habe – was sie nach RUMELHART (1980) auch sein können, – sondern als handlungsleitende und organisierende Skripten.

Im folgenden möchte ich unter Bezugnahme auf SACHSE (1989, S. 77) noch einmal die wesentlichen *Charakteristika von handlungsleitenden Schemata* beschreiben:

„Skripts enthalten als „Handlungsdrehbücher" die Voraussetzungen und Ergebnisse des Ereignisablaufes sowie den „typischen Ablauf" der Ereignisse. Ein Skript verbindet somit einzelne Szenen zu einem integrierten Ablauf und zwar jeweils aus der Sicht eines bestimmten Akteurs. (...) Schemata haben Variablen, die durch unterschiedliche Akteure ausgefüllt werden können, d.h., diese Variablen können instanziiert werden. • Schemata haben auch Variablenbegrenzungen, die den Rahmen möglicher Instanziierungen (durch Akteure, Gegenstände usw.) begrenzen. Werden keine konkreten Instanziierungen angegeben, so werden Standardwerte eingesetzt. • Das Schema gibt auch die Beziehungen an, in denen die Variablen zueinander stehen. Diese Variablen können zeitlicher, räumlicher oder kausaler Art sein. • Schemata weisen eine hierarchische Organisation auf: Schemata höherer Ordnung haben Sub–Schemata (z.B. das Restaurant–Schema hat Sub–Schemata für Essen, Bestellen usw.)."

In den Schematheorien wird davon ausgegangen, daß wesentliche Komponenten des Schemas in einem ersten Schritt durch Wahrnehmungsprozesse aktiviert werden, die dann die weitere Informationsverarbeitung steuern. Diese Steuerung wird nicht nur als kognitives, sondern auch als emotionales und bedeutungsgebendes Geschehen gesehen; insofern richten sich die empathischen Bemühungen des klientenzentrierten Therapeuten auf das Verständnis dieser Schemata. Sie sind ein wesentlicher Aspekt des „internal frame of reference" (s. ROGERS, 1987, S. 37).

In der folgenden Abbildung soll in Form eines Blockdiagrammes ein Überblick über die Prozesse gegeben werden, die aus klientenzentrierter Sicht die menschliche **Informationsverarbeitung, Bedeutungsgebung** und **Handlungsorganisation** steuern. Das Diagramm

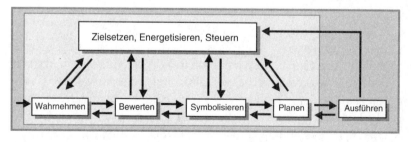

Komponenten von Informationsverarbeitungs– und Handlungsprozessen

orientiert sich an Überlegungen, die ich an anderer Stelle (s. SCHMIDTCHEN, 1978; 1989; 1991) vorgestellt habe.

Neben den von ROGERS genannten Zielsetzungs–, Wahrnehmungs–, Bewertungs–, Symbolisierungs– und Rückmeldungsprozessen, habe ich in das Organisationsschema noch Planungs– und Ausführungsprozesse ergänzt (s.a. KRIZ, 1989). Die einzelnen Prozeßkomponenten sollen im folgenden kurz vorgestellt werden.

Zielsetzungs–, Energetisierungs–, Steuerungsprozesse: Nach ROGERS (1987, S. 48 & 21) ist das Verhalten „... ein zielgerichteter Versuch des Organismus, seine erlebten Bedürfnisse nach Aktualisierung in der wahrgenommenen Realität zu befriedigen." Die Zielsetzung orientiert sich an den Bedürfnissen des Menschen, an dem Bestreben nach Selbst– und Funktionsentwicklung, an dem Gebrauch von Werkzeugen, an dem Streben nach Autonomie und an dem Vermeiden von Fremdkontrolle. Die Aktualisierungstendenz wird in dem Handlungskonzept als *generelle Steuerungskomponente* angesehen, die alle weiteren Prozesse energetisiert und bezüglich der Zielerreichung kontrolliert. Insofern laufen die meisten Rückmeldungen auch zu dieser zentralen Komponente.

Wahrnehmungsprozesse: Da die Umweltbedingungen durch Wahrnehmungsfilter gesehen und gedeutet werden, ist das Verhalten nicht nur von den „real" existierenden Umweltbedingungen, sondern entscheidend von den internen Sichtweisen (z.B. den in Schemata abgebildeten Selbst– und Weltkonzepten) eines Menschen abhängig. An Störungsmöglichkeiten können Wahrnehmungsverzerrungen und –verleugnungen auftreten und darüber hinaus eine Fülle von Funktionsstörungen, die den Wahrnehmungsorganen zuzuordnen sind: z.B. dem Sehsinn, Tastsinn, Hörsinn, Geruchssinn, Körpersinn.

Bewertungsprozesse: Zentral für Bewertunsprozesse ist die emotionale Bewertung im Sinne von „angenehm" vs. „unangenehm" oder „Vorliegen" vs. „Nichtvorliegen" einer Befriedigung. Aber auch die *gefühlsmäßige Reaktion* durch die Grundgefühle von: Interesse; Freude; Überraschung; Kummer (Schmerz); Ärger (Wut); Ekel; Geringschätzung (Verachtung); Furcht (Angst); Scham (Scheu) und Schuldgefühle (s. IZARD 1981; LEVENTHAL, 1980; CASE et al. 1988) signalisiert in ihrer unterschiedlichen Qualität die Bewertung des Organismus.

Neben den emotionalen Bewertungen gibt es auch kognitive Bewertungen, in die im wesentlichen die Normenvorstellungen der Gesellschaft eingehen. Die kognitiven Bewertungen können mit emotionalen Bewertungen kombiniert werden; zuweilen ist es möglich, daß kognitive Bewertungen emotionale Reaktionen unterdrücken; dieser Vorgang gilt auch umgekehrt.

Symbolisierungsprozesse: Als Symbolbildungen sollen alle Arten von statischen und dynamischen Repräsentationen im Gedächtnis verstanden werden. Die *Repräsentationen* können aus Bildern, Bewegungen, Tönen, Gerüchen etc. bestehen sowie aus Begriffen, Zahlen etc. Für die Spieltherapie sind insbesondere szenische Symbolisierungen von Bedeutung. – Da die Symbolisierungen sehr eng mit den emotionalen Bewertungen verbunden sind, gibt die Symbol–Gefühlsverknüpfung sehr spezifisch den *gefühlsmäßigen Bedeutungsgehalt* einer Erfahrung wider.

Planungsprozesse: Planungsprozesse werden in der ROGERSschen Konzeption nicht explizit genannt; sie sind aber für eine zielgerichtete Handlungsorganisation notwendig. Planungen werden mit den Handlungselementen durchgeführt, die zur Erreichung des gesetzten Zieles notwendig sind.

Rückmeldungsprozesse: Durch die Rückmeldungen wird gewährleistet, daß alle Handlungsprozesse exakt auf das gesetzte Ziel ausgerichtet werden; damit unterstützen die Rückmeldungen das Steuerungsverhalten.

Ausführungsprozesse: Verhalten findet nicht nur in der Innenwelt des Menschen statt, sondern auch in der Außenwelt in Form von Einflußnahmen auf die Umwelt. Diese geschehen im wesentlichen durch *sensomotorische Aktionen* des Sprechens, Bewegens, Hantierens etc. Viele Funktionsstörungen (z.B. die des Sprechens, Schreibens, Lesens oder Bewegens etc.) können auch Ausdruck gestörter Ausführungsprozesse sein.

Die Erstellung dieses Komponentenmodelles zur Durchführung von Informationsverarbeitungs–, Bedeutungsgebungs– und Handlungsprozessen hat den Vorteil, daß *Mikroanalysen* und *Mikroplanungen* von Handlungen auf der Ebene von Spieltätigkeiten oder Realitätsaktionen möglich sind. Damit kann man Kindern oder Erwachsenen

Hinweise über fehlerhafte Prozeßkomponenten geben. Diese Hinweise sollten jedoch immer den Bedeutungsrahmen mitberücksichtigen, der die Komponenten als inneres Leitschema steuert. Insofern empfiehlt es sich, pädagogische oder therapeutische Interventionen nicht als isolierte Funktionskorrekturen vorzunehmen, sondern als sinnbezogene Maßnahmen.

Verhalten wird im klientenzentrierten Ansatz aber nicht nur als ein individuelles Geschehen gesehen, sondern auch als eine **interaktive Beeinflussung**. Da die Art der Beeinflussung jedoch vorwiegend aus einer therapeutischen oder pädagogischen Sicht gesehen wird, werden von ROGERS (und seinen Nachfolgern) keine Aussagen über die Bedingungen einer symmetrischen Beeinflussung gemacht. Damit gelten die klientenzentrierten Interaktionsaussagen vorwiegend für hierarchisch organisierte führende bzw. helfende Paarprozesse. In diesem Sinne äußert sich ROGERS (1987, S. 66) wie folgt:

Förderliche Prozesse des Elternverhaltens:
1) „Je größer das Ausmaß der *bedingungslosen positiven Beachtung* ist, den ein Elternteil dem Kind gegenüber erlebt, desto geringer ausgeprägt werden die Bewertungsbedingungen beim Kind sein und um so mehr wird das Kind in der Lage sein, gemäß seines *organismischen Bewertungsprozesses* zu leben; dies wiederum führt dazu, daß der Grad der psychischen Ausgeglichenheit beim Kinde erhöht wird.
2) Der Elternteil zeigt diese bedingungslose positive Beachtung nur in dem Ausmaß, wie er eine bedingungslose Beachtung für sich selbst erleben kann.
3) In dem Ausmaß, in dem ein Elternteil bedingunglose Selbstachtung erlebt, wird er kongruent in der Beziehung sein. Dies beinhaltet die *Echtheit* oder *Kongruenz* im Ausdruck seiner eigenen Gefühle (positive oder negative).
4) In dem Ausmaß, in dem die Bedingungen 1, 2 und 3 existieren, wird der Elternteil *realistisch* und *empathisch* den *inneren Bezugsrahmen* des Kindes verstehen und eine bedingungslose positive Beachtung für das Kind erleben.
5) In dem Ausmaß, in dem die Bedingungen 1 bis 4 existieren, können

die Theorie über den Prozeß und die Resultate einer Therapie (...) oder einer sich verbessernden Beziehung Anwendung finden."

Aus diesen Ausführungen von ROGERS folgt, daß Interaktionen des täglichen Lebens, die symmetrisch organisiert sind und eine nicht hierarchische Paarbeziehung anstreben (z.B. ein eheliches oder kindliches Kooperations- oder Wettkampfverhalten oder ein Bemühen von Jugendlichen um den Abbau von störenden Hierarchien) nur schwer mit diesem Ansatz zu beschreiben sind.

Für die Fragestellung einer sozialisatorischen oder therapeutischen Beeinflussung erweist sich der Ansatz von ROGERS aber so hilfreich, daß ich im folgenden noch einmal die wichtigsten Aussagen in Form eines Kataloges von Förderungsmaßnahmen herausstellen möchte.

Katalog von elterlichen und therapeutischen Förderungsmaßnahmen für Kinder:
1) Erleben und Zeigen einer bedingungslosen Wertschätzung für alle Lebensäußerungen des Kindes. – Ziel: Aufbau eines wertschätzenden kindlichen Selbsterlebens, das relativ frei von elterlichen Bewertungsbedingungen (Introjekten) ist.
2) Erleben einer *eigenen* bedingungslosen Wertschätzung und Kongruenz (Echtheit) im Rahmen der Kommunikation mit seinem Kinde. – Ziel: Vorbild für ein wertschätzendes Selbsterleben und eine kongruente Kommunikation von angenehmen und unangenehmen Gefühlen.
3) Realistisches und empathisches Verstehen des inneren Bezugsrahmens (d.h. der Schemata), aus dem heraus die kindlichen Handlungen organisiert und durchgeführt werden. – Ziel: Aufbau von realistischen Selbststeuerungsprozessen und Vermittlung eines Gefühles von Verstandenwerden bzw. sozialer Bedeutsamkeit.

Wie neuere Forschungsergebnisse über die Eltern–Kind oder Therapeut–Kind–Interaktion gezeigt haben (s.u.a. AINSWORTH, 1978; STERN, 1985; KIPPHARD, 1986; SCHMIDTCHEN, 1991), lassen sich die Aussagen von ROGERS noch ergänzen. Ich möchte deshalb den begonnenen Katalog fortsetzen.

4) Angemessene Regulierung von psychologischer Nähe und Distanz zum Kinde. – Ziel: Achtung und Unterstützung eines privaten „Selbstraumes".
5) Erfüllung der kindlichen Bedürfnisse (Responsivität) bis zu deren Befriedigung. – Ziel: Aufbau eines Gefühles von einem angemessenen Versorgtsein; Vertrauen in mütterliche und väterliche Ergänzungsbeziehungen.
6) Seelischer und körperlicher Trost und Schutz in angstauslösenden oder bedrohenden Situationen. – Ziel: Bindungssicherheit in Angst– und Bedrohungssituationen.
7) Spiegelbildliche Widergabe kindlicher Gefühle und deutlicher Ausdruck der eigenen Gefühle. – Ziel: Erlernen einer symmetrischen Gefühlskommunikation.
8) Stimulation eines kindlichen Explorations– bzw. Neugierverhaltens. – Ziel: Förderung einer erforschenden Weltoffenheit.
9) Nichtlenkendes Verhalten in Problemsituationen, die ein Kind selbst bewältigen kann. – Ziel: Förderung von Autonomie und Ich–Wirksamkeit.
10) Kindgemäße Information über Sachverhalte, Zusammenhänge, Verhaltensregeln etc. – Ziel: Aufbau eines umfassenden und realistischen Weltbildes.
11) Stimulation und Teilhabe an sensomotorischen Kommunikationsakten. – Ziel: Erwerb einer senso–motorischen Geschicklichkeit und Kommunikationsfähigkeit.
12) Stimulation und Teilhabe an sprachlichen Kommunikationsakten. – Ziel: Spracherwerb und Dialogfähigkeit.
13) Verhinderung von selbstverletzenden oder andere schädigenden Verhaltensweisen. – Ziel: Schutz des Kindes vor seelischen und körperlichen Verletzungen oder belastenden sozialen Reaktionen.

Die angeführten elterlichen oder therapeutischen Förderungsmaßnahmen haben ebenfalls den Charakter von Schemata, da sie als zielgerichteten Handlungen, mit einem engen Bezug zum angestrebten kindlichen Zielverhalten, organisiert werden müssen. Es sind also keine isolierten Verhaltensketten, sondern *sinnorganisierte und sinn-*

gebende Handlungsvollzüge. Ihre erfolgreiche Durchführung leistet einen entscheidenden Beitrag zum Erwerb der kindlichen Schemata zur Selbstverwirklichung.

3.4 Annahmen zum Störungskonzept

Eine klientenzentrierte Störungslehre muß immer auch eine *Gesundheitslehre* beinhalten. Diese Forderung ergibt sich aus dem Axiom der Aktualisierungstendenz; und zwar aus der zentralen Annahme, daß die Menschen die Fähigkeit zum Ausbau ihrer Talente und zu einer umfassenden Umweltbeherrschung und Selbstverwirklichung besitzen. Aus diesen Gründen ist es das Ziel einer klientenzentrierten Psychotherapie, vorrangig den *Ausbau von gesunden Verhaltensmustern (Ressourcen)* zu fördern und dem Aufbau von Störungsvermeidungs– oder Störungsabbauverhalten einen geringeren Stellenwert zu geben. Die Therapie orientiert sich also primär am gesunden Verhalten. – Im folgenden möchte ich Ausführungen zum Inkongruenzkonzept, zur Bedeutung von Symptomen und zu den Ursachen von psychischen Störungen machen.

3.4.1 Inkongruenzkonzept

Nach ROGERS soll es das Ziel einer gesunden Entwicklung sein, daß die *im Selbstkonzept repräsentierten Erfahrungen* in Form von Handlungsmustern (Schemata) ein ungestörtes Agieren mit der Umwelt ermöglichen. Diese Muster sollen, in der Sprache von ROGERS (1977, S. 139 ff) „...zur Begegnung mit dem Leben benutzt werden. Es (das Selbstkonzept) kann zur Befriedigung der Bedürfnisse einer Person wirksam beitragen oder auch nicht. Die Person reagiert auf ihre Realität so, wie sie diese aufgrund ihres Selbstkonzeptes wahrnimmt und definiert. Eine Person kann sich als stark oder schwach, als intelligent oder dumm, als schön oder reizlos sehen. Die Art, wie sie sich selbst sieht, beeinflußt wiederum ihre Wahrnehmung von der Realität und damit ihr Verhalten. So kann der zuversichtliche, erfolgreiche Student in einer Prüfung eine Gelegenheit sehen, seine Beherrschung des Stoffes unter Beweis zu stellen; während ein unsicherer Student (...) der gleichen Erfahrung mit Angst gegenübersteht; als ein Beweis seiner Unzulänglichkeit."

Kann ein Individuum in einem aktuellen Handlungsmoment auf gesunde Selbstschemata zurückgreifen, dann befindet sich das Individuum in diesem Moment in einem Zustand der *Kongruenz* zwischen der Selbstverwirklichungstendenz und der generellen Aktualisierungstendenz. Treten jedoch Widersprüche zwischen der im Rahmen der Aktualisierungstendenz gemachten Erfahrung und den Wahrnehmungen aufgrund gestörter Selbstschemata auf, dann befindet sich das Individuum in einem Zustand der **Inkongruenz**.

Nach ROGERS (1987, S. 29) „...entwickeln sich häufig Widersprüche zwischen dem wahrgenommenen Selbst und der tatsächlichen organismischen Erfahrung. Das Individuum nimmt sich selbst wahr als jemand, der die Charakteristika a, b und c besitzt und die Gefühle x, y und z erlebt. Eine exakte Symbolisierung dieser Erfahrung würde jedoch die Charakteristiken c, d und e und die Gefühle v, w und x aufweisen. Das Individuum befindet sich also in einem Zustand der Inkongruenz von Selbst und Erfahrung, weil solche Widersprüche bestehen. Dies ist ein Zustand der Spannung und inneren Konfusion, weil das individuelle Verhalten hinsichtlich einiger Aspekte durch die Aktualisierungstendenz, bezüglich anderer Aspekte jedoch durch die Selbstaktualisierungstendenz geregelt wird, so daß dadurch ein ungeordnetes oder unvollständiges Verhalten entsteht" (s.a. BIERMANN–RATJEN, 1989).

Der geschilderte Mechanismus der Inkongruenzentstehung stellt m. E. die zentrale Annahme der klientenzentrierten Störungskonzeption dar. In diese Annahme geht ein, daß es für Menschen möglich ist, ihre Umwelt auf der Basis von unverfälschten Erlebnissen bzw. Erfahrungen wahrzunehmen (als Ausdruck der Aktualisierungstendenz) und auf der Basis der im Selbstkonzept repräsentierten Schemata.

Da das Konzept von der **erlebten Erfahrung** im klientenzentrierten Ansatz so wichtig ist, möchte ich es im folgenden in der Definition von ROGERS (1987, S. 23) vorstellen: Der Begriff Erlebnis bzw. Erfahrung „beinhaltet alles das, was sich innerhalb des Organismus in einem bestimmten Augenblick abspielt und was potentiell der Gewahrwerdung zugänglich ist. Er schließt Ereignisse ein, deren sich das Individuum nicht gewahr ist, ebenso wie Phänomene, die im Bewußtsein sind. So beinhaltet es beispielsweise die psychologischen

Aspekte des Hungers, selbst wenn das Individuum so fasziniert von seiner Arbeit oder seinem Spiel ist, daß es den Hunger gar nicht bemerkt; der Begriff beinhaltet visuelle Eindrücke und Wahrnehmungen von Geräuschen und Gerüchen, selbst wenn diese nicht im Mittelpunkt der Beachtung stehen.

Der Begriff Erfahrung schließt den Einfluß der Erinnerung und den vergangener Erfahrungen ein, sofern diese in einem bestimmten Augenblick aktiv sind und so die Bedeutung verschiedener Stimuli verändern. Er umfaßt auch alles das, was der unmittelbaren Gewahrwerdung oder dem Bewußtsein präsent ist." – Des weiteren weist ROGERS darauf hin, daß sich das Erlebnis auf den *Augenblick* und nicht auf die Ansammlung vergangener Erfahrungen bezieht und daß die Erfahrung von „organismischer" Art ist.

Das Problem des auf Kleinstkinder angewandten Erfahrungskonzeptes besteht m.E. darin, zu erklären, wie „Ur-Erfahrungen" entstehen können, für die noch keine durch Vorerfahrungen erworbenen „bahnenden" Muster vorliegen. Ich kann mir höchstens vorstellen, daß der Organismus Erfahrungen (Erlebnisse) mit Hilfe seines **Gefühlssystemes** durch Konditionierungsprozesse im Sinne von Reiz–Gefühls–Reaktions–Ketten erwerben kann. (s. LEVENTHAL, 1980; REVENSTORF, 1985).

Auch CASE et al. 1988, S. 9) nehmen an, daß angeborene Affekte „... das Überleben und die Reproduktion des Organismus gewährleisten". Wobei man mit IZARD (1978) davon ausgehen kann, daß folgende Affekte angeboren sind: Interesse; Freude (Wohlbehagen); Überraschung (Erstaunen); Kummer (Schmerz); Ärger (Wut); Ekel (Widerwillen); Furcht (Angst); Scham (Scheu); Geringschätzung (Verachtung) und Schuldgefühle (Reue). – Im Verlauf der biologischen Reifung des Gehirns können dann mit zunehmendem Alter der Kinder die gefühlsmäßigen Konditionierungsketten mit sich entwickelnden Teilkomponenten von kognitiven Erfahrungsmustern verknüpft werden, sodaß vom ca. ersten Lebensjahr an z.T. sehr einfache Schemata, verbunden mit konditionierten Reiz–Gefühls–Reaktionsketten das Verhalten des Kindes steuern können. Dies ist auch in etwa die Zeit, in der die ersten einfachen Selbst–Schemata gebildet werden (s. STERN, 1985).

Außerdem gehe ich mit BIERMANN–RATJEN (1989, S. 117f) davon aus, „...daß der Säugling zunächst zwar eine Selbstaktualisierungstendenz, aber noch kein Selbst hat. Er erlebt zwar, kann sich dessen aber nicht alleine bewußt werden. Wenn er etwas erlebt, das der Förderung und Aufrechterhaltung seines Organismus als Ganzem nicht dienlich ist, z.B. Hunger und Kälte, äußert er sich. Er schreit – u.U. undifferenziert bis panisch. Wenn er in diesem Erleben verstanden und bedingungslos wertgeschätzt wird, (...) wird das Erleben, Überlebenwollen, Selbstwerdenwollen oder Verstandenwerdenwollen zum Kern des entstehenden Selbstkonzeptes. – Wird dieses Erleben nicht verstanden, nicht wertgeschätzt und nicht kongruent beantwortet, dann wird die erlebte Panik, kombiniert mit der Tendenz des Überlebenswollens, Selbstwerdenwollens oder Verstandenwerdenwollens zur Kernerfahrung einer massiven Selbstbedrohung, einer psychischen Existenzbedrohung".

Wegen der starken Verknüpfung der Erfahrungen mit dem Affekt– bzw. Gefühlssystem, drücken sich psychische Störungen und deren Symptome in starken Affekten aus, die das ganze Spektrum von unangenehmen Gefühlen betreffen.

Während die Annahmen zur allgemeinen Aktualisierungstendenz wissenschaftlich noch nicht hinreichend erforscht worden sind, gibt es einen großen Fundus an Forschungen zur Entstehung des Selbstkonzeptes und zur emotional–kognitiven Repräsentation von Selbsterfahrungen in Form von Skripten oder Schemata. Auch gibt es zahlreiche theoretische Überlegungen zum Zusammenhang von ungünstigen Selbsterfahrungen und der Ausbildung von psychopathologischem Verhalten (u.a. SPITZ, 1965; MAHLER, PINE & BERGMAN, 1978; KOHUT, 1979; EPSTEIN, 1979; CHESHIRE & THOMAE, 1987; DENEKE, 1989). Aus diesen Gründen wäre es vielleicht sinnvoll – und u.U. auch verlokkend – das klientenzentrierte Inkongruenzkonzept aufzugeben und psychische Störungen stattdessen mit Hilfe des Konzeptes einer *Selbst–Psychopathologie* zu erklären. Bei diesem Vorgehen müßte man dann nicht versuchen, die Annahmen zur Aktualisierungstendenz in mühsamer Weise zu operationalisieren und empirisch–wissenschaftlich abzusichern. Durch das im Kapitel 3.2 skizzierte Konzept gesunder und gestörter Selbstschemata wäre es auch relativ leicht möglich, psychische Störungen allein auf mangel- oder fehlerhafte Selbstschemata zurückzuführen. Dennoch glaube ich, daß es sinnvoll ist, das Axiom der Aktualisierungstendenz beizubehalten und beim von ROGERS skizzierten Inkongruenzkonzept zu bleiben. Die Annahmen zur Aktualisierungstendenz haben nämlich den Vorteil, daß sie einen Prozeß des Erfahrungsmachens postulieren, der jenseits der Schemata liegt. Sie haben des weiteren den Vorteil, daß sie den Zustand vor der Schemabildung erklären und auch alle potentiellen Möglichkeiten von Schemaerweiterungen oder neu zu lernenden Skripten. Durch die Annahme einer generellen Aktualisierungstendenz wird auch die Sinngebung des klientenzentrierten Menschenbildes und das finale Entwicklungsprinzip (s. KRIZ, 1989, S. 169) fundiert.

3.4.2 Die Bedeutung von Symptomen

Gemäß der Definition von psychischen Störungen sind die seelischen und körperlichen Symptome bzw. manifesten krankhaften Verhaltensweisen ein sichtbarer Ausdruck von zugrundeliegenden „aktuellen Krisen des seelischen Geschehens" und/oder von „pathologischen seelischen und körperlichen Strukturen und Funktionen". Letztere können anlagemäßig oder lebensgeschichtlich erworben worden sein und sind direkt beobachtbar oder indirekt erschließbar.

Die Symptome stellen also eine *kommunikative Botschaft* über nicht immer sichtbare Krisen und gestörte seelische Strukturen und Funktionen dar. Da die Botschaft z.T. in Rätselform verschlüsselt wird (s. BIERMANN–RATJEN, 1989, S. 113) oder aus sehr extremen Verhaltensweisen (z.B. Feindseligkeiten, Zerstörungen, Diebstählen, autoaggressiven Reaktionen etc.) besteht, fällt es der Öffentlichkeit häufig schwer, sie zu verstehen. Deshalb ist es für die klientenzentrierte Störungsdiagnostik eine zentrale Aufgabe, zu klären, an welche Personen die Botschaft gerichtet sein könnte; meist sind es zentrale Bezugspersonen, von denen das Kind in seinem symptomatischen „Notschrei", „Protest-" oder „Verweigerungsverhalten" verstanden werden will. Wenn das Kind keine Hoffnung mehr auf ihr Verständnis hat, dann wendet es sich häufig an die Öffentlichkeit und macht dieser kund, daß es leidet und welche Gefühle es über dieses Leiden empfindet.

In die symptomatische Botschaft geht also ein *„inneres Wissen"* des Symptomträgers über seelisch gesunde Zustände und die vorhandenen krankhaften Zustände, sowie deren Heilungsmöglichkeiten ein, wobei die Diskrepanz zwischen den beiden Zuständen zum Inkongruenzerleben führt. Dieses drückt sich im allgemeinen durch sehr starke offene oder verdeckte Affektreaktionen aus, die Ausdruck der Qualität und Intensität des inneren Leidens und des Protestes darüber sind.

Symptome enthalten also im allgemeinen drei Botschaften: Die erste Botschaft ist, daß ein Mensch an widrigen inneren und äußeren Bedingungen leidet. – Die zweite Botschaft ist, unter welchen gestörten Schemata er leidet und welche gesunden Skripten er anstreben will; und als dritte Botschaft wird mitgeteilt, welche Gefühle, Gedanken und Gesten er als Reaktion auf sein Leiden den Eltern und/oder der Gesellschaft mitteilen will. Dies können Empfindungen und Gesten der Enttäuschung, Trauer, Wut, Hilflosigkeit, Rache, Angst, Geringschätzung etc. sein. – Im Rahmen einer klientenzentrierten Symptomdiagnostik ist also eine dreifache *„Rätselaufgabe"* zu lösen, wobei die Entdeckung der zugrundliegenden Störungsursachen und der anzustrebenden gesunden Zustände die diagnostisch–therapeutisch wichtigste Aufgabe ist. Wie diese Aufgabe zu lösen ist, soll im folgenden Kapitel mitgeteilt werden.

3.4.3 Ursachen von psychischen Störungen

Als Störungsursachen werden gemäß der Definition aus Kapitel 1.1 „aktuelle Krisen seelischen Geschehens" und/oder „pathologische seelische und körperliche Strukturen und Funktionen" angenommen. Diese Ursachen möchte ich im folgenden für die seelischen Erkrankungen von Kindern näher spezifizieren.

Bezüglich der Kennzeichnung von **pathologischen Strukturen und Funktionen** gehe ich davon aus, daß sich diese durch Inkongruenzerlebnisse zwischen gestörten Selbstschemata und „organismischen Erfahrungen" ausdrücken. Ein pathologisches seelisches Verhalten erwächst also aus dem Widerstreit von zwei Verhaltensbotschaften: Einmal aus der Botschaft des gesunden Aktualisierungsstrebens und zum anderen aus der Botschaft von gestörten Selbstaktualisierungs–Schemata. Dabei hat die erste Botschaft ein vorrangiges Gewicht.

Eine klientenzentrierte Ursachenklärung muß also im ersten Schritt erkunden, wie *gesunde Verhaltensvollzüge* von Kindern oder Erwachsenen für bestimmte Lebensabschnitte und Umweltanforderungen aussehen sollten (oder könnten) und welche Förderungsbedingungen vorhanden sein müssen, um diese Verhaltensvollzüge zu ermöglichen. Mir scheint, daß das oben vorgestellte Konzept der Entwicklungsaufgaben und der daraus abgeleiteten Schemata einer gesunden Selbstbildung ein brauchbarer Weg ist, diesbezüglich Hypothesen zu entwickeln. – In der Praxis muß dann in einem zweiten Schritt geklärt werden, welche *individuellen Verwirklichungstendenzen* der jeweilige Mensch anstreben will und durch welche familiären und andersartige Förderungsmaßnahmen er dabei unterstützt wird.

In einem weiteren Schritt ist dann zu klären, welche *gestörten Selbstschemata* und *Förderungsbedingungen* die Realisierung der gesunden Aktualisierungsstrebungen verhindern. Hierbei kann auf das vielfältige Störungswissen der Selbstpsychologie zurückgegriffen werden, das ich ansatzweise im Kapitel 3.2 skizziert habe. – Auch bei diesem Schritt gilt, daß die Analyse der individuellen Störungsursachen entscheidend ist.

Bezüglich der näheren Kennzeichnung von **aktuellen Krisenbedingungen** gehe ich davon aus, daß diese im wesentlichen aus belastenden Begegnungs– und Förderungsmaßnahmen der Eltern und anderer Bezugspersonen bestehen können sowie aus störenden Umweltursachen (z.B. belastenden Wohnbedingungen; sozioökonomischen Bedingungen; gesetzliche Bedingungen etc.). – Da auch bezüglich der Krisenbedingungen das klientenzentrierte Inkongruenzprinzip gilt, sind störende Bedingungen immer aus gesunden Bedingungen abzuleiten. Es ist also immer erst zu klären, wie gesunde elterliche Begegnungs– und Förderungsmaßnahmen und gesunde Bedingungen der anderen Umweltaspekte aussehen sollten (oder könnten). Vorschläge für gesunde erzieherische und psychotherapeutische Begegnungs– und Förderungsmaßnahmen habe ich im Kapitel 3.3 gemacht. Vorschläge für gesunde andere Umweltaspekte, die ein kindliches Verwirklichungsverhalten entscheidend mitbeeinflussen, müßten noch geliefert werden.

4. Praxis der Störungsanalyse

Üblicherweise ist es so, daß Eltern und Kind zu einem Kinderpsychologen bzw. –psychotherapeuten kommen, weil das Kind Anzeichen für eine oder mehrere psychische Störungen aufweist. Dann ist es dessen Aufgabe, diese Symptome im Rahmen einer umfassenden Befragung und Beobachtung näher zu analysieren. Dabei ist es wichtig, die Störungen in den Umweltsituationen zu analysieren, in denen sie auftreten. Da der Kinderpsychologe beim Zeigen der Symptome selten anwesend sein kann, muß er sie sich ausführlich, unter Angabe aller Rahmenbedingungen, schildern und/oder im Rollenspiel zeigen lassen. Dabei haben die **interaktiven Rahmenbedingungen** eine besondere Bedeutung; zu ihnen gehören u.a.:

- alle beteiligten Personen, in deren Gegenwart das symptomatische Verhalten auftritt;
- ihre Äußerungen, Handlungen und Affekte;
- ihre Erwartungen an das Kind und
- der raumzeitliche Anforderungskontext.

Aus klientenzentrierter Sicht ist es dabei wichtig, die Interaktionsgeschehnisse *aus der Sicht des Kindes* wahrzunehmen und nicht aus der Sicht der Eltern. Diese einseitige Sichtweise ist deshalb erforderlich, um zu klären, welche Bedürfnisse bzw. Interessen beim Kinde vorliegen und u.U. durch die Eltern nicht hinreichend erfüllt worden sind. Aus diesem Grunde untersucht der Diagnostiker auch die elterlichen Verhaltensweisen auf mögliche Mängel oder Fehler im Sinne der oben geschilderten Begegnungs- und Förderungspraktiken.

Wichtig bei der Störungsanalyse ist die Erklärung der Ursachen für die *kindlichen Inkongruenzerlebnisse*. Dabei sind die Strebungen des gesunden Verhaltens aufzudecken, die durch die gestörten Selbstschemata und Umweltbedingungen eingeschränkt oder verhindert werden.

Neben der genauen Beschreibung der Symptome der psychischen Störung empfiehlt es sich auch, eine interpretative *Analyse der Symptombotschaft* vorzunehmen. Durch diese Analyse ist es möglich, erste Hinweise darüber zu bekommen:

- wie sich das Kind eine optimale Verwirklichung seiner Interessen vorstellt;
- welche Elternreaktionen es sich wünscht und
- durch welche Aspekte des Elternverhaltens es sich am stärksten belastet fühlt (bzw. welche Aspekte ihm die größte Wut machen).

4.1 Überblick über die Vielfalt psychischer Störungen bei Kindern

Bevor ich an einem Fallbeispiel das diagnostische Vorgehen näher verdeutliche, möchte ich kurz einige Hinweise auf ein wichtiges **Hilfsinstrument zur Symptomdiagnostik** geben. Es handelt sich um das DSM–III–R–Klassifikationssystem (AMERICAN PSYCHIATRIC ASSOCIATION, 1991). Mit Hilfe des DSM–III–R ist es möglich, exakte Angaben über das Erscheinungsbild der Störungen, ihre Prävalenz, Geschlechterverteilung, familiäre Häufung und differentialdiagnostische Abgrenzung zu machen und die relativ globalen Störungsklassen der „Psychotherapie–Richtlinien" näher zu spezifizieren. Damit kann deutlicher angegeben werden, welche psychischen Störungen von Kindern (in Deutschland) mit Psychotherapie behandelt werden dürfen. Es sind folgende Störungen:

Im folgenden Katalog von psychischen Störungen stammt die Hauptüberschrift aus den „Psychotherapie–Richtlinien" und die Überschrift der Unterklassen aus dem DSM–III–R–System.

1. Psychoreaktive (bzw. neurotische) seelische Störungen
- Angststörungen in der Kindheit oder Adoleszenz (z.B. Trennungsangst; Kontaktvermeidung; Überängstlichkeit);
- Angststörungen oder Angst– und phobische Neurosen (z.B. Panikstörungen; soziale Phobien; Zwangsstörungen; posttraumatische Belastungsstörungen);
- expansive Verhaltensstörungen (z.B. Aufmerksamkeits– und Hyperaktivitätsstörungen; Störungen des Sozialverhaltens: aggressives, trotziges, ungezogenes Verhalten).

2. *Vegetativ–funktionelle und psychosomatische Störungen*
- Anpassungsstörungen (z.B. mit ängstlicher oder depressiver Gestimmtheit; Rückzugsverhalten; Hemmung im Arbeits– oder schulischen Bereich);
- Eßstörungen (z.B. Ruminationsstörungen im Kleinkindalter; Anorexia Nervosa; Bulimia Nervosa);
- Störungen der Ausscheidung (z.B. Enuresis; Encopresis);
- Somatoforme Störungen (z.B. Hypochondrie; Somatisierungsstörung; somatoforme Schmerzstörung);
- Schlafstörungen (z.B. Insomnien; Angstträume; pavor Nocturnus; Schlafwandeln); – Tic–Störungen (z.B. Tourette–Störung; chronische, motorische oder vokale Tic–Störung).

3. *Seelische Störungen als Folge von frühkindlichen emotionalen Mangelzuständen*
- Schizophrenie (z.B. schizophreniforme Störung; schizoaffektive Störung; Schizophrenie);
- affektive Störungen (z.B. Major–Depression; dysthyme Störung);
- umschriebene Entwicklungsstörungen (z.B. Sprach– und Sprechstörungen; Schulleistungsstörungen; Störungen der motorischen Fertigkeiten);
- andere Störungen im Kleinkindalter, in der Kindheit oder Adoleszenz (z.B. elektiver Mutismus; Identitätsstörung; reaktive Bindungsstörung im Säuglingsalter oder in der frühen Kindheit; stereotype Bewegungsstörung mit autoaggressivem Charakter).

4. *Seelische Störungen als Folgezustände schwerer chronischer Krankheitsverläufe*
- körperlicher Zustand, bei dem psychische Faktoren eine Rolle spielen (z.B. Rheuma; Neurodermitis; Asthma; Migräne; Ulcus; Diabetes, Autismus; geistige Behinderung etc.).

5. *Seelische Störungen aufgrund extremer Situationen, die eine schwere Beeinträchtigung der Persönlichkeit zur Folge haben*
- V–Codierungen für Zustände, die nicht einer psychischen Störung zuzuschreiben sind, aber Anlaß zur Behandlung geben (z.B. antiso-

ziales Verhalten; Eltern–Kind–Probleme; Schulschwierigkeiten; Probleme einer Lebensphase; einfache Trauer etc.).

4.2 Fallbeispiel

Im folgenden möchte ich an einem Fallbeispiel das *diagnostische Vorgehen* mit dem hier skizzierten Störungskonzept demonstrieren. Ich werde dabei einen Fall aus meiner Praxis auswählen, der nach ausführlicher Befragung der Eltern und anderer Familienmitglieder die Diagnose **Trennungsangst** ergeben hat (s. DSM–III–R–Manual S. 92; AMERICAN PSYCHIATRIC ASSOCIATION, 1991). In diesem Fall lagen die folgenden *vier Primärsymptome* vor:

1. Häufige Befürchtungen und Ängste, daß enge Bezugspersonen zu Schaden kommen oder daß sie fortgehen oder nicht mehr nach Hause zurückkommen.
2. Häufiger Widerwille oder Weigerung, ohne Beisein einer engen Bezugsperson von zuhause wegzugehen oder woanders zu schlafen.
3. Wiederholte Angstanfälle, Schreikrämpfe oder Wutreaktionen, die einer Trennung von der Mutter (z.B. beim Verreisen mit der Schulklasse oder beim abendlichen Weggehen der Eltern) vorausgehen.
4. Angstträume, in denen das Thema Trennung vorkommt.

Bevor die Symptombotschaft und die zugrunde liegende pathologische Struktur sowie das problematische Umweltverhalten diagnostiziert wird, sollen kurz einige *soziographische Daten* zum Kind und zur Familie gegeben werden.

Die siebenjährige Claudia ist das einzige Kind der Eltern Maria (40 Jahre) und Thomas (43 Jahre). Beide Eltern sind berufstätig: Maria ist Diplompsychologin und Thomas Jurist. Maria hat 6 Wochen nach der Geburt von Claudia in einer Halbtagsbeschäftigung wieder mit der Arbeit angefangen, weil sie die Kollegen in der Arbeitsstelle (sie arbeitet in einem heilpädagogischen Heim) nicht „im Stich lassen" wollte. Thomas ist als juristischer Vertreter einer großen Firma viel auf Reisen und sieht die Familie häufig nur am Wochenende.

Beide Eltern mögen sich gerne und führen eine liebevolle und gegenseitig besorgte Partnerschaft. Claudia ist ein Wunschkind und wurde nach Aussage der Mutter mit „viel Liebe verwöhnt". Die Mutter hat es immer sehr bedauert, daß sie zu wenig Zeit für Claudia hatte und auch noch heute hat. Da die Mutter sehr früh („nur halbherzig") an ihren Arbeitsplatz „zurückgerufen" wurde, hat die Großmutter mütterlicherseits die Betreuung von Claudia übernommen. Die aktive Großmutter, deren Mann früh verstorben war, hat Claudia sehr an sich gebunden und ihr wenig Freiraum gelassen. Dies ging nach Meinung von Maria und Thomas manchmal so weit, daß sich beide Eltern fragten, wer eigentlich die Eltern des Kindes seien. – Thomas hat sich aus der Kindererziehung und –versorgung im wesentlichen herausgehalten, um Streitigkeiten mit seiner Frau und Schwiegermutter zu vermeiden. Er ist der Meinung, daß Kindererziehung „Frauensache" sei.

Die Entwicklungsgeschichte der Störungssymtome zeigt, daß Claudia schon sehr früh ein „Klammerkind" gewesen ist und „eigentlich nie habe allein sein können". Besonders extrem sind ihre Klammerreaktionen gewesen, wenn die Mutter zur Arbeit ging. Dann hat sich mit der Zeit das Klammerverhalten mit Schreianfällen und Wutreaktionen gekoppelt, die im Alter von drei Jahren so weit gegangen sind, daß Claudia versucht hat, die Mutter mit den Händen „zu prügeln".

Wegen dieses Verhaltens ist es zu intensiven Streitigkeiten zwischen Mutter und Großmutter gekommen. Marias Mutter warf der Tochter vor, sie würde ihr Kind vernachlässigen und würde ihre Arbeit zu sehr in den Vordergrund stellen. Maria hat diese Vorwürfe z.T. akzeptiert, der Mutter aber entgegengehalten, sie würde an ihrer Arbeitsstätte sehr gebraucht. Wegen intensiver Schuldgefühle hat sie Claudia jedoch zukünftig noch stärker verwöhnt als früher und ihr „jeden Wunsch von den Augen abgelesen". – Des weiteren berichtet die Mutter, daß Claudia nur unter großen Schwierigkeiten in den Kindergarten gegangen sei und dort häufig frühzeitig abgeholt werden mußte, weil sie „weinend zur Kindergärtnerin gelaufen sei und nach ihrer Mutter gerufen habe". In diesen Stimmungen konnte sie von der Pädagogin nicht mehr beruhigt werden und sei in eine *starke Panik* geraten, die sich durch „Zittern der Glieder" und „traurigstes

Ätiologie und Diagnostik von psychischen Erkrankungen im Kindesalter

Schluchzen" kundgetan habe. Die Kindergärtnerin habe dann in der Dienststelle der Mutter angerufen und gebeten, Claudia abzuholen. Maria hat dies getan oder ihre Mutter geschickt. Meistens hat sie Claudia aber selber zur Großmutter gebracht und sie dort bei Dienstschluß abgeholt. Dies war räumlich möglich, weil die verwitwete Großmutter in einem Doppelreihenhaus mit Thomas und Maria zusammenlebte.

Das Aufsuchen des Kindertherapeuten ergab sich aufgrund wiederholter Bitten von Claudias Klassenlehrerin, die schließlich angedroht hatte, Claudia nicht weiter beschulen zu können, weil sich Claudia extrem isolieren würde und weil sie häufig nicht ansprechbar und tief traurig auf ihrem Stuhl sitzen würde. Auch in den Pausen würde sie nicht „frei und unbeschwert" mit den anderen Kindern herumtollen, sondern sich in der Nähe der Klassenlehrerin aufhalten.

Beide Eltern kamen mit Schuldgefühlen und großer Unsicherheit in die erste Diagnostiksitzung. Es war zu spüren, daß ihnen „dieses langjährige Problem" sehr peinlich war und daß sie beide das Gefühl hatten, etwas falsch gemacht zu haben. Die Großmutter, die zur Sitzung mitkommen wollte, wurde aufgrund des Wunsches beider Eltern nicht mitgenommen. Sie sei deshalb „sauer" gewesen und habe angedroht, sich nicht mehr um Claudia kümmern zu wollen.

Die *Analyse der Symptombotschaft* durch die Eltern – unter Mithilfe des Psychologen – ergab, daß Claudia eine primäre Botschaft an die Mutter sendet, die besagt, daß sie sich nicht ohne die Mutter (also nicht allein) den Geschehnissen der Umwelt zuwenden könne. Sie brauche die Mutter quasi als ihr Alter–Ego. Weil die Mutter diese Botschaft nicht befolgt, reagiert sie häufig mit Aggressionen gegen die Mutter. – In einem zweiten, mehr unterschwelligen Teil der Botschaft, spürt die Mutter auch Claudias starke Angst vor dem Verlassenwerden und Alleinsein. Diese Angst nimmt häufig einen Panikcharakter an, der vergleichbar mit Panikattacken von sehr kleinen Kindern ist. Die Mutter hat dann das Gefühl, Claudia habe Angst, „im Sande zu versickern bzw. sich in ihrer Existenz aufzulösen". Die Angst verunsichert die Mutter zutiefst und vermittelt ihr starke Schuldgefühle. Sie gibt zögernd kund, daß sie sich seit langem schwerste Vorwürfe mache, Claudia zu früh alleingelassen und mit der Arbeit angefangen zu haben. Sie wäre jetzt bereit, sich für einige Zeit von ihrer Arbeit freistellen zu lassen, um Claudia „das zu geben, was sie früher nicht bekommen habe".

Aus den beiden Ebenen der Symptombotschaft ergeben sich die *Hypothesen* über die zugrunde liegenden *Struktur– und Funktionsstörungen* sowie zu symptomfördernden aktuellen und historischen *Krisenbedingungen*. Diese Hypothesen sollen im folgenden unter Verwendung der oben geschilderten Schemakataloge spezifiziert werden. Ich gehe davon aus, daß folgende Schemata des Selbsterlebens gestört sind:

1) Das Schema zwei über eine sichere Unterstützung durch Bindungspersonen in Bedrohungs– und Angstsituationen;
2) das Schema drei über eine eigenständige Spannungs– und Angstbewältigung in Erregungssituationen und
3) das Schema sechs über eine eigenständige Umwelterforschung und Umweltbeherrschung.

Die Verhaltensstörungen ergeben sich also im wesentlichen aus *Inkongruenzerlebnissen* zwischen den Selbständigkeitsstrebungen im Rahmen der Aktualisierungstendenz und den gelernten einschränkenden Schemata des Selbstverwirklichungsverhaltens. Aus diesen Inkongruenzen ergeben sich auch die *Therapieziele*. Sie decken sich mit den altersentsprechenden Entwicklungsaufgaben, die eine optimale Verwirklichung folgender Ziele fordern:

1) Zur Verbesserung des Schemas zwei soll Claudia lernen, die extreme Angst und Hilflosigkeit bei der Loslösung von den Eltern abzubauen. Um dieses Ziel zu ermöglichen, soll Claudia erst eine „sichere Bindungserfahrung" zu Mutter und Vater erwerben.
2) Bezüglich des gestörten Schemas drei soll Claudia auf dem Hintergrund einer sicheren Bindungserfahrung und in Anwesenheit einer der beiden Bindungspersonen lernen, ihre Angst vor der Trennungsvorstellung und realen Trennung zu verringern. Dazu wäre es hilfreich, wenn Claudia die Reize erkennen und durch Entspannung regulieren könnte, die die Angst und Panik evozieren.

3) Zur Verbesserung der Störungen des Schemas sechs soll Claudia schrittweise im Blickkontakt mit sicheren Bezugspersonen üben, die Umwelt zu erforschen und zu manipulieren und ihre Energie in ein aktives Umweltbeherrschungsverhalten zu investieren und nicht in Gedanken und Phantasien über den möglichen Verlust von Bezugspersonen. Sollten dennoch Verlustgedanken auftreten, so sollten sie von Claudia offen ausgesprochen und auf ihren Realitätsbezug hin überprüft werden.

4) Wahrscheinlich hat Claudia auch Probleme mit dem Schema vier über ein abgegrenztes und abgrenzungsfähiges Selbsterleben. Dieses abgegrenzte Selbsterleben kann durch eine frühkindliche symbiotische Verschmelzung zwischen Mutter und Kind gestört worden sein, sodaß es das Therapieziel wäre, beiden zu helfen, sich besser abzugrenzen.

Die Gültigkeit der Hypothesen muß im Geschehen der Einzeltherapie von Claudia wie der Eltern– bzw. Familientherapie geklärt werden. Dabei stellt die Spiel– und Elterntherapie eine hilfreiche Methode dar, um die Schemata des Zielverhaltens (als Ausdruck der Aktualisierungstendenz) wie auch des gestörten Verhaltens zu erkennen und heilend zu beeinflussen.

In einem weiteren Diagnostikschritt ist im Rahmen der *Analyse der aktuellen Krisenbedingungen* zu klären, welche der im Kapitel 3.3 geschilderten elterlichen Förderungs– und Sozialisationsschemata gestört sind. Diese Analyse geschieht analog zur eben geschilderten Analyse der Selbstschemata. Sie soll hier aus Platzgründen nicht dargestellt werden. In der Fallrealität führt sie zur Formulierung konkreter Ziele des elterlichen Interaktionsverhaltens. Aus der Analyse anderer möglicher Umweltstressoren ergab sich, daß die Beziehung zwischen der Großmutter und den Eltern so problematisch war, daß eine deutliche innere Trennung zwischen beiden Parteien und ein großmütterlicher Rückzug von Erziehungs– und Betreuungsaufgaben für Claudia empfohlen wurde.

5. Literatur

AINSWORTH, M. D., BLEHAR, M.C., WATERS, E. & WALL, S. N. (1978). *Patterns of attachment: A psychological study of the strange situation.* Hillsdale: Erlbaum.

American Psychiatric Assiciation (APA). (1991). *Diagnostic and statistical Manual of mental Desorders (3rd ed. rev.) DSM–III–R.* Washington, D.C.: APA. Deutsche Bearbeitung und Einführung von WITTCHEN, H.U., SAß, H., ZAUDIG, M. & K. KOEHLER (1989). Weinheim: Beltz

BASTINE, R. (1984). *Klinische Psychologie. (Band 1).* Stuttgart: Kohlhammer.

BASTINE, R. (1992). *Klinische Psychologie. (Band 2).* Stuttgart: Kohlhammer.

BIERMANN–RATJEN, E.–M. (1989). Zur Notwendigkeit einer Entwicklungspsychologie für Gesprächspsychotherapeuten aus dem klientenzentrierten Konzept für die Zukunft der klientenzentrierten Psychotherapie. In R. SACHSE & J. HOWE (Hrsg.), *Zur Zukunft der klientenzentrierten Psychotherapie.* (S. 102–125). Heidelberg: Asanger.

BRETHERTON, I. (1984). Representing the Social World in Symbolic Play: Reality and Fantasy. In I. BRETHERTON (Ed.), *Symbolic Play.* (pp 3–41). London: Academic Press.

BUCK, H., DINTER, G. & VOGIATZI, L. (1989). *Analyse des Störungsverhaltens, des Störungsbewältigungsverhaltens und des motivationalen Verhaltens erfolgreicher Kinderspieltherapien.* Diplomarbeit, Hamburg: Fachbereich Psychologie.

CASE, R., HAYWARD, S., LEWIS, M. & HURST, R. (1988). Toward a Neo–Piagetian Theory of Cognitive and Emotional Development. *Developmental Review, 8,* 1–51.

CHESHIRE, N. & THOMAE, H. (1987). *Self Symptoms and Psychotherapy.* New York: Wiley.

DENEKE, F. W. (1989). Das Selbst–System. *Psyche, 40,* 577–6O8.

EPSTEIN, S. (1979). Entwurf einer integrativen Persönlichkeitstheorie. In S. H. FILIPP (Hrsg.), *Selbstkonzept–Forschung: Probleme, Befunde, Perspektiven.* (S. 15–45). Stuttgart: Klett–Cotta.

ERIKSON, E. H. (1966). *Identität und Lebenszyklus.* Frankfurt: Suhrkamp.
GORDON, TH. (1972). *Familienkonferenz.* Hamburg: Hoffmann und Campe.
GRAWE, K. (1987). Psychotherapie als Entwicklungsstimulation von Schemata. In F. CASPAR (Hrsg.), *Problemanalyse in der Psychotherapie.* (S. 72–87). Tübingen: DGVT–Verlag.
HARTMANN, H. (1972). Bemerkungen zur psychoanalytischen Theorie des Ich. In H. HARTMANN (Hrsg.), *Ich–Psychologie.* Stuttgart: Klett.
HAVIGHURST, R. J. (1972). *Developmental Tasks and Education.* New York: McKay.
HOLLE, B. (1993). *Die motorische und perzeptuelle Entwicklung des Kindes.* Weinheim: Psychologie Verlags Union.
IZARD, C. E. (1981). *Die Emotionen des Menschen.* Weinheim: Beltz.
KELLER, H. (Hrsg.).(1989). *Handbuch der Kleinkindforschung.* Berlin: Springer.
KIPHARD, E. (1986). *Mototherapie. Teil 1.* Dortmund: Modernes Lernen.
KOHUT, H. (1979). *Die Heilung des Selbst.* Frankfurt: Suhrkamp.
KRIZ, J. (1989). Entwurf einer systemischen Theorie klientenzentrierter Psychotherapie. In R. SACHSE & J. HOWE (Hrsg.), *Zur Zukunft der klientenzentrierten Psychotherapie.* (S. 168–196). Heidelberg: Asanger.
LEVENTHAL, H. (1980). Towards a Comprehensiv Theory of Emotion. In L. BERKOWITZ (Hrsg.), *Advances in Experimental Social Psychologie.* New York: Academic Press.
LINSTER, H. W. (1989). Wissenschaftliche Fundierung von Psychotherapie – Fundierung von Psychotherapie aus ihrem Selbstverständnis. In R. SACHSE & J. HOWE (Hrsg.), *Zur Zukunft der klientenzentrierten Psychotherapie.* (S. 142–167). Heidelberg: Asanger.
LUTHMAN, S. & KIRSCHENBAUM, M. (1977). *Familiensysteme. Wachstum und Störungen.* München: Pfeiffer.
MAHLER, M.S., PINE, F. & BERGMAN, A. (1978). *Die psychische Geburt des Menschen.* Frankfurt: Fischer.
MASLOW, A. (1981; engl. 1954). *Motivation und Persönlichkeit.* Hamburg: Rowohlt.
MASLOW, A. (1985). *Psychologie des Seins.* Frankfurt: Fischer.
MCCUBBIN, H. I. & FIGLEY, C. R. (Eds) (1983). *Stress and the Family. Vol. 1 Coping with Normative Transition.* New York: Brunner.

MILLER, A. (1983). *Das Drama des begabten Kindes.* Frankfurt: Suhrkamp.
NEUBAUER, W. F. (1976). Selbstkonzept und Identität im Kindes- und Jugendalter. München: Reinhardt.
MEYER, A. E., RICHTER, R., GRAWE, K., VON DER SCHULENBURG, J.M. & SCHULTE, D. (1991). *Forschungsgutachten zu Fragen eines Psychotherapeutengesetzes.* Hamburg: Universitätskrankenhaus Hamburg–Eppendorf.
MONTADA, L. (1987). Themen, Traditionen, Trends. In R. OERTER & L. MONTADA (Hrsg.), *Entwicklungspsychologie.* (S. 3–86). München: Psychologie Verlags Union
NELSON, K. (1981). Social Cognition in a Script Framework. In FLAVELL J. H. & L. ROSS (Eds), *Social Cognitive Development.* (pp 97–118). Cambridge: University Press.
OERTER, R. (1987). Der ökologische Ansatz. In R. OERTER & L. MONTADA (Hrsg.), *Entwicklungspsychologie.* (S. 87–128). München: Psychologie Verlags Union.
PIAGET, J. (1969). *Nachahmung, Spiel und Traum.* Stuttgart: Klett.
PIAGET, J. (1972). *Theorie und Methoden der modernen Erziehung.* Wien: Molden.
PORTMANN, A. (1941). Die biologische Bedeutung der ersten Lebensjahre beim Menschen. *Schweizerische medizinische Wochenschrift, 71,* 32.
REMSCHMIDT, H. & SCHMIDT, M. (Hrsg.) (1977). *Multiaxiales Klassifikationschema für psychiatrische Erkrankungen im Kindes- und Jugendalter nach Rutter, Schaffer & Struge.* Bern: Huber.
REVENSTORF, D. (1985). Nonverbale und verbale Informationsverarbeitung als Grundlage psychotherapeutischer Intervention. *Hypnose und Kognition, 2,* 13–35.
ROGERS, C.R. (1939). *Clinical Treatment of the Problem Child.* Boston: Houghton Miflin.
ROGERS, C.R. (1959). A Theory of Therapy, Personality, and Interpersonal Relationships, as Developed in the Client–Centered Framework. In S. KOCH (Ed.), *Psychology. A Study of a Science.* (Vol. IV, pp 184–256). New York: Mc Graw Hill. (Dt. Übers.: (1987) Köln: GwG–Verlag.)
ROGERS, C.R. (1974). *Lernen in Freiheit.* München: Kösel.

ROGERS, C.R. (1977). *Therapeut und Klient.* Frankfurt: Fischer.
RUMELHARDT, N. D. E. (1980). Schemata: The building–blocks of cognition. In R. SPIRO, B. BRUCE & W. BREWER (Eds.), *Theoretical issues in reading comprehension.* (pp 33–58). Hillsdale: Erlbaum.
RUTTER, M., SCHAFFER, D. & STURGE, C. (1976). *A Guide to a Multi–Axial Classification Schema for Psychiatric Disorders in Childhood and Adolescence.* London: Institut of Psychiatry.
SACHSE, R. (1989). Zur allgemeinpsychologischen Fundierung von klientenzentrierter Psychotherapie: Die Theorien zur konzeptgesteuerten Informationsverarbeitung und ihre Bedeutung für den Verstehensprozeß. In R. SACHSE & J. HOWE (Hrsg.), *Zur Zukunft der klientenzentrierten Psychotherapie.* (S. 76 – 101). Heidelberg: Asanger.
SATIR, V. (1975). Selbstwert und Kommunikation. München: Pfeiffer.
SATIR, V. & BALDWIN, M. (1988). *Familientherapie in Aktion.* Paderborn: Jungfermann.
SCHMIDT, H.D. (1970). *Allgemeine Entwicklungspsychologie.* Berlin: Deutscher Verlag der Wissenschaften.
SCHMIDTCHEN, S. (1978). *Handeln in der Kinderpsychotherapie.* Stuttgart: Kohlhammer.
SCHMIDTCHEN, S. (1983). Klientenzentrierte Familientherapie. In K. SCHNEIDER (Hrsg.), *Familientherapie in der Sicht psychotherapeutischer Schulen.* (S. 139–157). Paderborn: Jungfermann.
SCHMIDTCHEN, S. (1989). *Kinderpsychotherapie.* Stuttgart: Kohlhammer.
SCHMIDTCHEN, S. (1991). *Klientenzentrierte Spiel– und Familientherapie.* München: Psychologie Verlags Union.
SCHMIDTCHEN, S., HENNIES, S. & ACKE, H. (1993). Zwei Fliegen mit einer Klappe? Evaluation der klientenzentrierten Spieltherapie. *Psychologie in Erziehung und Unterricht, 40,* 34–42.
SCHULZ VON THUN, F. (1985). *Miteinander reden: Störungen und Klärungen.* Reinbek: Rowohlt.
SPITZ, R. (1965, dt. 1983). *Vom Säugling zum Kleinkind: Naturgeschichte der Mutter–Kind–Beziehungen im ersten Lebensjahr.* Stuttgart: Klett–Cotta.
STERN, D. N. (1983). The Early Development of Schemas of Self, Other, Self–with–Other. In J. D. LICHTENBERG & S. KAPLAN (Eds.),

Reflections of Self Psychology.(pp 49–83). Hillsdale: The Academic Press.

STERN, D. N. (1985). *The Interpersonal World of the Infant.* New York: Basic Books. (Dt. (1992). *Die Lebenserfahrung des Säuglings.* Stuttgart: Klett–Kotta)

SCHWEMMER, O. (1986). Die Verständlichkeit unseres Handelns. Überlegungen zur sprachlichen Repräsentation unserer Handlungswirklichkeit. In H. G. BOSSARD (Hrsg.), *Perspektiven auf Sprache.* (S. 88–107). Berlin: De Gruyter.

TULVING, E. (1972). Episodic and Semantic Memory. In E. TULVING & W. DONALDSON (Eds.), *Organization of Memory.* New York: Academic Press.

WATERS, E. & SROUFE, C.A. (1983). Social Competences as a Developmental Construct. *Developmental Review, 3,* 87–97.

WINNICOTT, D.W. (1984). *Reifungsprozesse und fördernde Umwelt.* Frankfurt: Fischer.

WINNICOTT, D.W. (1973). *Die therapeutische Arbeit mit Kindern.* Stuttgart: Kindler.

Anschrift des Verfassers:
Prof. Dr. Stefan Schmidtchen
Psychologisches Institut II der Universität Hamburg
Von–Melle–Park 5
20146 Hamburg